我們不說，誰說？

屈穎妍 著

大公報 出版有限公司

自序：
我們不幹，誰幹？

　　高中中文科作文考試，一般有四個選擇：記敘文、描寫文、抒情文、議論文。四種體裁之中，我最討厭就是議論文，有得揀，一定不會選它。

　　總認為，朝花夕拾的抒情，朱門酒肉的描寫，才能動人心弦，才算藝術作品。一板一眼、拿着「論點、論據、論證」三元素來作文的議論文，最沒看頭最枯燥。

　　世事總難料，香港社會經歷反國教到違法「佔中」到黑暴事件，這些年我竟然寫了近十年評論，即是小時候我最討厭的議論文，卻不止一次，在街上遇到素未謀面的讀者，激動地握着我的手說謝，然後淚眼盈眶。

　　原來，議論文不盡是冷冰冰的，評論也可以走進心坎，曾經最害怕的課業，今天竟成了我的日常。

　　一星期寫八篇評論文章，黑暴期間，也從未間斷。聽得最多的問題是：不怕嗎？人

人都噤聲了，為什麼你還在寫？

我想起，全國政協副主席梁振英先生曾分享一篇文章《從毛澤東「我們不幹誰幹」感悟幹的分量》，裏面有這樣一段：

「1919年，毛澤東在《湘江評論》中寫道：『天下者，我們的天下；國家者，我們的國家；社會者，我們的社會。我們不說，誰說？我們不幹，誰幹？』常言道，在其位，謀其政，擔其責。空談誤國，實幹興邦。」

這些年，我的感覺正如是。

香港是我們的香港，由出生到長大到成年，我這代人有幸看着小城起飛、璀璨、穩定繁榮，然後忽然瘋狂、腐爛、隕落，半城人如中了咒，跟着魔笛步向懸崖。生於斯長於斯，我們怎忍心看她一步墮崖、一夜倒塌？

我們不說，誰說？我們不做，誰做？一個行動勝過一打綱領，愛這地方，就要好好保護她，不要計較得失回報，不要天天數算犧牲了還是蝕底了，拿起武器，幹吧，我的武器就是筆。

愛國不是在嘴巴上，看三萬警察，他們沒有搖旗吶喊，他們沒有登報表態，他們只用行動證明一切，在最危險的時候付出，沒人做的事，他們來扛，愛一個地方，應該如是。

魯迅作品《故鄉》有這幾句，一直是我這些年的座右銘：「地上本沒有路，走的人多了，也便成了路。」

曾經孤單的路上，今天，已遍布同路人。大家抱着「我們不幹，誰幹」的心，用筆、用視頻、用故事，撥亂反正，奪回真相的話語權。

2021–07–14

目錄

第一章　故事

第二章　外國的月亮

第三章　癌細胞

第四章　星星之火

第五章　罪與罰

第六章　瘟疫

故事

第一章

地球上最成功的宣傳大師

　　我們常說，黑暴文宣做得真好！但到底怎好法？好在哪？大家都說不出所以然。

　　要深入研究，就要由一個名字「戈培爾」開始，對了，就是他，黑暴有這樣的師傅，難怪在文宣戰大獲全勝，無論販夫走卒到高學歷專業人士都一一中招。

　　回看歷史，我們會大惑不解，同是人類，為什麼當年德國納粹主義者會認為猶太人是邪惡的低等民族，即使把他們一個個送進毒氣室殺掉都死不足惜？原來，就是因為這個叫戈培爾的人——納粹德國宣傳與教育部長、希特勒的左右手。

　　今日，看到暴徒圍毆警察及藍絲，那種欲置諸死地的狠勁，那眼神、那仇恨，直如當年納粹對待猶太人。研究戈培爾到底用什麼方法煽動德國人痛恨猶太人，就會明白，今日的黃絲暴徒哪來無緣無故的恨。

　　戈培爾自小有小兒麻痹症，一戰時拖着一條殘腿參軍被拒，哭了三天，不吃不喝。他身殘志卻堅，憑着獎學金讀了八所德國名牌大學，研修哲學、歷史、文學、藝術，精通拉丁文和希臘文，取得哲學及文學兩個博士學位。

　　戈培爾天生巧舌如簧，加入納粹黨後，才華得到充分施展，很快就成為黨內僅次於希特勒的二號人物。憑藉廣博學識和超凡口才，戈培爾當上了「納粹喉舌」。

　　有史學家這樣形容他：「說謊不打草稿，罵人臉帶誠懇，把地獄形容成天堂，把罪惡說成無上聖潔，他的舞台魅力和演說技巧，是二十世紀以來地球上最成功的宣傳大師之一。」

　　看到這裏，是否有點似曾相識？如果大家再聽聽戈培爾的宣傳教條，就會

更不寒而慄……

「謊言重複一千遍，也不會成為真理，但謊言如果重複一千遍而又不被戳穿，大家就會把它當成真理。」

「即使一個簡單的謊言，一旦你開始說了，就要說到底。」

「如果撒謊，就撒彌天大謊，因為彌天大謊往往具有某種可信的力量，而大謊比小謊更容易俘虜民眾。」

「人民大多數比我們想像的要愚昧得多，所以宣傳的本質就是堅持簡單和重複。」

「宣傳的基本原則就是不斷重複有效論點，謊言要一再傳播並裝扮得令人相信。」

「混雜部分真相的說謊，會比直接說謊更有效。」

「宣傳如同戀愛，可以做出任何空頭許諾。」

「我們信仰什麼，無關緊要，重要的是我們有信仰。」

「媒體的任務，就是把統治者的意志完整傳遞給被統治者，讓無知人民將煉獄視為天堂。」

「宣傳只有一個目標：征服群眾。」

邊看戈培爾的金句，腦海是否一直冒出這大半年的黑暴畫面？戈培爾還說，文宣除了語言，還可以是歌曲、鼓聲、旗海、腳步聲、強光探照燈、一致的裝束和浩瀚的隊伍，只要精心組織，這一切都能提供催眠般的影響力。

大家是否又想起黑暴的榮光曲、鐳射筆、蒙面黑衣人、英美「港獨」旗、不間斷的遊行集會……完全是一模一樣的手法，原來，戈培爾根本沒離開過。

2020-01-17

粉紅色的槍

　　這不是粉紅傻豹的槍，也不是 Hello Kitty 的槍，這是一位刑偵探員身上的佩槍，在鏹水腐蝕下，一把黑色手槍瞬間熔成粉紅色。槍都如此，想像一下，人何以堪？

　　距離十一國慶已 90 多天了，有兩位真正的護旗手一直躺在病榻 90 多日，三個月來，不斷與疼痛為伴。他們就是國慶當天為守護屯門大會堂前國旗，被黑衣暴徒的鏹水彈擲中，身受重傷的兩位警察，一個是軍裝防暴警「鋼鐵俠」，另一個是便衣刑偵探員「小虎 Sir」。

　　鋼鐵傷的是心口，小虎傷的是右手和背部。本來互不認識的兩個同袍，卻在咆哮慘叫中成了莫逆之交。

　　當日被鏹水彈襲擊後，鋼鐵和小虎被送上救護車，沿途暴徒堵路延誤車程，結果他們在救護車上一直大叫，經歷了人生最痛的半小時，從此成為傷患中互相扶持的戰友。

　　50 天不能洗澡是什麼感覺？手臂 57 天不能彎曲是什麼滋味？小虎在醫院百無聊賴就是數算着這些日子，當中最難受就是為了尊嚴，堅持自己上廁所。

　　因為要在大腿取皮膚植上自己受傷的手臂，於是，手腳都是慘烈的痛，幾分鐘的洗手間之旅，要用 45 分鐘來完成。小虎本是空手道黑帶高手，今天的腿卻軟弱得像隻初生鹿仔，踏在地上只懂顫抖。看得見的廁所門，這麼近，那麼遠，失去站立的感覺，再失去走路的感覺，一切只能重頭再來。

　　不能屈曲的右手，第一件事讓我想到的，是怎樣吃飯？試了一回被餵，小虎說，實在接受不了飯來張口的感覺，於是，他開始鍛煉左手舉箸。70 多天後，小虎的右手仍然乏力，但卻能靈巧地用左手拿筷子給我的碗裏夾菜。

鋼鐵和小虎這三個月經歷的苦，可以用八個字概括：火燒般痛，蟻咬般癢。至於那些每晚睡覺痛醒四五次的感覺，已成習慣。然而皮肉痛不及內心苦，想起在外搏鬥的同袍，小虎說：「疼痛日子不好過，但至今在外執勤的同袍更不好過。」

常聽說警察之間有一份外人不能理解的同袍情，因為他們共同經歷的是生死。看小虎描述與鋼鐵怎樣成為好兄弟，才深深感受「手足」二字的真諦⋯⋯

「（我們）一起留院、一起手術、一起治療、一起商量、一起面對、一去氣憤、一起鬥快看誰在手術後先清醒起來，一起看着電視咬牙切齒⋯⋯其實我挺討厭他的，因為他受傷程度比我輕，總在我痛到入心入肺的時候，在我面前晃來晃去，我每次獅吼的時候他都會跑掉⋯⋯可是，我又很喜歡他，因為他每次跑掉都是去買早餐或午飯，等我吼完可以吃⋯⋯」

至於鋼鐵，原來也有流淚時，有段時間他得了創傷後遺症，眼淚會不自主流下來，手也會不自覺地顫抖。走出陰霾後的他，傷已經好了，未來一年多要面對的是疤痕增生和重返崗位的期待。

這天看鋼鐵在微博叫大家猜他最痛恨的是誰？很有意思。你以為他會恨潑腐液的狂徒？非也，「我最痛恨是那些做文宣的，隨便利用網絡的方便，肆意抹黑，顛倒是非黑白，向心智未成熟的年輕人灌輸歪理，才是我最痛恨的人！」

至於微博已有 35 萬粉絲的小虎，沒有被光環蒙蔽了身份，他說：「我不希望大家把我們當英雄、當明星，這個違背了我們做警察的意義，我們是執法者，是警察，執行法紀，是不需要大家追捧的。」

是的，不追捧，但一定要說句謝謝：我們慶幸有香港警察。

2020-01-01

編者按：

鋼鐵及小虎先後在二〇二〇年一月及二〇二〇年三月重回警隊崗位，鋼鐵胸口嚴重受傷，永久性留下傷疤。小虎因百分之十四皮膚三級燒傷接受四次手術，手臂神經受損，將終身承受痛楚。

二〇一九年黑暴，超過六百名警員鎮暴時受傷，當中不少是如鋼鐵及小虎屬嚴重或永久損傷。

我是壹傳媒第一個領教國安法的人

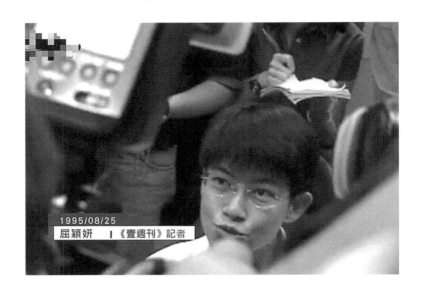

1995/08/25
屈穎妍 ｜《壹週刊》記者

壹傳媒終於執笠了，各大媒體都進行蓋棺式報道，忽然，在有線新聞，看到 26 年前的自己。

1995 年，我在《壹週刊》工作，當時台海關係緊張，兩岸都架起大炮對準對方，我奉命做一個新聞專輯，先去台灣的金門、馬祖採訪了軍事調動情況，然後打算再去對岸的廈門、福州看備戰氣氛。

我致電正在廈門的香港記者行家，詢問當地情況，朋友說：「這邊很緊張，行家都撤了，你現在才來？我們明天返港，你自己執生。」

於是，我向上司匯報，當時的總編輯，正是今日涉國安法身陷囹圄的壹傳媒行政總裁張劍虹。

當時我問老總：「連 TVB 都撤了，我們還去嗎？」

「去，當然去，人人都走，我們就有獨家。」是的，那一回，我真的做了一個獨家封面故事回來。

壹傳媒記者去內地工作從來都不申請記者證，每次踏出羅湖橋，其實都犯了非法採訪罪，看你運氣好不好，會否給逮着。那次我和攝影師在福州因闖進軍區範圍拍攝，被公安拘捕，本來只是非法採訪，後來公安搜查我的隨身筆記，發現有台灣金門、馬祖的軍事資料及將軍電話，覺得事態嚴重，於是交國安處理。

國安人員把我和攝影師送上一輛拉上黑窗簾的車，駛到一座獨立別墅，我們就在那裏被軟禁了六日，天天接受國安人員盤問審查。我是壹傳媒第一個領教國安法的人，比黎智英還早。

在內地被國安拘禁，大家自然會想到「水飯房」與「黑獄斷腸歌」，然而，我從不諱言這段經歷，甚至樂於向人分享這六天的待遇。就是因為，這幾天確實是待遇，不是遭遇。我相信，只要你沒犯罪，沒人會虧待你。

別墅裏，我們跟 12 個貼身監視的國安人員共住共飲共食了六天，由最初的互相猜度，到後來天南地北，無所不談。我相信，我是少有曾跟國安近距離相處過的香港人。

審問了幾天，基本上可以得出結論：我們兩個是膽粗粗的香港記者，不知天高地厚誤闖禁區。

國安每天審問完都會跟我們閒聊，吃飯時還可以看電視。說起吃，不得不提那一日三餐，因為福州近海，魚蝦蟹是必備的菜，解渴飲品甚至是罐裝燕窩。看得出，他們把最好的都拿出來給你，就是希望你們回去不要埋怨這裏沒人權。剛剛開放的國家，一切都在學習中。

相處了六日，我跟國安人員臨別的對話是這樣的：

「不要回頭，不要握手、不要多謝，不要再見！」

「有機會來香港，找我。」

「好哇，但我怕你會捉我進《壹週刊》關我六日報仇！」

被捕回來我寫了篇獨家報道，題為《我在國安局的六日五夜》，結尾我是這樣寫的：「如果中國可以開放些，如果我們不再敵對，大家會發現，原來國安局並不神秘，原來情報員也可以做朋友，原來……原來中國並不可怕。」

26 年後，我當日的中國夢實現了，不過我當日工作的機構卻倒下了。

2021-06-24

等待重手，期待重藥

我想說一件真人真事……

一九九五年，距離九七回歸還有兩個年頭，我當時還在黎智英麾下的《壹週刊》工作，職位是副總編輯。有一天，黎老闆把我召到房間，凝重地說：「九七後我不知道會是什麼世界，但我肯定的是共產黨不會放過我們，你也要為將來打算一下，你有沒有外國護照？」

「沒有。」

「那我幫你辦吧，英、美、加、澳、紐、新加坡，你選一個地方，我幫你和你的家人搞投資移民，錢我會幫你付，總之盡快拿個護照傍身。」

「我從沒想過移民。」

「那你現在要想了。」

「我不認為九七後會有事。」

「那是因為你不認識共產黨。」

黎老闆給我一天時間考慮，基本上我沒有特別細想，翌日就回他說：「謝謝老闆美意，我真心覺得沒必要，你給我的高薪和福利已包含所有工作風險，真心，你沒有欠我，我也不想欠你。」

後來我才知道，原來當年拒絕他的，只得我一個。

說起這往事，是因為看到今日反對派的恐懼，跟當年九七前一模一樣。那年黎智英用了很長時間游說我不要相信九七、不要相信共產黨、不要天真不要傻，他在加拿大尼亞加拉大瀑布那邊有一條街，整條街的酒店都是他的，還在美國、英國有生意和物業，狡兔要有三窟，他不只，他有 N 窟。

當時仍年輕的我，不明白他怕什麼，但我完全感受到他對共產黨那種恐懼。其實，九七前，好多香港人也像黎智英那樣，很怕，很怕。

　　九七來了，一切不變，甚至比九七前更寬鬆更無王管，原本好驚好驚的人，開始放鬆，開始放肆，這種放肆一發不可收拾，演變成今日爛狀。

　　回頭細想，如果當日在他們好驚好驚的時候，中央果真大刀闊斧來一記殺雞儆猴，在香港下重手落重藥，也許，今日香港可能會是另一面貌。

　　所以，今次香港國安法將是另一次改變香港的好時機，看到反對派在驚慄、在腳軟，中央千萬不要手軟，香港人絕不害怕國安法，怕的只是心虧理虧的人。要立，就狠狠地立，嚴苛地立，不必留手，不要留情。九七回歸後國家就是對香港太有情，結果把這個愛兒縱成逆子，嚴師才能出高徒，棒下才會出孝子，來吧，還是那句，正常香港人一點都不怕國安法。

2020-05-27

從美國飛去英國吃頓飯

那天，看到全國政協副主席梁振英先生在臉書發了這帖子：「李宇軒在庭上公開承認案情事實，黎智英在獄中度過餘生，已無懸念。」

由庭上李宇軒一句「I agree to the facts」開始，所有關於黎智英及其私人助理 Mark Simon 指使他們勾結外國勢力制裁香港、抹黑國家的行為，已被白紙黑字寫於法庭，黎智英是反中亂港金主、大腦、黨鞭、喉舌的地位，已清晰不過了。

看李宇軒詳述黎智英如何指使他們在國際製造反華輿論，我想起好多年前的一個片段，那時，我在《壹週刊》新聞部工作，剛剛在紐約做完一個人物專訪回港。

專訪的主角，叫魏京生，曾在北京西單民主牆貼大字報揚名，後來因反革命罪及陰謀顛覆政權罪入獄十八年。如同一切獄中異見者，魏京生在獄中多次獲得諾貝爾和平獎提名，1997 年 11 月獲保外就醫，從此流亡美國。

那一回，我到美國哥倫比亞大學訪問了他，跟他熟絡了，回港後一直保持聯繫。忽然有日，老闆黎智英走到我辦公室煞有介事跟我說：「你幫我約魏京生，去英國吃頓飯，見見面。」

「什麼？」我以為自己聽錯，還是老闆記錯，於是重申：「魏京生在美國喎，你約他去英國食飯？」

「是的，叫他給個時間，我會安排機票住宿。」

我當時想，請你由美國去英國吃頓飯，嘩，這餐飯真貴。於是搖個長途電話給魏京生，他欣然接受，我工作完成。

幾個月後，魏京生來電聊天，說起他的「奇遇」：「嘩，你老闆真厲害，他請我到英國著名歌手 Sting 的家吃飯，那豪宅好大好大，進了大閘再開車到

大廳，都要 5 分鐘⋯⋯」

原來，那頓飯後，黎智英為魏京生以「中國民主之父」的牌頭，安排他在英國及歐洲四出演講，內容當然是以他坐了 18 年政治獄的第一身經驗，唱衰國家。

走了一圈後，魏京生拿了很多頭銜，如「美國國家民主基金會民主獎」、「人權鬥士獎」、「法國里昂市榮譽公民」等等，之後亦常給《蘋果日報》供稿。現在回想，該是以稿費掩飾金主的定期供養吧？

當年那兩通電話，對我來說只是生命中的一件小事，但今天看到李宇軒的作供，原來黎智英借媒體之便，勾結外國勢力並以國際輿論破壞國家形象的工作，已足足幹了廿多年。

最近李宇軒案子開審，席上有兩個旁聽者很值得大家留意，一個是天主教前主教陳日君，另一個是德國駐港領事。「12 瞞徒」如果只是黑暴嘍囉，會勞動這些重要人物來旁聽嗎？

我相信，陳日君是黎智英的耳目，他要把李宇軒的篤灰內容轉告獄中的黎智英。不過，這奔走也是徒然，黎智英難再步出監房，相信是幾肯定的事實，問題只是，他的終老地是赤柱還是秦城？

2021-08-22

6962分之一

東航空難，132 人罹難。外交部發言人汪文斌結了條黑領帶出席例行記者會，路透社記者明知故問：「你戴這純黑領帶有什麼特別意義嗎？」

汪文斌紅着著眼睛強忍怒氣說：「這不需要多說吧？」另一發言人趙立堅也在微博留言：「地球人都知道！」

132 人罹難，舉國都在傷痛，發言人都會結條黑領帶。然而，香港至今死了近七千人，高官卻笑得燦爛說：「現在取得了階段性成果……我很有底氣及很有能力去抗疫……」這種話、這種笑聲，讓死難者家屬聽了，能不心寒？能不憤慨？

執筆之時，香港因新冠死亡的人數已達 6962，天天看，大家已對數字失去驚心動魄的感覺，只有死者家人才會尚存痛感，而我，就是這 6962 分之一的家人。

上星期爸爸離世了，之前他跟媽媽一起染上新冠，兩老躲在家隔離，媽媽好轉了，爸爸離去了。

那夜趕到醫院，爸爸已在急救室返魂乏術，護士問我們要不要進去？不過事先警告，裏面全是屍首。我不介意，進去跟爸爸遺體告別，瞥見旁邊的病床，全是一個個沒了呼吸的老人，有的蜷曲身體、有的死不瞑目、有的張大了口，急救室內，沒一條生命是活的。

急症室走廊站滿飲泣的家人，是的，這裏所有人都站着，因為此處橫七豎八擠滿病床，根本放不下椅子。

醫生叫我們在外邊等，等什麼，沒具體說明，他們忙得暈頭轉向，我們也不好意思追問，結果一等就是三小時。

我們站的是沒感染區，但根本沒辦法阻隔感染者出出入入。有個女人出來

找廁所，護士捉着她說：「你是感染者，不能進入此區！」沒多久，這女人又靜靜溜了出來，在非感染區四處蹓躂。

一個精神恍惚的老伯，身上只披件藍色圍裙款保護衣，沒穿衫褲四處走。背後露出的屁股包了條尿片，走了幾個圈後，尿布脫落在地，附着一坨屎。那坨屎，全急症室的人都看見，但都詐作看不見。

之後我女兒趕來看外公最後一面，護士領我們到了另一病房，打開門，極低溫的冷氣襲來，一地都是遺體，全用白床單木乃伊式包裹着，小房間的地上就躺了十多具，應該是跟爸爸差不多時間過世的死者，還未計早上的、下午的、黃昏的……

這些，都是 6962 分之一的新冠肺炎死者，但其實，這幾個月丟命的豈只這些？

在急症室等候期間，救護車送來一個下體流血的女子，她痛苦地躺在床上，卻被當值醫護截住：「這醫院沒婦科，現在我們沒人手，希望你明白，我不是不收你，不如你去瑪嘉烈？」

「救傷車可送我們去嗎？她動不了。」病人家屬問。

「不，他們工作已完成，你們要自己搭的士去。」

「吓？」不僅病人及家屬，連站在旁邊的我們都禁不住「吓」了一聲。

有朋友說，認識一個每星期要洗腎的人，因醫院迫爆，洗腎服務被逼暫停，病人已幾星期沒得洗腎了。

試想想，那下體流血的女子、那不能洗腎的病人，如果他們有什麼三長兩短，一定不會算進新冠頭上去，問題是，我不殺伯仁，伯仁因我而死，這段日子，幾多不是得了新冠肺炎但被新冠拖累延診的病人離世？有人知道嗎？有人

關注嗎？

　　死了這麼多人，有官員為他們穿過一天黑衣、繫過一條黑圍巾嗎？也許，在官員眼中，他們只是老人家、只是長期病患者，但他們其實也是別人的父母、人家的至愛。如果你們真的對老百姓丟命沒感覺，我們無話可說，但作為死者家屬，我只想說一句：請別再笑。

2022-03-26

曾經強大的弱者

我常常想寫老爸，但因為知道他是我的鐵粉，每天追看我文章，一直很難下筆；沒想到，終於寫了，他卻看不見。

老爸是個一生循規蹈矩的人，典型的「好好先生」，媽媽的形容比較直接，說他「擔屎唔偷食」。

這也許跟成長背景有點關係，爸爸自小跟爺爺從內地來港，爺爺當年在英軍軍營內當調酒師，識簡單英文，極嗜酒，常常喝到醉醺醺，懶得煮飯，就叫我爸放學後在軍營鐵絲網的一角偷進來，在飯堂拿點食物，兩仔爺躲在廚房吃。所以我爸常打趣說：「我是吃牛扒大的。」

在軍營長大，還是個偷住客，當然要步步為營。比乖巧更乖巧，比規矩更規矩，凡事忍讓，就是他的生存法則。

吃西餐長大，卻沒沾到半點西風，他跟所有勤勞聽話的中國人一樣，一份工打了六十多年，從沒想過轉工，也從不放假，除了星期日及過年那幾天，就算病也堅持上班。請他去旅行，他不去，說公司不能沒有他；退休後，不用工作了，他都不去，說最怕搭飛機。唯一肯動身去的是，回鄉，每次回去，給我們如數家珍，這私塾，我讀過；這魚塘，填平了⋯⋯

有天，他無端端跑上我家，送我一個大環保袋，裏面全是我的文章剪報，貼了幾大本，還分了類。原來，我罵黑暴的文章他都看過，爸爸是個超級怕事的人，我本來不想讓他知道我用筆跑上刀口浪尖，但原來他天天在看，雖心驚膽戰，從沒左右我寫作。

疫情這兩年，爸媽衰老得很快，因為日日困在家，骨頭漸不靈活，腦袋漸不靈光。雖然如此，他們仍是守法順民，政府的呼籲他們跟足，打了針、不串門、不四處去、減少聚會⋯⋯結果，仍是中招，仍是丟命。

　　也許，老爸在政府眼中只是一個死亡數字，物競天擇嘛；然而，就是這樣勤勤懇懇的守法順民，成就了今日繁榮的香港。他們現在都是弱者，但他們曾經強大、曾經是小島的中流砥柱。

2022-03-29

埋葬在公墓下的總統哥哥

沒有人希望看到戰爭，因為無論勝還是敗，受苦的從來都是百姓黎民。

西方把俄羅斯總統普京塑造成好戰狂魔，但其實自由神像下的歷任美國總統，才是真正的好戰者，這方面的歷史證據，已有太多人表列了出來，我不在此多贅了。我反而想說說普京，一個一擺出來就充滿戰鬥格的總統，到底他跟戰爭有幾多關連？

普京是在二戰後出生，嚴格來說，沒親身經歷過最悽慘的戰亂，然而，他的最親密家人，不是死於戰爭，就是在戰事中匍匐倖存下來。

聖彼得堡一個公墓，埋葬了普京的哥哥，他在普京未出生時已經死去。普京的爸爸，本是個工廠工人，見戰爭爆發，為守土護國，毅然入黨並申請上前線，結果，被派到一個 28 人的特別行動隊，負責到德軍後方炸橋及破壞鐵路。

誰知，行動中被人出賣，28 人全部中了埋伏，普京父親活了下來，在沼澤躲了幾小時，用蘆葦呼吸。最後，28 人只有 4 人獲救，其他 24 人都犧牲了。

回來後父親再被派到列寧格勒保衛戰前線，當時的列寧格勒城被納粹德軍包圍了 872 日，食水、能源及糧食供應被截斷，導致城內大饑荒。這圍城戰是二戰史上其中一場極其血腥的戰役，列寧格勒其中一個墓地就埋葬了 50 萬名圍城戰的遇難者。而普京父親就在此戰中受了重傷，成了終生殘疾。

普京的媽媽趕去醫院探望受傷的父親，當時列寧格勒已被希特勒圍困多時，人民一直捱餓。那時候，普京的哥哥才 3 歲，於是受傷的父親背着醫生和護士，靜靜將醫院分配給他的飯偷偷交給母親，要她帶回家餵孩子吃，日日如是。結果，有日父親餓暈在病房，醫務人員才知道情況，從此不准母親再去探望。

為了不要再多孩子餓死，政府把所有孩子帶走，集中在幼稚園等待送往安

全地，然而，就在幼稚園，哥哥染上了白喉症，永遠回不了家，父母連孩子最後一面也見不到，就給埋進公墓裏。

待得父親撐着枴杖出院，一回家，竟看到清理員正在抬走餓死的人，當中包括普京的媽媽，父親搶上前，見太太氣息尚存，用枴杖趕走清理員說：「她還活着！」就這樣，父親硬生生把母親的生命搶救回來。那個本來被當死屍抬走的媽媽，一直活到 1999 年。

普京父親一家 6 兄弟，5 人死於戰爭，只剩他父親一人。而普京一家本來也有 5 口，大哥夭折、二哥白喉病死，普京常說：「我父母就只剩下我這個孩子。」試想想，生在這種家庭背景下的普京，聽父母說死裏逃生的故事，會嗜戰嗎？會想戰嗎？

沒有人會喜歡戰爭，如果不是被踩到門前、踩上心口，我相信，沒有人願意看到生靈塗炭。

2022–03–30

30年間的秘密

無論誰當特首，解決年輕人問題是重中之重。要找尋良方，我都建議他先看一齣韓國電影《上流寄生族》。

這電影，在2020年囊括了奧斯卡最佳影片、最佳國際影片、最佳導演、最佳原創劇本四個大獎。

電影的看點，不只點出貧富懸殊，重點是，電影導演奉俊昊是上世紀80年代在街頭掟過汽油彈的大學生。

想像一下，今日黑暴場上那個打警察的蒙面人，30年後，竟然站在奧斯卡舞台上奪取最高殊榮。於是，大家會問：這30年，奉俊昊幹過什麼？韓國政府做過什麼？

經歷過的人會記得，80年代看電視新聞，韓國的畫面天天都是大學生上街掟汽油彈，那個時代，全世界湧現反威權浪潮，東歐、韓國也不例外。

當年韓國大學生以最激烈的方式抗議，打砸、燒車、衝擊、自焚。1987年，延世大學學生李韓烈被警察催淚彈擊中後腦，一個月後不治。

李韓烈的死，對延世大學的學生影響很大，奉俊昊導演唸的就是延世大學，他憶述：「很多學生，不只我一個，全部都參與抗爭，並成為日常生活的一部分。我們會上三個鐘課，然後去示威兩個鐘。吃頓飯，再示威，然後再回去讀書。」

他們會向警方及軍人掟石頭及汽油彈，奉俊昊和其他學運同伴，甚至自製一種叫「人道主義式的莫洛托夫雞尾酒」，即是用清水混天拿水製作出易燃、但殺傷力比汽油彈低的武器。

是不是有點像當日黑暴的年輕人？我們要觀摩學習的，是韓國政府怎樣把年輕人從「吃完飯去掟汽油彈」的日常中拉回來，重踏正軌！

　　據說，韓國政府在暴亂後，在各城市興建演藝學校，讓年輕人在那裏各展所長，有唱歌的、有演戲的、有寫劇本的、有做導演的、有化妝的……幾十年後，韓國再沒有汽油彈，年輕人都以韓星、韓劇、韓風出現，甚至成為世界潮流。

　　今日香港的中學一直推行「一生一體藝」，即是說，每個學生都專項學一種運動、一項樂器或藝術，但政府可有想過，學成之後，有沒有平台、有沒有頻道讓年輕人表演所學、發揮所長？

　　孩子需要的是認同的掌聲，年輕人要的是表演平台，如果社會上有足夠多的舞台讓他們發光發熱，政治，絕對不會成為他們的選項，金像導演奉俊昊就是最好的例證。

2021-05-15

一個白蟻窩的教訓

不同職業的人，對今日香港爛局，會有不同感嘆。

詩人會說：眼看他起高樓，眼看他宴賓客，眼看他樓塌了。

警察會說：小時偷針，大時偷金；違法達義，後患無窮。

醫生會說：癌細胞已擴散全身，欲割無從，無論化療電療，都會把好壞細胞一同殺掉，大家攬炒。

我的一位消防朋友，就用了專業知識解構社會現況，非常精彩，他形容，香港現在是一個成熟的白蟻窩。

最初，有一、兩隻白蟻飛進屋裏，無人察覺。牠們在地板下居住了一段時間，產卵、繁衍、建立王國，亦無人發現。

再過一段日子，木地板、木衣櫃有些小角腐爛了，屋裏甚至出現蟻蹤，大宅主人卻不以為意，以為噴一回殺蟲水就了事。看着蟻屍，還感覺良好地以為戰勝了蟲患。

誰知，躲在地底的白蟻王國愈來愈壯大，家中木器腐爛程度急劇惡化，大宅成員開始覺得要正視、要處理。

為如何滅蟻，大家開始意見分歧，有人諱疾忌醫不想搞，有人建議局部做，有人說不如全家搬到酒店去，徹徹底底反轉除蟲。

商量，一段時間；決定找哪個滅蟻專家，又一段時間；上門打價，再過了一段時間……最後，價低者得，選了個便宜的蟲蟲專家，他說，小事一樁，包在我身上，全家不用搬，三兩下搞掂。

開工之日，蟲蟲專家撬開地板一小角，滅完，還有，再撬，再有，愈撬愈大面積，愈撬愈多白蟻，最終把整塊地板撬爛，才驚覺全屋滿地，已藏着幾代白蟻王朝。

　　無計，一定要搬家來一次大殲滅、再大翻新、大裝修，費時、費錢、費力，也元氣大傷。

　　一家人事後檢討，有人說一日最衰找錯專家，有人說錯在當初太吝嗇，有人歸咎沒做好預防工作，一早就應落化學藥，有人認為最大問題是議而不決，不夠果斷，沒快刀斬亂麻。

　　治蟻期間，有人晚晚發噩夢看到滿地白蟻，醒來毛骨悚然，從此不敢再回大宅。有人得了恐懼症，認為是木的問題，是土壤的問題，是環境的問題，索性執了包袱移民去。

　　結果，大宅重修了，但已人面全非。一個白蟻窩的教訓，正正就是今日香港的痛苦寫照。

2020−04−17

兩種大場面

在網上看到一個笑話，非常啜核：「幾個月前，三十歲都是『孩子』；昨晚之後，十三歲已是『大人』。」

說的，是母親節那天在尖沙咀海港城被捕的一個十三歲「記者」陸同學（其實此小子並未足十三歲）。一件沒有解釋餘地的荒唐事，反對派都可以把龍門搬到大西洋，把事件演繹成濫暴、妨礙新聞自由、警察蝦細路……更恐怖的是，陸同學的母親一臉雀躍地告訴記者是她鼓勵孩子「去見見大場面」；有老師更寫公開信力撐：「世界因你會變得更好」。

我想告訴這母親、這老師一個故事，故事裏的年輕人會讓你們看到，什麼才是世界因你變得更好的大場面……

十八歲的朱如歸是陝西一個中五學生，他跟陸同學一樣，喜歡看新聞、關心時事。那天，他看到一張鍾南山院士在高鐵餐車上小眠的照片，圖片說明是：抗疫名將臨危受命趕赴武漢打疫戰，鍾南山告誡大家近期不要去武漢。

小伙子心想，一個八十多歲老人家都衝到一線去了，我們是不是該做點什麼？於是當下決定：「我要去湖北當志願者」。

一個十八歲學生能做什麼？朱如歸沒有在大場面扮記者充醫護，他說：「去不了醫院可以去社區，我可以去送菜、搬東西，錢出不了，技術出不了，我可以出力。」

大年初一，小朱瞞着母親說去同學家玩幾天，拖着行李箱就這樣出發了。火車、公車、再徒步走了110公里的路，終於來到湖北，因武漢已封城，小朱就在他落腳的孝感市停了下來。彷彿是天意，孝感動了天，這小鎮剛剛有一所接收新冠肺炎病者的定點醫院人手非常緊張，小朱決定留在這裏當志願者。

在醫院工作了幾天、熟悉了流程，朱如歸申請進入隔離病房，幫忙為病人

送餐、清潔，幫他們翻身、如廁，觀察危重病人的生命體徵……隔離服一穿就要不吃不喝六小時，小朱不單不言累，他覺得他年輕，還可以多做點事，就是讓病房點燃生氣。

於是小朱開始學方言、講笑話，令死氣沉沉的病房氣氛熾熱起來。小朱認為病人的心理質素很重要，整天想着死路一條，就真的會走進絕路。

連續在隔離病房奮戰了三十天，醫院強行勒令朱如歸停工休息。走過死亡蔭谷，跨過成長長河，小朱回到家鄉，有人讚他英雄，有人責他任性，小朱回應說：「我只是做了我所能做的全部。」

看陝西小城這位耀眼少年，再看看香港暴動現場的荒唐「小記」，只想說句，少年強則國強，少年瘋則城毀。

2020-05-13

每人走多步，世界便會不一樣

兩個月前，香港警務處副處長郭蔭庶先生在聯合國代表香港警察發表講話，那段發言，技驚四座。除了因為郭 Sir 說得有理有節，更因為他的英文竟然沒有半點港腔。

有人以為他是外國長大的 ABC，有人又猜他是自小唸國際學校的富家子。最近跟郭 Sir 做訪問才知道，原來他來自基層，唸的是屋邨學校，好英文，是他拿着字典看着每個音標鑽研出來的。

「學語言其實不需要天分，如果學語言是靠天分的話，全世界人口大部分應該是啞巴。」郭 Sir 的學英文道路其實一點都不平坦，發奮，皆因路上沒遇到伯樂。

「我要多謝一位老師，小學三年班那年，有一日我好奇，拿着字典看到那些音標符號，有兩個字明明都是『th』，但讀音卻不一樣，於是我找老師問點解，老師咬着舌頭發了個音說：都是一樣『th』。我大惑不解追問，老師嫌我煩，把我趕出教員室。我想，你不教我，我自己學，於是捧着字典、聽電台聽歌，一字一句苦練。」

學語言原來也能悟出人生，郭 Sir 說：「香港人好奇怪，明明是錯的東西，卻未必會去分辨，舉個例，香港人讀 R 這個英文字，會說『R 奴』，這麼多年都是這樣讀，大家明知是錯，卻沒人去更正，R 奴、R 奴，讀了好多年，教了幾代人，大家得過且過，一直錯下去。」

正如今日，許多是非黑白已清楚不過了，但仍繼續有人指黑說白、指鹿作馬。因為扭轉觀念，是一件費勁的事，正如十年前，郭 Sir 到英國皇家國防學院進修，也遇過力排眾議的艱難經驗。

「2010 年，中國威脅論在西方盛行了十年，我作為一個中國人，去到英

國，人家不理你來自香港還是內地，即使你講英文，但偏見都存在。我唯一的選擇，就是要代表中國人，去說明中國。」

那年，郭 Sir 的研究項目本來是戰略理論，正因為看到西方對中國的偏見，認為中國要做世界霸主，於是郭 Sir 特別把研究主題及論文題目改為中國外交政策，以孫子兵法的文化基礎和改革開放的實際例子，去闡釋中國的和平外交。

在不同場合的發言、研討會、辯論中，郭 Sir 深深感受到西方人對中國的偏見和不友善，他們甚至形容郭 Sir 推廣的思想是「異端」，他們不相信一個國家「強大」不是為了「稱霸」。

經過一整年不斷的解說辯論，郭 Sir 把許多專家說服，畢業時榮獲兩項大獎，包括從 45 個國家共 90 名成員中脫穎而出，獲得「AFCEA 戰略領導力獎」，大家對他這個中國人和背後的中國開始改觀。

「我的經驗是，如果每個人都多做一點，世界會否對中國了解多些？」其實香港今日，何嘗不是如此？如果大家能多做一步、多說一句，黑暴歪理又怎能猖獗至此？

編者按：

郭蔭庶先生於二〇二二年四月從警務處退休後，隨即獲委任為香港公務員學院第一任院長。

2020-05-07

我們只剩下自己人

說這故事的警嫂是一位基督徒，她很虔誠，個個星期都上教會，直至這天……

牧師說：「讓我們低頭，為早前在觀塘警署被警察除衫的女士祈禱……」本來垂了頭的警嫂猛然抬頭問：「牧師，你 factcheck 了沒有？」

牧師說：「我相信真有其事，我信我自己所聽到的。」

警嫂反駁說：「既然你信你自己，你幹嘛上教會？我們不是因為信神才聚在這裏嗎？」那天，警嫂沒有低頭，倒是勇敢的站起來，拂袖而去，從此，她再沒到那教會去。

還是那句，這種事例，只是冰山一角。

除夕那夜，經過青衣城外的天橋，幾個黑衣人又拿着咪高峰在叫囂：「好仔唔當差，當差正 X 街！」「黑警死全家，X 你老母 X！」圍觀的人在笑、在和應，我想像，如果我是一個警察或者警察家屬，會好受嗎？

無端被罵，已是最低程度的欺凌，警察宿舍門外，有黑衣人在返學放學的時間，拿着手機把出入宿舍的警嫂和警察子弟逐個攝入鏡頭；有宿舍單位的鎖匙洞被塗上強力膠；有學生在進入宿舍範圍後無端端被人打了幾拳……

老師在課堂會叫大家討論：到底磚頭還是手槍的殺傷力大？討論完再揪出父母是警察的孩子答。

有個父親是警察的中三學生，在學校經常跟黃絲同學吵架，警嫂問他為什麼要這樣做，忍一忍避開他們嘛！男孩子說：「我就是想他們打死我，只有打死我，才可以報警拉他們、懲誡他們。」警嫂聽了很心寒，一個十來歲孩子，無助到要用生命作控訴。

那天，一位警嫂來到警署找指揮官，甫一坐下，長官就察覺她手上滿布自

殘的割痕。找長官傾訴心事吐吐污氣，是她們最後的呼救窗口，因為她們連醫院診所都不敢進，怕遇到黃絲心理醫生，聽完故事把私隱都揚出去。

黃大仙宿舍因為多次被暴徒襲擊，在高牆上加建了鐵絲網。警嫂說：「圍欄跟我家的窗一樣高，望出去，真有種坐牢的感覺。其實，我們現在的生活何嘗不像坐牢？老公現在好神經質，天天要車女兒出入，電話聽遲半秒就大發雷霆，以為我們發生什麼事。一離開宿舍範圍他就開始擔心，每小時都要報平安……」

看西九龍總區指揮官卓孝業接受訪問，說到這句就哽咽：「我們只剩下自己人了，自己人一定要看顧自己人。」聽過警察和家人的遭遇，就會明白卓sir為什麼痛心。當教會、學校、醫院、社會都容不下他們，他們剩下的，就只得彼此。

前夜，旺角一名便衣刑警在執勤時被暴徒圍毆及襲擊頭頸，他捱到制服了疑犯，才伸手向同袍求救，兩秒後忽然失去知覺倒地了。整個過程，沒見到平日無處不在的假救護，只有記者幸災樂禍在直播。看到一眾警員掩護着倒地警察等救援，那一幕，錐心地演繹着「我們只剩下自己人」。

目睹這些，小市民只能唏噓嘆息？不，作為家長、老師，看到有警察孩子被欺凌，我們應挺身而出；作為正常醫護，看到警察被辱，應及時出手；作為一個有良知的人，看到警察需要幫忙，請伸出你的手……當執法者別了家人走上前線維護法紀，我們更應站在警察身後守護他們的至愛。

卓sir請放心，你們的「自己人」，其實很多，不只三萬，而是五百萬，甚至十四億。

2020-01-03

後記：

自二〇一九年黑暴事件至今，大量警員及其家屬的個人資料被公開並受到滋擾。至今警方共接獲超過四千宗案針對司法人員、政府官員、警員及其家屬因被起底而報警求助個案。

從政的DNA

這個月，四處去幫立法會候選人宣傳、拍片、拉票、站台，聽得最多的一句話竟然是：「為什麼你不選？」「還以為你會參選？」連找我幫忙宣傳的候選人都這樣問。

我覺得，從政的人多少要有點政治DNA，撫心自問，我沒有。

我只是一個論政的書生，正確點說，我只是一個大時代的記錄者、說出老百姓感受。從政，從來不是我杯茶。

做記者的時候跑過很多選戰，有段時間更常常飛台灣採訪大選，看得太多，覺得台灣那些所謂民主選舉，根本就是一場遊戲一場騷，浪費時間浪費精力浪費紙張破壞環境。

如果，他們用搞選舉的時間精力金錢創意來搞民生或者幫助貧苦大眾，我相信，對社會對市民更有裨益。

無奈，西方國家把那些民主選舉太神化、捧得太高，彷彿那是文明社會的終極目標，於是，所有不跟隨遊戲規則的國家，都被標籤為不文明甚至極權。

老實說，我討厭那種選舉，因為那不過是一個鬥後台、鬥錢多、鬥口才的勞民傷財遊戲。候選人辯論互挖瘡疤互數不是，過去在香港見怪不怪，不過今次許多選舉論壇加入常識問答比賽，實在荒謬，難道背得出幾條巴士線就懂議政嗎？有些論壇要候選人一分鐘講一個議題，急口令比賽贏了就可以做管治者，這又是哪門子的做法？

投票日那天我替候選人站台告急，有競爭對手不斷出奇招搞破壞，譬如在你直播的時候舉着中指跑過鏡頭，又或者在你說話時於遠處大講粗言。連品都沒有，當什麼代議士？偏偏選舉遊戲中就不斷出現這種低俗衝突。

有一回在街站派傳單，一位叔叔儘管支持也忍不住婉拒了單張，他說：「不

用喇，我已經拿了十多張，到時會投票的。」

十幾張，算少了，因為我是選委，這個月的信箱天天都塞滿候選人的宣傳品。51 個候選人每人寄一次都 51 份，當然大家都不會只寄一次，於是我一邊拆信一邊哀悼那些犧牲的樹。

外子打趣說：「不如你去選吧，試試不派傳單、不印宣傳品、不搞街站、不去論壇、不洗樓不拉票，看會不會贏？」

實在是一個很好的社會實驗，如果贏，證明過去選舉那些所謂的宣傳方程式根本多餘；如果輸，證明選民信宣傳多過看你是否做實事，有點可悲。

當然，說笑而已，我是一個討厭鎂光燈的人，今日我的最大優勢，是我不用顧慮太多，如果我參選，就會欠下一屁股選票債，從此，下筆就不能隨心所欲了。

其實，社會真的需要反思，西式選舉真的是最好方法嗎？看美國總統選舉，看香港過去的立法會，贏的都是靠把口，不是靠政績。花言巧語贏的人，會真心為人民服務嗎？值得大家深思。

2021-12-22

我就是要你驚！

　　帶大了三個女，經歷了這些年，我一直在反思，這年代的教育，是否太矯枉過正？從一個極端走到另一極端。

　　我們成長的年代，身邊總會有幾個親朋戚友、鄰居玩伴，不是加入黑社會，就是成了癮君子。那時代的孩子跟現實距離很近，我們沒有所謂的理想國，生活逼人，有孩子年紀小小就在街上擺檔，梅艷芳4歲已到荔園賣唱。

　　有朋友住寮屋區，一家人的飯後娛樂，就是望落街看黑社會毆鬥。我小時候住唐樓，晚上回家爬樓梯，每轉一個彎都動魄驚心。我小小年紀就知道，門口土地下面壓着的是白粉，毒品交易就在我們眼底下進行。

　　到我女兒那一代，社會富裕了，人乾淨了，市容整潔了，大家就會避開陰暗面，就會讓孩子在漂白水洗滌過的環境中生活。

　　舉個例，我住那區有間美沙酮中心，小學的家長都說，我帶孩子從來不走那條路，寧願兜遠一點，免得碰到癮君子嚇壞小朋友。

　　我卻反其道而行。

　　我覺得，近代教育太仁慈、太保護，孩子都活在一個保護罩，人人都是天使，沒有壞人、沒有丑角，我認為這樣很不妥，於是，就特別帶女兒們看看社會的陰暗面。

　　那間美沙酮中心位於市中心，門外有個公園仔聚滿癮君子，他們有的抱着電燈柱站着睡覺，有的流着口水鼻涕瑟縮一旁毒癮發作。女兒走過「道友陣」，緊張地捉着我的手說：「媽媽，好驚啊！」

　　「我就是要你們驚，好好記住這些人，他們都是因為吸毒才變成這樣。」

　　驚嚇教育果然奏效，女兒以後一看到「毒」字，就聯想到那些精神萎靡的癮君子畫面，就會記住吸毒的下場。以後連遇到吸煙的鄰居，她們都苦心相勸：

「叔叔別再抽煙了，否則將來你會攬住電燈柱睡在街頭！」

用震撼畫面讓孩子記住重要的事，其實比起講一些他們未必明白的複雜道理容易入腦得多。

當然，有人又會認為恐怖印象會令孩子有心理陰影，我覺得問題在於，有沒有人在驚嚇中為他們從旁講解？

所以，當有小學生家長投訴學校播放南京大屠殺影片嚇壞細路的時候，社會亦是時候反思，教育是否只教美好的理想國？而不讓孩子接觸恐怖的歷史事實？

老實說，大家認為今日的孩子未見過血、未看過恐怖畫面嗎？近日常常看到有孩子穿着韓劇《魷魚遊戲》的綠色運動裝戲服，也見過有孩子戴着戲中殺人者的面具通街走。血腥如《魷魚遊戲》的四級片，家長都不覺一回事跟孩子齊齊看齊齊追，南京大屠殺幾個「鬆郁朦」活埋畫面嚇得到你孩子？

如果看完驚，更好，我就是要你驚，驚嚇，才會記牢，才會對這段歷史刻骨銘心。

2021-12-15

一巴掌的教育

疫情下，電影沒得拍、戲沒得看，於是，一年一度的奧斯卡頒獎禮，關注度非常低。如果不是韋史密夫（Will Smith）掌摑了基斯洛克（Chris Rock）一巴掌，相信好多人都不知道原來今年的獎項已塵埃落定。

頒獎禮的掌摑事件引起全球哄動，所有人都在評論護妻的韋史密夫做得對不對。如果這是通識素材，辯論方向大概就是：暴力是否能解決問題？

倒是台灣一位老師有創意，他叫洪黃祥，是桃園市一位小學教師，他竟然用韋史密夫這巴掌，給小六學生帶來一次很好的反思教育。

實在太有意思，請容我在此簡述一下洪老師的教學內容，讓大家一起上這社會課……

①我告訴學生，主持人基斯洛克在頒獎禮上拿韋史密夫太太的光頭來談論，韋史密夫不爽，上台打了基斯洛克一巴掌。請學生舉手表態，是否支持韋史密夫的舉動，結果，四成學生支持。

②我播放此事的整個影像，學生得知韋史密夫的太太是因病掉髮，卻被嘲諷。我請學生再表態，接近九成支持韋史密夫打人。

③我問學生，嘲諷是語言暴力，但打人卻是嚴重暴力，況且事後基斯洛克說，他對韋史密夫太太有脫髮症並不知情。沒給對方解釋道歉，就直接訴諸暴力，是否值得支持？這次，舉手支持打人的又降到四成。

④我告訴學生，韋史密夫是家暴目擊者，他小時候常目睹母親被父親打到渾身是血，從此發誓要守護家人。他太太因病掉髮，曾封閉自己，好不容易在家人鼓勵下重新振作，如今再被傷害，故韋史密夫決定出手保護自己最愛的人。聽完我的說明，支持韋史密夫打人的學生，又升到八成。

⑤我說這是奧斯卡 94 屆以來第一次暴力事件，這畫面有過億人目睹，故

主辦單位考慮取消韋史密夫影帝資格。若基斯洛克要追究，韋史密夫將面臨六個月牢獄及十萬美元的賠償。代價這麼大，同學還支持打人嗎？這次，只剩五成人舉手。

⑥我最後問：我請同學舉手五次，從頭到尾，你完全沒動搖，無論支持或反對打人，五次都沒改變的，請舉手。結果，人數只有三成多。

我告訴學生，我今天扮演的角色，是政治人物或媒體，我蓄意餵養你片面的、我想你知道的資訊，結果有七成人被我操弄，根據我餵養的資訊而改變立場。

我只給你我想你知道的訊息，對我不利的，我一概不提，慢慢，我要你膜拜誰你就膜拜誰，我要你打砸誰你就打砸誰……而這種現象，正在世界各地上演，台灣尤其嚴重，令人擔憂。

所以，任何人跟你說的話，你都應該查證，不應照單全收，人云亦云。父母、師長、媒體、政客，都有說錯的時候，你要做個成熟有判斷力的人，不要成為被人家玩弄於股掌間的愚民。

洪老師實在精彩！當世界充斥着資訊，令我們以為自己知道天下事，才是最危險的時候，因為你永遠不知道這些資訊為什麼會來到你面前、怎樣鑽進你腦袋。洪老師用韋史密夫的例子給孩子上了深刻一課，也為我們大人們醍醐灌頂，香港的情況不也一樣？誰能擔保自己看到的、聽到的，就是真相的全部？

2022-04-13

地獄道上的大鏡子

曾經看過這樣一個故事……

Ａ君做生意發了財，於是在郊區買了塊地蓋別墅。朋友知道，建議他先請城內最著名的大師為新居看風水。

那天，Ａ開車接大師到他家，路上遇上幾個超車的駕駛者，Ａ沒半點怒氣，倒是禮貌周周地讓汽車「扒頭」。大師說：「你開車挺穩當呢！」Ａ回應：「超車的多半是趕路人，我不急，就讓讓別人吧。」

車開到小巷，Ａ把車速減慢，馬路上忽然竄出幾個小孩，大師驚訝：「你怎知會有孩子跑出來？」Ａ曰：「剛才聽到遠處有放學鐘聲，想是放學時間，還是小心駛慢點。」

到了別墅，Ａ和大師下了車，後院忽然有七、八隻鳥飛起，Ａ見狀對大師道：「勞煩大師稍等才進去。」

「有什麼事嗎？」大師問。

「應該是有孩子爬上了我家後院的荔枝樹摘荔枝，我們現在進去，怕嚇着他們，萬一掉下來就不好了。」

大師聽後靜默片刻，然後笑着說：「你這房子的風水不用看了。」

「大師何出此言？」

「有你在的地方，都是風水吉地。」

說這故事，因為近日看到太多心腸惡毒的人。

《六祖壇經》有言：「一切福田，都離不開心地。」我認為，所謂風水，所謂命運，就是你在心中種下的每一個念頭。

佛家有個說法，就是口出惡言者，惡運將會降臨己身。所以，當日前水警女高級督察林婉儀因追截走私客墮海殉職的新聞傳出，藝人阮民安、前區議員

李文浩、高登音樂台等貼出幸災樂禍、語帶雙關的譏諷，我立即想到，口孽的下場。

當你心存惡念，天天詛咒他人，你的命運你的路，將好不到哪裏去。

2014 年「佔中」的時候，我們覺得社會沒了是非黑白很恐怖；但更恐怖是，2019 年黑暴後，社會不單沒了對錯，還沒了人性。

沒了是非觀尚可教導，沒了人性就絕對無可救藥。反中亂港分子對香港的最大禍害，就是把許多人的人性滅絕了，而當中更恐怖的，是牠們成了畜牲都不自知。

聽說，地獄道上有一面大鏡子，鬼魂只要在鏡前一站，生前做的每件事、說的每句話，都會顯現在鏡裏，想遮也遮不住。也許，這就是我們一直說的：人在做、天在看。

打結容易解結難，講一句惡言傷人只需幾秒，但這傷人的債，請記住，你將要用一生來償還。

20210-09-29

王妃的國籍

　　大家記得英國哈里王子與美國影星梅根的愛情故事嗎？雖然他倆的婚禮沒當年他媽媽戴安娜王妃或者哥哥威廉王子般轟動，但這對愛侶卻為英國皇室投下一枚歷來最大殺傷力的炸彈，就是脫離王族、放棄皇室身份，躲到加拿大做個自由的平民。

　　本來，英國皇室的是是非非跟我們沒半點關係，但那天看新聞，忽然發現王妃梅根的英籍身份問題，那就值得我們關注了。

　　哈里與梅根是於 2018 年 5 月大婚，一個嫁入英國王族的美國人，她到底是什麼國籍？

　　原來，梅根於 2017 年拿着英國公民未婚妻簽證進入英國，同年 11 月宣布訂婚，按簽證規定，半年內必須完成結婚手續，於是翌年 5 月，梅根與哈里正式完婚，她可改簽家庭團聚簽證留英生活。

　　根據英國移民法，持家庭團聚簽證者，要居英 5 年後才可獲得永久居留權，拿到永久居留才可申請入籍，再通過英國生活考試，才能成為英國公民。這手續最快都要 6 年才能完成，申請人三年內更不能離開英國超過 270 日。

　　貴為王妃的梅根與哈里王子住在肯辛頓宮，2017 年 11 月就開始申請入籍。但說到拿身份，原來王妃都冇面畀，她的名字一直跟其他家庭團聚申請者一起排隊。即使婚後獲封為蘇塞克斯公爵夫人，生下英國王室第七位繼承人小王子亞契，梅根王妃仍拿不到英國國籍，不是英國公民。

　　近日，哈里王子與梅根宣布脫離皇室、放棄頭銜、不領皇糧，躲在加拿大過平民生活，即是說，梅根不能遵守離英不超過 270 天的限制，於是她的英籍申請正式泡湯。一個名義上的王妃，連英國人都當不成。

　　你可以說，人家英國人的法治多嚴明，王妃都不會有例外。但我更相信，

那是英國人故意設的一道關卡，英國人那麼易做嗎？連嫁入皇宮都當不了英國人，更何況英語都說不好的香港黃絲。

英國近日在港推出 BNO「5+1」入籍政策，據英國媒體報道，已有 5000 名港人遞交申請，其中半數已身處英國。5000 人，比我想像中少，還以為至少有 50 萬，反正反對派一上街就吹噓有 50 萬。

不過，由第一天看這計劃我就想，英國人會這麼容易把身份送你嗎？尤其這時候要移民英國的香港人，肯定是一班腦袋出問題的憤怒鳥，或者是一群有案在身的逃罪者，這種素質的新移民，連香港人都燒炮仗說「好行夾唔送」，英國會有興趣接收嗎？

「5+1」，問題就在那個「1」，住 5 年榨盡你家財後，最後那一年給不給你身份，就看你還有沒有金錢價值或專業價值。熟悉英國情況的朋友說，只要考試時問的是地道英國人才懂的問題，單是一個英文試，就可以把你卡住。

趕執包袱移民的香港人，照照鏡，王妃都辦不到的事，你們憑什麼能做到？

2021-02-24

一個祝福，斷送20年青春

網上流傳一段視頻，內容是一名黑衣惡男，在日前銅鑼灣恐襲事件發生地擺下白花，被警察查問的情景，他大聲夾惡地責問警員說：「你哋警察死咗人都喺地下擺花啦，唔通擺天台呀？車禍路祭死咗人都係咁擺，點解我唔擺得？」

那要問問此惡男：紐約世貿遺址都死了很多人，如果你在那裏獻花給拉登及他的死士，你猜會發生什麼事？

一個恐怖分子殺人不遂憤而畏罪自殺，這種人值得大家供奉拜祭？網上片段所見，甚至有不少父母帶同孩子前往獻花，公開歌頌及懷緬恐怖主義行為。

我想告訴這些失智的人，如果在美國，他們已被視為潛在恐怖分子，所以我建議警方也要用國際標準，把獻花者登記身份拍照存檔，以防萬一。

不是說笑，支持恐怖分子會被判罪的例子在西方並不罕見。美國俄亥俄州就曾有一名24歲男子麥可尼爾（Terrence J. McNeil），因在社群網絡平台Tumblr貼出支持恐怖組織伊斯蘭國的言論，在2017年被法院重判20年監禁。

或者先告訴大家，到底這個麥可尼爾在網上做了些什麼，要被判20年重刑？

據報道，麥可尼爾2015年8月在他一篇網上博客文章中，寫下「快樂9/11！！！！」並張貼一張草莓蛋糕照片，再加拉登的照片和一支悼念蠟燭。之後，他又轉發了數名美國軍人的照片、姓名、地址等，就像香港的「老豆搵仔」一類起底網站所做一樣。

麥可尼爾完全沒有行動，他只是轉發、只是慶祝、只是悼念，連行去世貿遺址獻束花的機會都沒有。他只是給拉登一個祝福，就斷送了20年青春。

　　這就是美式言論自由，香港人，你們天天在網上、在地上做的事，在美國的代價，原來是 20 年監禁。

　　刺警恐襲發生後，網上有人憐惜「義士」、有人鼓動復仇，我奇怪，為什麼這種仇恨言論、這種對恐怖行為的歌頌，竟然可以繼續肆無忌憚地發表、轉傳，全世界沒有一個地方的言論自由、行動自由可以去到這地步，公開支持恐怖襲擊，仍然可以安然無恙，我們的法律，是不是太善良了點？

　　2018 年，法國和德國於歐盟議會提出《防止網絡散播恐怖主義內容審查草案》（Anti-Terrorism Censorship Regulation），規定網站內容若被警方視為「恐怖主義」，即使沒法官授權，網站必須於 1 小時內刪帖，否則將處以網站收入 4% 的罰款。

　　德國更早有管制仇恨性言論的主張，公開支持納粹、支持種族仇恨，在德國刑法下是會被定罪的。加拿大也禁止公開發表煽動對特定族群的仇恨言論，法例明言：「宣傳仇恨並不是言論自由」。

　　是的，全世界的言論自由都不是無疆界，唯獨香港例外，看來，我們是時候跟國際標準看齊了。

2021-07-04

派號外的代價

今日香港，走過港鐵站或者走過大街，總會碰上幾個派免費報紙或者宣傳單張的人，可有想過，這樣的舉動，在 55 年前、在英殖年代，卻會隨時丟命，或被收進天牢？

昨天，又收到一位歷史人物離世的消息，他叫顏文光，大家未必聽過他的名字，但他確實經歷過那段英殖歷史，還上過報，成為新聞主角。

那是 1967 年 6 月 26 日，反英抗暴運動的高峰期，中國外交部發文譴責港英政府暴行，《大公報》、《文匯報》立即印發聯合號外。

當時正在南洋商業銀行工作的顏文光剛剛吃完午飯回來，銀行主管說有號外要幫忙派發，顏與同事一行 5 人便被分配到中環統一碼頭派號外。

派了十來分鐘，忽然來了幾個警察把兩位同事團團圍住，同事心深不忿問：「這是香港報館出的報紙，有什麼問題？我們犯了什麼法？」

話未說完，警察已向他倆狂毆並拖行，顏文光和其他同事見狀，立即跑過去理論，此時旁邊忽然冒出一大班便衣，其中一個拔出佩槍說了句：「打死你！」就直接朝顏文光開了一槍，子彈穿過他腋下再進了手肘。

被抬上救護車時，顏文光舉着另一隻沒受傷的手臂大叫：「中國人不打中國人！」那張在擔架床上振臂的照片，成了新聞圖片，成了歷史證據。

在瑪麗醫院羈留病房住了一星期，之後再被送進域多利羈留所，7 月 20 日上庭並宣判，顏文光因非法集結及襲警罪，被判監 18 個月，即時執行。即是說，由他那天吃完午飯回銀行幫忙派號外，從此就沒回過家，一個月後直接入了赤柱。

今日，當那些掟汽油彈的暴徒還可以保釋、可以拖幾年才上庭、判了刑還可以上訴，他們卻說，現在香港沒民主沒自由沒人權，還不如英國人統治時的

風光明媚，我想問問他們，你們真的想回到顏文光那種派個號外都坐 18 個月牢的歲月嗎？

十年前，我訪問了顏文光，問他獄中感覺，他只說了一個字：餓！

被送進監獄那年才 21 歲，風華正茂之年，長肉長身體的日子，每頓飯，卻只得 6 湯匙的量，顏文光說得很準，是 6 湯匙，沒多沒少，餐餐如是。

至於餸菜，主要是黃豆，晚飯會多一味薯仔或者芋頭。如果有塊紙般薄的豬肉、或者尾指般長的小魚，就是加餸天。所以，顏文光坐牢 18 個月，也餓了 18 個月。

我記得，幾年前有一回去參觀監獄，飯堂的餸菜算不上豐盛，但有肉有菜有湯還有飯後水果，餓，是絕不可能的，你看那些出獄政棍個個肥肥白白就知道。但他們卻堅持說：香港沒民主沒自由沒人權，他們懷念英殖的日子……

歸根究底，是我們太厚道，以為過去的事，英國人的醜惡，何必多提？卻原來，你不提，就會有人用謊言美化，把事實顛倒，把正邪反轉。

是時候，讓香港人、讓下一代知道英國人在這片土地幹過些什麼？如果不好好留住歷史真相，像顏文光的親身經歷，將隨着一個個見證者的離去，煙消雲散。

2022-06-05

最後一課

這是天津市塘沽第一中學高考班最後一節課，講壇上的孫老師向全體同學說了以下這番話⋯⋯

「你們永遠不要背叛你的國家和民族，你的血液裏流的是炎黃子孫的血，無論在什麼樣的崗位上，都踏踏實實的去工作，把自己的工作做好了，就是為國家做貢獻。中國的未來，拜託大家了！」說完，孫老師向全班同學鞠了一個躬。

那不是一段戲，更不是一個擺拍場面，那大概是課室後排一個孩子偷偷用手機拍下的視頻。

原來，真的需要反對漢奸教育，真的需要跟孩子說不能背叛國家的話，有些話，你以為不說他們會懂？事實證明，不會的，香港這幾代人就是現例。

我們的課堂，幾十年來只着重講分數、講考試技巧，最後一堂，老師一般會再三叮囑大家好好備戰、考好公開試。人品教育，我們不多；報國教育，我們更缺。

我想起，初中時唸過一篇中文科範文，是法國小說家都德寫的《最後一課》，因為法國在德法戰爭中失利，作者身處的小村莊明天就要歸德意志管治，於是，這是最後一節法文課，從此孩子不能學法文，只能習德文。於是大家都懊悔昔日不用功，現在為時已太晚。

老師倒沒氣餒，繼續好好教這最後一課，他說：「亡了國當了奴隸的人民，只要牢牢記住他們的語言，就好像拿着一把打開監獄大門的鑰匙。」那一課，大家從未如此認真，作者從未如此努力，可惜時間太短，鈴聲響起，老師在黑板寫下「法蘭西萬歲！」便哽咽下課。

那是一篇愛國主義教育的典範作品，可惜教改二十年，中文科取消了範

文，大家只能背語法、記修辭、奪分數。連鎖補習社現代教育甚至用八千五百萬天價向競爭對手遵理補習社挖去頭牌中文名師，中文科透過文章傳授價值觀的日子一去不復返了，我們的教育窮得只剩下一堆數字。

2021-07-08

到底還要死幾多回？

女兒說起她學校的作文比賽，得獎作品，非常感人。

同學描述她母親患癌的遭遇，作為女兒，看着至親的生命一點一滴地枯竭，最後撒手人寰。連老師都深受感動，頒獎的時候，特別捉着同學的手問：有什麼需要幫忙，儘管告訴我！

同學的回應卻是反高潮：哈，老師都被我騙到了？我媽健在啊，那是作文，作的。

我聽完，覺得好恐怖，趕忙問女兒：在你筆下，我可有死過？

作文，當然可以天花亂墜，但總有道德底線，有一些玩笑，你不該開；有一些話，你不該說。在作文裏詛咒自己父母身亡，就是作為子女玩不起也不該玩的遊戲。

卻原來，我落伍了。

跟一位在大學教中文的朋友說起女兒學校這得獎作品，她笑翻天：你太大驚小怪了，我教大學基礎中文，每次發下作文題目，交回來的功課，起碼有半班學生死老豆。

除了死老爸、死祖父、死外祖母，還有，母親通常患精神病、姐姐多數得妄想症、弟弟經常撞車死……總之，可歌可泣，賺人熱淚。全家不只死清光，而且年年都死一回。

有同學今年寫爸爸肺癌死，明年又再寫父親墜機亡，老師忍不住問他：你爸爸到底還要死幾多回？勞煩死法可否連貫點？

杜撰死父母還不算最離譜，有學生甚至「創作」自己從小被爸爸性侵！收到這些作文，最恐怖的不是內容，而是同學笑口嘻嘻跟你說：老師不要太認真，作㗎！

為什麼孩子會有這種心態？不怕報應嗎？

原來，那是補習社名師教導的奪分絕招，有咁慘寫咁慘，有咁可憐寫咁可憐，感動到改卷者，就能奪高分，而最催淚，就是自身的悲慘故事。於是，大家都忘了孝、失了德，只顧賣慘搏高分。

終於明白，為什麼中大學生吳傲雪可以站在台上向大眾作假哭訴：我在警局被性侵！為什麼學生和老師可以一出口就「黑警死全家」，因為在他們眼中，死全家只是紙上談兵的笑話。

雖說文人多大話，但怎大話，都該有道德底線。一回「佔中」再加一場黑暴，香港人的道德感原來低處未算低，香港教育生態的千瘡百孔更因此表露無遺。

2021-07-21

我為什麼要十輛法拉利？

　　因為家裏準備裝修，近日收拾得天昏地暗。人活到某個階段，就要來一次斷捨離，檢視走了幾十年的人生。

　　要丟棄，才發現自己擁有太多。衣物，其實穿來穿去那幾套；廚具，其實用來用去煲和鑊；不知怎的，總是買下一大堆「不動產」，買回來之後沒動過。

　　書是我家最多的物件，一家五口，各有各的書，各有各堅持，結果只放棄了沒人再讀的童書。

　　收納專家說，兩年沒用過的東西，基本上可以丟掉。說是那麼說，要狠下心腸，還是有點難度。直至聽到英超球隊利物浦的主將：超級巨星黑旋風 Sadio Mane（薩迪奧·馬內）那一番話……

　　去年馬內在一次參加英超聯賽時被拍下照片（見圖），相中的馬內手執一部 iPhone11，眼利網民發現，他的 iPhone 屏幕已破裂，損毀程度相當嚴重。

　　馬內是世界頂級足球明星之一，雖然他來自西非小國塞內加爾，但馬內憑藉天才的攻擊力，19 歲便獲邀到法國打職業聯賽。經歷幾次轉會，2016 年馬內以 3400 萬英鎊（即約 3 億 4 千萬港元）的超高身價加盟利物浦。

　　一個如此富有的球員，用的竟是破爛手機，粉絲都問：為什麼不買部新的？

　　馬內回應記者採訪說：「我為什麼要 10 輛法拉利？20 隻鑽石手錶？兩架私人飛機？這對世界有什麼好處？我曾經經歷過快餓死的日子，我在田裏幹活，我赤腳踢球，我沒機會上學……今天，我有能力幫人了，我建學校和體育場，我為極端貧困的人提供衣服、鞋子和食物，我每個月都會給所有來自塞內加爾而非常貧窮的人 70 歐元（約 600 港元）。我不需要展示豪車、豪宅、旅行，甚至飛機。我更喜歡我的人民能分享一點點我得到的好生活……」

網絡圖片

　　其實，馬內的 iPhone 11 並不是他花錢買的，而是他的好友荷蘭球員 Gini Wijnaldum 送他的禮物。

　　馬內絕對有能力換新手機，但他卻寧願把錢花在更需要更有意義的地方。一個來自窮鄉的發跡者，最難的就是不忘本，不迷失在物質名利的花花世界中。

2021−11−06

兩歲的「恐怖分子」

　　他叫艾哈邁迪，43歲，是個電器工程師，家住喀布爾機場附近。2006年起一直為美國駐阿富汗的援助組織「國際營養和教育組織」（NEI）工作。

　　NEI是一個總部設在加州的非政府組織（NGO），在阿富汗建立了11間大豆加工廠，致力對抗營養不良。

　　艾哈邁迪在NEI工作了15年，心地善良，天天駕着白色豐田車載同事上班，並經常向流離失所的阿富汗人分派食物。

　　這天，他如常接載同事上下班，離開辦公室前，他到車庫拿出一根水管，和一位同事往幾個空桶注水，因為他家的社區近日斷水，所以他要從辦公室帶水回家。

　　阿富汗人喜歡整個家族住在一起，艾哈邁迪也不例外。他的車一駛進家中小院子，家族的孩子都跑出來相迎，跳上車興高采烈地坐上駕駛座學開車。

　　忽然，轟隆，火光四起，碎片四散，混雜着橫飛的血肉，艾哈邁迪和他家族成員共10人，一秒間成為燒焦的殘骸，當中包括七個孩子，分別是2歲、3歲、4歲、9歲、10歲不等，大多是艾哈邁迪的侄兒。

　　向他們「施襲」的，是一架無人機，它向艾哈邁迪的汽車發射了一枚九公斤重的「地獄火」導彈，控制無人機的，是駐阿富汗美軍，他們說，懷疑艾哈邁迪是恐怖分子ISIS-K的同黨。

　　艾哈邁迪被殺前三天，ISIS-K在阿富汗首都喀布爾機場發動了自殺式襲擊，造成13名美軍及170多名阿富汗平民死亡。美軍說，他們一定報復，揪出混在喀布爾的殺手。報復行動，由無人機負責，殺掉的，竟是二三歲的「恐怖分子」。

　　幸好這世界有CCTV、有互聯網，讓真相得以曝光。美國《紐約時報》取

去艾哈邁迪辦公室及他出入地的 CCTV，加上訪問了十多個艾哈邁迪的同事及家人，把所有內容拼湊在一起，重整了艾哈邁迪死前幾小時的動向，得出以上圖畫，一個只是載水回家的好心人，就這樣死在美軍亂射的導彈下。

　　一直為美國 NGO 工作的艾哈邁迪，死前四天，僱主正為他一家人向美國申請難民安置，正等待審批結果，移居美國。

　　一班原本希望得到美國保護的阿富汗人，結果，10 名家庭成員全死在他們寄望的美國人炮火下。面對 10 條人命，美軍只丟下一句：「對不起，那是一個悲劇性的錯誤。」

2021-09-22

每個人都可以成為天使

　　看得偉人故事多，大家總以為幫忙別人就要犧牲自己，於是，自覺沒本錢或勇氣的，就會守在自家門前掃雪，看別人的英雄故事、天使傳奇。

　　然而，看了以下真實個案，或許你會有不一樣的感受，故事主角，是兩個平凡人，但因為她們伸出的援手，卻造就了一段不平凡的人生……

　　那是 43 年前，1978 年某日的一個考試天。

　　中五學生聰仔今天將應試中學會考第一科，這是他的拿手好戲，也是升讀中六的必修科。聰仔一大早起床，從牛頭角的家出發，準備在觀塘碼頭乘渡海小輪往北角，再轉乘巴士到寶馬山道某中學應試。

　　最有把握的仗，卻遇上天公不造美。一出北角碼頭就開始下大雨，巴士站滿是人龍，卻沒有巴士。時間一分一秒過去，間中經過的計程車都給趕上班的市民秒殺了。

　　開考時間已到，聰仔心亂如麻，瘋狂加入搶的士行列，畢竟是個學生，不是熟手截車客，難得搶到，又被拒載。

　　絕望之際，忽然有位女士大聲叫他上車：「我順路，你跟我吧！這時候不主動提出附加費沒可能找到車的。」

　　有車了，但到得試場已遲大到，公開考試有遲到 30 分鐘的上限，超過了便不得應考。聰仔到得試場，已超過 30 分鐘，監考官看到這個全身濕透喘着大氣的小伙子，心平氣和說：「你先坐下，我去把已沒收的考卷拿給你吧！」

　　兩位女士，兩段說話，兩把聲音，聰仔銘記至今。一個讓他搭便車的陌生人，一個給他網開一面的監考官，她們沒幹什麼驚天偉大的事，她們只是在一個年輕人最落魄最無助的時候，伸手一拉。

　　那天考的，是化學科，沒了這一科，聰仔升不了中六，上不了大學，進不

了醫學院，成不了醫生。

這是聰仔藏在心底 43 年的道謝，他說：「兩位天使，希望你們這 43 年過得幸福，當年的那個小伙子今日能夠向你們道謝，是他的福氣，再次祝你們安好。」

最後要說，當日的聰仔，今天已成為大醫生了，他是港島東醫院聯網總監陸志聰醫生，我代尋人，尋找這兩位他生命中的天使。

2021-06-16

一樣的14歲

　　國家 14 歲的跳水天才全紅嬋在今屆東京奧運技驚四座，除了獲得女子 10 米高台跳水金牌，其零瑕疵的跳水動作，更破天荒贏得評審三次滿分，以總成績 466.20 分打破世界紀錄。

　　然而，澳洲媒體《news.com.au》卻刊登一張全紅嬋跳水前嚴肅聚精會神的照片，張冠李戴說：「當全紅嬋完美入水得到滿分，全場支持者都瘋狂叫好時，這個少女運動員卻是撲克臉，臉上一絲笑容都沒有。」還以「跳水少女極度痛苦」作新聞標題。

　　寫這種假新聞的不是澳洲小報，《news.com.au》在維多利亞省擁有最多讀者的大型日報，如此規模的媒體，竟也公然針對中國來造假，其他名不經傳的小報、網站如何默默抹黑，可以想像。

　　總之，任何一個國家的年少選手在奧運場上拿得冠軍，一定是「天才運動員」，但若同樣事情發生在中國國家隊，一定是「強迫勞動的機器人」。

　　這就是話語權，我們國家很多方面已領先世界，唯獨國際話語權，仍落後於人。

　　其實，在同一屆奧運，有個比全紅嬋還小的日本女孩西矢椛，只得 13 歲，就站上了領獎台，贏得東京奧運女子滑板街式賽冠軍，成為日本史上最年輕的金牌運動員。這女孩，媒體都稱她做天才，刊登的都是笑得爛漫的照片，報道更說：西矢椛充滿童真，她說拿了金牌後最想做的事，就是請求媽媽帶她去吃燒肉。

　　還有 29 年前（1992）巴塞隆拿奧運會，日本少女岩崎恭子以 14 歲之齡，拿下女子 200 米蛙泳金牌。同樣是在水池冒出來，沒有人拍她凝神苦臉的一剎，沒有人嘲她是機器人，岩崎恭子更成了日本一代偶像，接拍全裸寫真，沒

人說她被利用，沒人說她失去童真。

　　豈只運動場，比體育事業複雜兇險百倍的政治漩渦中，一樣有未成年少年。香港反對派培養的黃之鋒，14歲就成立了「學民思潮」，帶領學生反政府，國際輿論沒說他是機器人、是傀儡，反而美國《時代雜誌》更選了黃之鋒為全球 25 位最具影響力少年。

　　一樣是 14 歲，一樣的萬眾焦點，落在國際輿論手上，可以變出南轅北轍的定論。由此可見，在軟實力的道路上，我們要走的路仍遠、仍艱辛。

2021-08-11

終點會因努力而改變

　　昨天鋪天蓋地的大新聞，非李家超辭任政務司司長參選特首莫屬。就像前一天，特首林鄭月娥宣布不競選連任後，媒體大篇幅地為她的生平作回顧。今天，輪到李家超，記者都在找他的歷史、他的故事來從頭細說。

　　我本想趁熱鬧寫點什麼，但其實去年六月李家超剛擢升政務司司長時，我已寫過他的奮鬥故事，想想，不如轉個角度，說說一個人的際遇。

　　有句老話，叫「條條大路通羅馬」，我們常用來勸勉年輕人，成功路不止一蹊徑，攀一個山、迂迴一點、走多點路，隨時，會走得更遠。聽警隊朋友說李家超的故事，正正就是這個典型。

　　據說，警隊每任處長，都會在最後的人事金字塔中有一番競賽。每個一哥上場前，總有不少流言蜚語，說這次處長是誰誰之爭。而當年有機會角逐處長之位的，就是曾偉雄與李家超。

　　最後結局，大家都知道，曾sir當上了警隊一哥，並在「佔中」一役穩守成功，以「耗」字訣，智破反對派的奸計。

　　而「既生瑜何生亮」的李家超，也決定轉換跑道，去了保安局當副局長，當中經歷了不少棘手的保安問題，包括打了一場漂亮的外交仗——斯諾登風波。有些成績，尤其關乎特區保安，外人未必看到，但阿爺早已了然心中。

　　之後，是保安局局長、政務司司長，你看不到李家超有爭逐位置之意，但做好本分，其實已是最大的競賽本錢。

　　人生的軌跡好奇妙，當日沒當上警隊之首；誰想到，塞翁失馬，今天隨時有機會成為特區首長。李家超的經歷，正好給年輕人作示範，這世上沒有絕對的輸贏、沒有絕對的終點，做好自己，謹守崗位，終點，是會因為你的努力而改變。

2022-04-07

拳王的教訓

我們教孩子做人道理，會說寓言；今天跟黃人對話，也要把他們當作三歲小孩，先給他們說個故事……

從前，有一個叫辛尼斯塔的大隻佬，他被譽為「比利時最強男人」。他是個職業拳手，曾贏得多個重量級世界和歐洲的格鬥冠軍，打拳生涯一直保持 39 勝 9 負的輝煌戰績，並曾於 2004 年在比利時奪得全國冠軍。

這個最強男人，才 41 歲，力大，卻無腦，他堅信新冠肺炎病毒是一場騙局，認為疫苗是比利時政府用來欺騙民眾的陰謀，於是一直拒絕戴口罩，當然更堅持不接種疫苗，結果，2021 年 11 月底確診染上新冠肺炎。

染疫後，男人依然堅信自己是最強的，沒什麼可以打倒他，病毒算個啥？竟然拒絕就醫，更擅自從醫院偷跑回家，說要參加拳賽。

教練看不過眼，威脅辛尼斯塔若不趕快回醫院治療，以後就不再帶他訓練，強行把他捉進醫院。辛尼斯塔 12 月初還在社交平台發文，說新冠只是「小病毒」，更公開自己躺在加護病房、戴着一根氧氣管的照片，貼文說：「堅信自己會好起來，我好快會離開醫院。」

十多天後，這個比利時最強男人真的離開了，不過，不是離開醫院，而是離開人世。

辛尼斯塔的妻子在 12 月 16 日宣布拳王去世的消息，死因，是因新冠肺炎引起的併發症導致心跳驟停。一個拳王，打遍天下無敵手，幾強幾大隻的對手都不怕，但最後，卻死在最細、細到肉眼都見不到的對手下。

所以，今日那些沒長期病患、沒體格風險但仍不願打針、不肯裝「安心出行」、不配合政府防疫措施的人，請照照鏡子，你強得過這個比利時拳王嗎？原來，今日仍有人堅信打疫苗會順帶植入追蹤晶片，那你跟那個以為新冠是政

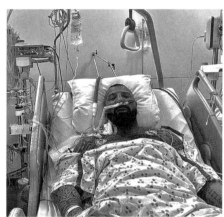

（網絡圖片）

府製造出來的陰謀的蠢拳王有何分別？

　　黃人以為不配合政府防疫措施就是沉默的對抗，對抗他們討厭的政權，甚至對抗國家。然而，他們搞錯對象了，今天，他們要對抗的不是政府、更不是人，而是病毒。

　　拳王的教訓告訴大家，執迷不悟，搞錯對象，是會丟命的。這不是寓言，這是真實個案，更是慘烈的戰場，輸的，是命。故事講完，道理也說盡，聽不聽由你。

2022-01-01

自由，他們是最有力的解說者

疫情重臨，又回到天天躲在家吃飯的日子，經常外出晚飯的朋友說，真慘，又要悶在家吃蒸魚炒菜了。

我說，別怨，你還有得吃，還有得揀。我想起，那天在壁屋懲教所聽到年輕囚友說：「在這裏，每頓飯吃什麼，沒得選，唯一選擇，就是吃還是不吃。」

上星期參觀了這所位於西貢區清水灣道的青少年監獄，藍天白雲下，是一張張失去自由的青春臉孔。

「以前常聽人說，要珍惜自由的可貴，我曾經覺得好老土，直至進來了……你想像不到坐監有幾辛苦？失去自由有幾痛苦？我們由一個地方行去另一地方，要以步操形式行進，即是說，你連行路的自由都沒有了。衫褲鞋襪，從『面』到『底』，都是一色一樣沒得揀。一般的監倉，風扇是在外面吹進來的，根本不會涼，像這樣的大熱天，整夜就在好熱和好臭中度過……」

「以前阿媽常跟我說，不好好讀書不好好做人你一定後悔，我心想，要衰？排隊都未輪到我啦，結果……坐牢之後，阿媽每星期都會來探望我，她是做酒樓工的，每星期才得一天假期休息，她就用了半日來看我，一年 365 日都如是，其實她根本沒放過假。大時大節的家族聚會，姨媽姑姐會問我哪裏去了？阿媽總是撒謊說我已出國讀書，其實，親戚知我什麼料子，這衰仔，不是死了就是坐監，怎會讀書吖？但大家不忍心踢爆，唯諾和應。我每次聽阿媽講起，都覺得好後悔，是我讓她受這種委屈。原來，坐牢不是你一個人的事，是全家一起受苦，你受的是肉體上折磨，家人受的就是心靈上的煎熬。」

「至於從前說好齊上齊落的兄弟，別說來探我，他們甚至連手機號碼都轉了，怕我找到，怕我連累。」

自去年 6 月至今，因黑暴事件被捕的人已超過 9000，當中 3600 多人是

▲前懲教署署長胡英明寄語青少年不要把最光輝的青春歲月用來坐監

學生，可預見，以上故事會不斷重複出現在各青少年懲教院所。

懲教署署長胡英明說：「每個人都有理想，但選擇把一個人最光輝的青春歲月走進來了解監獄，值得嗎？有得揀，點解要行到這一步？」

這天，胡署長坐在一幅樹頭牆前面接受記者採訪，他說，這堵牆，是年輕囚友們設計的，那一回，颱風「山竹」襲港，吹倒了壁屋一棵大樹，大家對這樹有感情，於是想出一個方法留住它，於是把樹幹鋸成一塊塊樹頭，砌了一幅樹牆畫，讓大樹重生。

在監獄重頭再來，這班青少年犯其實跟大樹一樣，正經歷一次重生。不過，重生過程也跟大樹一樣，先受那千刀萬剮，才得以修成正果。

2020-07-15

地氈底下的仇恨

香港國安法實施以來，許多人舒了口氣，覺得生活終於恢復正常了，但，社會真的回復平靜嗎？

我相信，表面是安寧的，但好多人內心絕不平靜。反中亂港分子在國安法五指山下，不敢犯險，心卻憤懣，這些潛藏的憤怒積聚起來，隨時變成極端激進思想，恐怖分子往往是這樣煉成的。

或者，我先跟大家說一個真實故事。

25 歲的艾哈邁德，出生自伊斯蘭教家庭，6 歲開始跟父母移居丹麥。

艾哈邁德像所有丹麥孩子一樣成長，愛踢足球，丹麥語也學得很好，他以為，自己已完全融入這個國家。十來歲的時候，父親決定帶他去麥加朝聖。「父親告訴我，你是穆斯林，你必須知道你的歷史、你的背景和你的宗教。……當我們回來時，我很高興，我看到有來世。」

朝聖回來後的艾哈邁德變得虔誠，他放棄了 T 恤牛仔褲，開始穿傳統伊斯蘭服飾，別人質疑伊斯蘭教，他會極力捍衛。譬如同學嘲笑「你們會用石頭打女人，你們會鞭打自由發言的人」，艾哈邁德就會跟同學激辯。

信仰開始讓他遇上麻煩。

校長報警，說同學都怕他，認為艾哈邁德自沙特阿拉伯回來後變得激進，大家認為他已是極端分子，會做危險的事。

艾哈邁德因為被警察調查，錯過了年終考試，他覺得很生氣也很丟臉，心想：「他們說我是恐怖分子，那我就當一個恐怖分子給他們看看。」

他跑到清真寺跟朋友訴苦，有教友推介他看網上聖戰視頻，內容多是討論西方對穆斯林的虛偽。其中一位激進神職人員說：「如果我們不反抗，西方將殺死全世界所有穆斯林。」

艾哈邁德開始對聖戰心動，並打算離開丹麥，動身去巴基斯坦。就在此時，他接到警察來電，約他出外喝咖啡。

艾哈邁德不情不願地應約了，跟警察來的還有另一位穆斯林，他以無可辯駁的邏輯來跟艾哈邁德辯論，當中最觸動艾哈邁德的是這一句：「你要成為一個不會傷害無辜人民的好穆斯林。」

原來，警方徹底查過艾哈邁德，發覺他只是一個被煽動的激進青年，尚未犯罪，於是把他納入一個叫做「奧胡斯模式」的計劃，給他配對生命導師把他引領回正途。

從此，同是穆斯林的生命導師不斷跟這激進青年人相約聊天，幾個月後，艾哈邁德打消了參加聖戰的念頭，留在丹麥唸大學，還接受 BBC 訪問述說自己的轉變。他說，希望有一天也可成為別人的導師，幫助跟他遭遇相同的人。

這是丹麥一個被稱為「奧胡斯模式」的計劃，目的是勸阻年輕人不要加入恐怖組織，清洗他們的激進思想。

2012 年開始，歐洲出現一個奇怪現象，就是很多歐洲長大的年輕人忽然離開國家，跑去中東當「聖戰」戰士。根據國際激進化和政治暴力研究中心（ICSR）的數據，自 2012 年以來，已有 3000 名歐洲公民加入 ISIS，其中以比利時、丹麥和瑞典最多。

丹麥是個福利很好的國家，但為什麼如此優越環境，仍有這麼多人放棄安逸跑去山洞打聖戰？

奧胡斯大學心理學教授發現，丹麥公民有如此高比例的「聖戰」戰士，是因為有些人未能很好地融入社會，或者社會對這些人有濃烈的排斥感。於是，丹麥政府決定採取一種名為「奧胡斯模式」的軟手段，對高危但沒犯法的人，

以人生導師的方式把他們拉回正軌。結果，2015 年，丹麥只得 2 人跑到敘利亞。

　　丹麥經驗，好值得香港借鏡，年輕人的仇恨被掃到地氈底，不會自動消失，他們躲在暗角，隨時會變成極端分子，社會真的要好好思考如何開展漫長的去激進化工作。

2021-09-12

擁抱恐怖分子

上回在小欄談過丹麥一個叫「奧胡斯模式」的計劃，專門幫忙受了激進思想影響的穆斯林青少年重回正軌，令他們放棄加入恐怖組織的念頭。

這個被媒體形容為「擁抱恐怖分子」的懷柔政策，是要告訴丹麥人，即使他們到過敘利亞、加入過激進組織，只要想回家，警方定會協助他們找學校、找住所、安排見輔導員或精神科醫生，協助他們重投社會。

丹麥人真的包容，試想想，連我們都說不出「擁抱黑暴」，他們已走在前面說「擁抱恐怖分子」了。

細心想想，不無道理，每個暴徒背後都有一個家庭、一串好友，如果只關起一個人，不好好疏導激進思想，難保這暴徒身後會再衍生幾個憤怒的人來。

根據國際激進化和政治暴力研究中心（ICSR）研究報告，監獄是極端主義和激進意識形態傳播的理想場所，因為監獄收容了許多身心脆弱的人，他們很容易被利用，所以，守好監獄的思想防線很重要。

我上回文章寫過一個年輕穆斯林的故事，他因為警察的一通電話、一杯咖啡，令他回頭是岸，放棄加入 ISIS。卻原來，香港的監獄裏，也有類似的懷柔計劃，令激進的暴徒迷途知返。

那是懲教署與警務處合作的「並肩同行」計劃，兩大部門的義工加上臨床心理學家，帶領獄中青少年（尤其因黑暴被判刑的）走出思想陰霾。

農曆年前夕，義工在壁屋懲教所與青少年囚犯一起搓湯圓，邊做邊作心靈交流，完了，義工即日便把湯圓及囚友寫給家人的賀卡、製作湯圓時拍下的視頻、對家人說的話，逐家逐戶送到在囚孩子的父母手上。

母親節，懲教署把在囚青少年的母親請到大嶼山沙咀懲教所，在義工引領下，跟她們的兒子一起繪畫，解開心結。

有孩子因 2019 年參與黑暴被判刑，與獨力湊大他的單親媽媽關係決裂，全靠義工從中勸解，令傷心的母親與愧對媽媽的兒子得到釋懷。從前他們痛恨的警察，原來都不是黑警，反而是照亮人生的一道曙光。

這道意想不到的曙光，包括今天的一哥蕭澤頤，他還未當警務處長時，已帶領警隊同僚走到監獄，走進黑暴青少年心坎，傾聽他們的故事，跟他們說理聊天，帶他們逃出激進的生天。

黑暴後，過萬人被捕，當中四成是學生，他們心底都被埋下激進的種子。一念天堂，一念地獄，我想起海星的故事，社會真的要合力，救得一個得一個。

2021-09-15

一人守着22個嬰孩

舉凡工作中有空檔，我會習慣找個地方喝杯咖啡寫稿。2月3日那天，我走進一間 24 小時麥當勞，看到、聽到許多市井風景……

這是一家很多基層百姓流連的老麥，這個黃昏特首林鄭月娥剛宣布再封多幾個關口。後面有兩個大叔在罵：

「班官住山頂，點知道呢個世界有好多人日日跨境兩邊走搵食！」

「跨境車執笠啦，封晒關阿茂搭……」

「閂埋條東江水條水喉啦笨，驚嘛，點知水有冇菌！」

「一句關閘，大家企喺度，手停口停，五大訴求喎，我都有，第一個訴求畀條路我行，第二個訴求畀餐晏我食！」

鄰桌是兩個中年女子也在搭訕：

「我哋打散工，正一日清杯麵，荷包日日清。」

「幾好吖，日日有錢收。」

「我從來唔儲錢，冇仔女儲來做咩，搵幾多使幾多，搵唔到咪好似而家咁，攞杯水飲坐半日。」

迎面來了一個大姐，拿着杯老麥最便宜四元半新地筒，遞給我旁邊呆坐的婆婆：「阿婆，請你食。」然後回到自己的桌子跟朋友閒談：「你睇，幾蚊雞氹得阿婆幾開心。」聽語氣，大姐跟婆婆是不認識的，聽得出，大姐也是基層市民：「我個口罩用咗三日喇，幾蚊一個唔通真係出一次街用一次？

「有啲口罩仲成廿蚊一個，夠我食餐飯，你問我驚唔驚死？驚呀，我係驚餓死多過驚肺炎死。」

最角落處，有個道友伏在他的套餐上睡着了，薯條汽水倒瀉一地，我緊張兮兮告訴員工：「那邊有個人暈低了！」員工見怪不怪說：「放心佢唔係肺炎，

呢個『老同』日日都係咁，搞到我哋抹餐懵。」

負責清潔的哥哥應該有點障礙，一邊抹一邊自言自語，那番罵人說話起碼重複了五十次，持續講了半個鐘。

這是最基層的地方，這裏有半數顧客是在這裏呆坐等時光逝去，外面的風波他們都是道聽途說，但政治影響的民生卻是他們最首當其衝。

早上，聽到香港大學醫學院院長梁卓偉在電台透露，醫護第一天大罷工，初生嬰兒深切治療病房竟然有半數護士罷工，其中一間醫院的初生嬰兒病房更只得一名護士留守，由她孤身一人照顧病房內 22 名初生嬰兒。

BB 是不懂自我照顧的，他們連叫痛叫餓叫救命都不會，想想這 22 個嬰兒每三小時喝一次奶換一回尿片，還未計發燒黃疸等需要特別照料的，想像一下，這位堅守崗位不罷工守着 22 個孩子的護士這一天是怎樣過？

無論是嬰兒、深切治療部的病患、等了好久等到一個希望手術的病者，抑或在等工作、等生活的基層市民，他們都是政治下無辜的犧牲者，他們沒有發言權，但政治大龍鳳引起的漣漪，卻成了他們生命中的海嘯。

2020-02-05

為下一代放棄上一代

會否覺得這句話有點莫名其妙？或者，舉些實例，大家就能參透這句話。

A 有一年邁及不良於行的母親，作為唯一獨子，正四處為媽媽找尋適當安老院讓她入住，奈何條件較好、收費便宜的公營安老院，一般要排期三四年，於是 A 找上了好朋友 B 幫忙。

B 是社福機構的管理層，一場朋友，B 使了點「橫手」，為 A 的母親打尖找到一家不錯的安老院，不用排期，立即入住。A 開心到不得了，萬分感謝 B，說自己終於放下心頭大石。

然後，不到一個月，B 就收到 A 一家大細舉家移民英國的消息。

B 氣憤問 A：「那你媽怎麼樣？」

A 一貫黃絲口脗：「無辦法，阿媽身體唔方便出行，為了孩子，我們一定要走，多虧你，這麼快為我媽找到宿位，了結我一件心事……」說時，還一副如釋重負、大義凜然的模樣。

倒是 B，非常自責、愧疚，如果不是他的關係，按正常排隊等位程序，A 媽媽大概要等三五年才可入院，那麼，她就有多三五年跟兒子孫子相處的時光。如今，因為他的介入幫忙，這位老人家，一個月內失去所有家人，從此孤孤獨獨在安老院度過餘下日子。

B 深感對不起老人家，特別去看望過她一次，因為太內疚，不敢再去了。

美其名，為了下一代，丟下上一代，還理直氣壯覺得自己沒有錯，這就是典型黃人思維，我們正常人，沒法理解，不能明白。

今天看到新聞，說公民黨前立法會議員陳淑莊原來去年也是丟下相依為命的母親，隻身移居台灣去了。作為大律師的陳淑莊是黑暴典型「叫人衝、自己鬆」的撥火者，今天再多加一項拋棄老媽，人格卑劣程度，已非筆墨能形容。

消息說，陳淑莊雖然多年來一直與媽媽相依為命，但今次因媽媽不肯離開，她決定託親友照顧老媽，自己就隻身赴台。她沒有下一代，於是逃走目的，清清楚楚是為了自己，而放棄上一代。而她亦清楚明白，她這一走，是回不來的，但陳淑莊仍是選擇，遺棄母親。

我一直相信，這世界是有因果的。如上述那個黃絲A，今日他怎樣待上一代，他的下一代將來也必如此待他。至於陳淑莊，她由得母親孤獨終老，自己的下場也必雷同。

2022-01-08

刁民的幫兇

每次光顧「藍店」，跟老闆聊天，總會聽到同樣故事⋯⋯

長年累月不停被舉報：違反消防條例、走火通道不合格、聘用黑工、偷用家傭、店內有老鼠甲由、噪音、走私⋯⋯最近還多了違反限聚令，多過四人一枱、每枱沒遵守 1.5 米距離⋯⋯於是，長年累月有政府人員來巡查，包括警察、食環、入境處、海關、消防⋯⋯當然，亦是長年累月被查證後發現是誣告。

已注定是一個循環，只要黃絲發現食店老闆是撐警撐政府或者撐國家，就會把你標籤成「藍店」，以上全套投訴舉報服務，就會開展，無日無之，無法無天，不被「裝修」，已是萬幸。

藝人楊明經營的《燉》湯品專門店，自楊明參與了一次撐警活動後，命運從此不一樣。食得鹹魚抵得渴，站得出來撐警，就預了要把以上欺凌照單全收。聽楊明說，高峰期隔日就有人來查，對此種滋擾，已經見怪不怪。

最奇是，我們的政府政策，卻努力配合，甚至只向誣告鬧事者傾斜。舉個例，香港近月已因疫情封關，楊明的食店竟被多次投訴僱用內地黑工。人都過不了境，哪來黑工呀？但只要有人投訴，入境處就要認真來查。職員明知是誣告，但也要跟足程序做，因為這是一間「藍店」，大家更會「揸正來做」，儘管投訴者都是匿名，儘管投訴於理不合。

鯉魚門的一人茶餐廳「銀龍咖啡茶座」也有相同遭遇，老闆娘 Kate 姐一人艱苦經營小店，已經做到「踢晒腳」，三日唔埋兩日就要應付四方八面的投訴與巡查，有時還要去警署落口供，撐警的 Kate 姐也不禁反問：「搞事的人報假案不犯法嗎？」

最近政府的限聚令更讓 Kate 姐躺着也中槍，因為茶餐廳地方小，要符合政府定下的飲食距離，店內座位也相應減少，造成食客都堆在店外等位的畫

面。

於是，搞事之徒又來了，不斷致電衞生署投訴：這裏有超過四人聚集、這餐廳沒嚴守入門探熱標準、這餐廳沒提供酒精搓手液……職員來完一次又一次，回去椅子沒坐穩，投訴電話又響起。

明知是誣告、明明已來過、有些投訴連名字手機都沒留下，為什麼仍陪他們瘋？已經不只是擾民，更是浪費公帑，各政府部門為什麼竟配合刁民難為正常人？

匿名投訴不該理會，報假案也該嚴懲，藍店付出的代價已夠大，不求你感恩，更不屑拿特權，只望政府不要助紂為虐做刁民幫兇，在殘喘的「藍店」身上多踹一腳。

2020-04-29

明天的天花亂墜，干卿何事？

　　說一個中學學兄的經歷，我相信這種故事只是兩年來的冰山一角，學兄把個案發了給立法會議員，也傳了給他認識的選委。順民不會遊行示威打砸燒，一個無權無勢又守法聽話的小市民，能做的，就只有這麼多。

　　學兄的太太是長期病患者，身患多種頑疾再加精神病，為了得到更好照顧，學兄把太太安排住進深圳蛇口的護老院。

　　早前學兄一直向我介紹，那是間很適合香港中產者的養老中心，酒店式環境，還有駐院醫生，天天寫字讀報唱歌，生活很充實。從深圳灣口岸坐巴士去，車費才一元，20分鐘就到達。所以，學兄每天都會從香港過境深圳去看妻子，陪陪她，直至……

　　之後的事，大家都猜到了，因疫情封關，原本天天見面的夫婦倆，從此天各一方。

　　20多個月沒看到丈夫，太太的精神病加深了。因為不能回港覆診，太太被安排到港大深圳醫院取藥。

　　由於醫院有規定，最多只能開一個月的藥，港人在港大深圳醫院已能爭取到拿三個月藥的優惠了，但精神科卻是例外，每次只能拿七天藥，還要先掛號，於是學兄的太太再也沒去覆診。精神病人停了藥，想像得到，問題會有多嚴重。

　　這邊廂，學兄代太太去青山醫院覆診，因為長期沒見到病人，護士也拒絕發藥。學兄實在沒辦法，只好大吵大鬧潑婦罵街。發爛渣果然奏效，醫生勉強答應給藥，因學兄決定下個月過境看太太，醫生不情願地開了六個月藥給學兄帶回去，總算解決了目前困境。

　　學兄說，他自知不對，他明白醫生沒見到病人就開藥是不負責任，但當權者無視大量市民兩地阻隔、斷了親情、不能工作、不能上學、老人不能回來看

病、至親不能送喪、婚事不能參與……就更不負責任。

好多事，不是簡單說一句「大家忍一忍」就過去的。像學兄的例子，一個病人近兩年沒吃藥，後果可以是毀滅性的。

施政報告談了好多大灣區的願景，但如果你連腿都踏不過羅湖橋，所有願景都是空話。當今日小命不保，明天的天花亂墜，干卿何事？

2021–10–24

給病人家屬最好的藥

颱風日，忽然接到比雷殛更觸動的消息，我敬重的傳媒前輩、《亞洲週刊》副總編輯江迅老師猝然離世了。

趕到醫院看到的只是再沒反應的軀體，旁邊的護士跟家人說：「什麼原因，死因庭上法官會有定案，那是法庭的事，我們不能代法庭說話……」

江太太的手腳身軀一直在抖，是悲愴，也是憤怒。

「我要見院長！」家人說。

「院長不是隨便讓你見的，他不在這裏，況且今天颳颱風……」

四天前江老師因發燒及抽搐進了仁濟醫院急症室，住了一夜，翌日醫生說無大礙，可以出院。回到家，晚上再發作，嚴重抽搐加全身疼痛，家人召白車再送院，之後兩天，病人一直在病床慘叫。

新冠肺炎疫情下，公營醫院不能探病，家人只能跟江老師用手機聯絡，他告訴太太，痛了叫了十幾廿個小時，一直沒人理他，漸漸已不能打字回訊息，只能錄音，太太收到的錄音，盡是痛不欲生的慘叫。

家人心急如焚，跑到病房外守候，卻求助無援，見不到醫生，護士也滿臉厭煩。後來病人病情急轉直下，被送到深切治療部沒幾個鐘，就離世了。

這種故事，已不是第一次聽聞，幾年前未有新冠肺炎疫情，我爸爸跌倒進醫院，住院的幾星期，我們家人連醫生半個影都沒見過。

一直說公營醫院醫生不夠，但不夠到什麼地步？進一回醫院就能體會。爸爸告訴我，他們病房都是斷手斷腳的骨科病人，可能病情起伏機會不大，於是他們一星期才見到醫生一兩次，都是來去匆匆，想問個問題都沒機會。

江迅老師入院 12 小時後主診醫生才出現，劇痛超過 24 小時後離世，院方完全沒半句交代，醫生更無現身，病人進醫院彷彿進了黑洞。總覺得，公營

醫院的醫生都是躲着病人家屬的。我明白，這世界確實有不少不可理喻的人，但醫生可知道，你們現身一下，一句講解、一聲安慰，其實是給病人家屬最好的藥。

江迅是重量級傳媒前輩，每星期的《亞洲週刊》，一半稿子是他扛下的。74 歲的老人家，天天背個電腦滿街跑，採訪完找間咖啡店坐下就筆耕。

在嘩眾取寵的世代，他的筆半點不受影響，繼續鋪陳前因後果說故事。他俠義，誰要幫忙，定必兩脇插刀。他很細心栽培新人，經他調教出來的記者，總能獨當一面，卻又謙遜有禮。因為他掏心待人，故朋友遍天下，包括媒體人、醫生、律師、警察、教師、校長、政客、公關、商人、文人……

有幾個字，我好久沒用過，就是「鞠躬盡瘁」，在江迅老師身上，我看到這詞語的真實演繹。

江老師常跟我開玩笑說：「你寫這麼多文章，怎麼不寫寫我？」誰想到，一寫，就是悼詞。江老師，一路好走。

2021-10-14

兩個行俠仗義的故事

疫情嚴峻，大部分市民都乖乖留家，半步不出門。但有些人，明明可以選擇躲在家，卻甘願冒險，甚至奉獻金錢時間，為別人救急送暖。

兩個孩子的爸爸阿榮，是立法會議員何君堯的義工，因為政府要求確診者居家隔離，不得外出，於是，義工團隊就專門去給確診者送藥物及食物。

阿榮連自己的私家車都開出來幫忙，主要做司機及派送。因為出沒的都是確診者居住地，阿榮家有孩子，怕萬一感染會連累家人，於是決定做義工期間暫不回家，直接睡在車上，待完成工作檢測完沒事才回去。

睡了幾天私家車，何議員知道了，趕忙叫阿榮暫住在他的議員辦事處。阿榮本來跟太太說好做幾日義工，誰知一做就停不了，至今已二十天沒回家了。女兒 WhatsApp 問他幾時回來，他說：「疫情不退爸爸不退，爸爸是笨蛋。」

因為確診者實在太多，需要支援的人也太多，阿榮說服了幾個有車的朋友一起加入義工隊，壯大了派送的車隊，每部車跑 16 家，一天就可以去 80 家。雖然，這數目遠遠追不上每日確診 5 萬多的數量，但做得幾多得幾多，幫得一個得一個。

除了跑在前線，也有很多人在背後默默做事，不求回報，甚至蝕底付出，青衣警察宿舍合作社主席阿全就是一例。

知道同袍都在為買檢測包及連花清瘟藥苦惱，在內地有很多朋友的阿全立即找友人幫忙打探買貨的門路。對買藥及物流完全沒經驗的他，硬着頭皮跟廠方議價，低聲下氣懇求，務求為同袍爭取到最好的價錢。

阿全說，從未試過這樣求人，但為了夥計福祉，委屈一點又何妨。

對阿全一個不是做慣生意的人來說，訂百幾箱貨，還要搞物流，更要盡快到手，是艱難的作業。最大問題，還是要自己先墊支，來來回回訂了幾次貨，

又遇上貨運坐地起價，怕答應了同袍卻未能如期有貨到，那種煩惱和壓力，真的有苦自己知。

不想令人猜疑他發瘟疫財，阿全替夥計買藥買檢測包都只是收回批發價，幾次來回的運費全沒有計算在內，做好心的結果，是阿全自己倒貼了近兩萬元。

一個高級警員，並非大富大貴，卻願意耗盡心力幫助同袍。阿全說，看到夥計拿着連花清瘟藥和檢測包向他致謝，說他是救命水泡，讓他們和家人心安神定，再苦再累也是值得的。

仗義每多屠狗輩，疫情下，到處都有小小老百姓為社會做偉大的事，他們沒有打鑼打鼓，只是默默奉獻，為淒冷的香港添上一分人情暖意。

2022-03-06

師奶神槍手

　　不要小看女人，她們的潛能可以是無限大。

　　2019 年黑暴，逼出了好多女中豪傑。走上聯合國講台說真相的伍淑清、天天把「撐警」T 恤穿在身上的銀龍咖啡茶座老闆娘 Kate 姐……還有黑暴期間捐物資到警隊、或者組清潔隊上街鏟連儂牆的發起人及參與者，好多都是女人。

　　因為黑暴禍害孩子，搞死下一代，這種卑劣行為激發了女人的母性，「我唔驚㗎，我同佢哋死過！」認識好多平日斯斯文文的女性，說起暴徒，都咬牙切齒。

　　許多住在半山的太太、或者溫文爾雅的教徒，都靜靜雞告訴我，2019 那年，她們躲在家忍不住說了一生最多的粗言。

　　受着切膚痛的警嫂，更加同仇敵愾，本來在家湊仔的平靜日子不再，換回從此驚濤駭浪的人生。

　　2019 年，改變了好多女人，她就是其中之一。本來的家庭主婦，因為一場黑暴，成了神槍手。

　　她不是以暴易暴去打黑暴，而是走出生活舒適區投身警隊。昨天，她輔警畢業，並拿了個人射擊獎，成為此期輔警的神槍手。當大會宣布她的職業是「家庭主婦」時，全場嘩然。我們都打趣說，以後老公不敢得罪她了。

　　負責頒獎給她的時任警務處副處長蕭澤頤說：「放心，她丈夫都是警察，我還問她夫婦倆是否經常一起鬥槍法呢！」

　　昨天，是香港輔助警察隊結業會操日，一眾畢業及升職學員都是卧虎藏龍。經歷過黑暴，仍願意以工餘時間投身警隊的，肯定是有心人，他們當中有教師、律師、大專講師、餐飲從業員、教練、家庭主婦……他們無論在職場如

何叱咤風雲，當上輔警，就要由一個警員做起，可能是身水身汗守在交通意外的路上，或者守在報案室前為市民分流問訊，警隊的小角色，卻為社會添上大意義。

主持檢閱的副處長蕭 sir 為學員訓話時說了個故事：一位正職是特殊學校教師的女輔警有日在巡邏車當值時，發現公路上有一赤腳男子在遊蕩，險象環生，於是連同其他警員一起下車查問，卻發現此赤腳男無法清楚說話，身無分文及證件。女輔警細心，認得赤腳男是她教過的一個特殊學生，於是立即致電學校找得其家人聯絡方法。

那邊廂，原來丟失了兒子的爸爸正急如熱鍋螞蟻，沒想到，尚未報警，兒子已被警察尋回。為答謝警方，那位爸爸特別寫了封表揚信給警務處長。

蕭 sir 還說了另一場景，曾經有個滿口「黑警」的年輕人，有日在街上看到巡警抄的士司機牌，司機不斷粗口大罵，但巡警繼續如常抄牌工作。年輕人看在眼裏，原來警察「不黑」，「黑」的是惡市民，從此對警察改觀。

不要小看一個巡警，更不要小看一個輔警，你在做，世人在看，你永遠不知道你的行為背後會改變什麼人，小角色隨時會發揮大意義。

2021-05-23

外國的

月亮

第二章

古蹟酒店背後的陰謀

　　加拿大安大略湖南岸有一片樂土，是世界七大童話小鎮之一，這裏的建築古樸、雅緻，鎮上有幾十家酒莊，藏着各種得獎名酒及世界聞名的加拿大冰酒。

　　小鎮有馬車穿梭，莊園有繁花盛放，這裏還有北美最古老的高爾夫球場和安大略省第一座圖書館。這個被譽為「加拿大最美城鎮」，距離多倫多僅兩小時車程，人口只得 1 萬 5 千，它的名字叫尼亞加拉湖濱小鎮（Niagara-on-the-Lake）。

　　最美小鎮上，有家最美酒店，建於 1864 年，佔地 17 英畝，樓高 3 層的紅磚建築，有 110 個客房，是間充滿維多利亞年代氣息的古蹟酒店。

　　自從 1901 年英國著名的威爾士親王約克公爵夫婦到訪過後，酒店便改名為「威爾士親王酒店（The Prince of Wales Hotel）」。之後的英女王伊利沙白二世、查理斯王儲和戴安娜王妃都曾在此暫住，從此，「威爾士親王酒店」便成了小鎮的標誌建築，每年 6 月至 9 月旅遊旺季，酒店一房難求，大家不用飛歐洲就能沉醉在濃濃的英倫風情中。

　　如此一間擁有 157 年歷史的酒店，卻非當地家族或大財團擁有，而是屬於香港傳媒大亨黎智英。

　　有錢人在外地四處買酒店很平常，但不尋常的是，這家酒店的擁有人 Lais Hotel Properties Ltd.，在 2019 年卻用了約 100 萬美元支付加拿大、美國、英國和日本等七家報紙的廣告費。

　　酒店賣廣告也很平常，但奇怪是，那些廣告並非宣傳「威爾士親王酒店」，而是「尋求國際社會支持香港民主運動，促請國際制裁香港政府」。

　　美麗酒店背後，原來藏着齷齪的政治交易。

　　2019 年 6 月，二十國集團 G20 峰會在日本大阪召開。香港有聲稱「網民」

發起眾籌，要在峰會開會日，在全球登報，以「STAND WITH HONG KONG AT G20」為題，希望世界各國關注香港修訂《逃犯條例》。結果，厲害的「網民」不單籌足錢，還有本事在同一天在全球重點大報登全版廣告，包括：美國《華盛頓郵報》《紐約時報》、英國《衛報》、加拿大《環球郵報》、德國《南德意志報》、澳洲《澳洲人報》、韓國《朝鮮日報》《韓國日報》、日本《朝日新聞》、法國《巴黎人報》等。

眾籌活動的主辦單位「Stand With Hong Kong」聲稱自己是獨立和草根的「網民」，但在近日 12 潛逃犯之一的「李宇軒案」中，卻被揭發，當日環球廣告費的其中一個付款人，竟是「威爾士親王酒店」的擁有者 Lais Hotel Properties Ltd.，而這公司，是由黎智英家族控制，他的私人助理 Mark Simon 亦是酒店董事之一。

誰想到遠在加拿大尼亞加拉湖畔一個寧靜小鎮，竟會是一個反中亂港集團的錢銀交易地。順着金錢路，漸漸找到犯罪軌跡，「顏色革命」的拼圖也愈來愈完整了。今天，你仍相信這世界有「網民自發」這回事嗎？

2021-09-08

新疆的棉花及美國的洋葱

　　如果，這是一條百萬富翁問題，我相信，它的難度絕對可達百萬獎金的超高難題級數。

　　問題是：人類的奴隸是在哪年開始消失？

　　是 1861 年林肯就任美國總統時廢除了黑奴制度？還是 1959 年，中國共產黨解放了西藏農奴？

　　都不是。正確答案，是 2021 年的今天。

　　不信？請看看這消息：12 月 4 日美國《亞特蘭大憲法報》刊登了這段新聞：「佐治亞州南部現代奴隸制曝光」。

　　原來，美媒近期披露一份聯邦起訴書，揭發一個盤踞在佐治亞州南部的「跨國犯罪團夥」，透過假簽證，長期販賣拉丁美洲的非法移民進入美國，並施以殘酷剝削，如同「現代奴隸」。有移民被槍指嚇，徒手挖洋葱，苦工做完，一桶洋葱才只獲發幾美分工資，有些移民更遭到虐打和強姦。

　　據報，美國聯邦調查機構在該地區一共救出百多名受害者，當中至少兩人失救，在強迫勞動中死亡。咦，這名詞，是否似曾相識？強迫勞動？不就是美國及西方國家天天誣衊指責我國新疆的狀況嗎？

　　在我們的國土上找不出證據，偏要繼續炒作、誣陷，反而在自己國家有證據確鑿的強迫勞動擺在眼前，世人卻視若無睹，不聞不問，奇哉怪也。

　　自 2015 年以來，美國佐治亞州這個新奴隸團夥，已在全美範圍內販賣了超過 7 萬名拉美移民。他們先以欺詐手段說替移民者提供簽證，從而將大量來自墨西哥、危地馬拉和洪都拉斯想掙錢的非法勞工帶入美國。

　　一旦入了美國境，組織便開始以暴力強迫他們勞動，通過虐待、壓榨等手段要他們就範。因為組織扣押了這些勞工的護照和所有資料，他們不敢逃跑，

更不懂報案，他們大多生活在狹小、骯髒的環境，有時甚至沒有食物和乾淨水。

這種強迫勞動、這種視人命如奴隸如草芥的證人都有了，怎麼沒人說會譴責美國、杯葛美國洋蔥？

一名在佐治亞州為農場工人發聲的資深律師對《亞特蘭大憲法報》記者說：「這種情況已在佐治亞州發生了很長時間……而這次被捕的人也不是唯一做這些事情的人。」可見情況之普遍及嚴重。

正如中國外交部發言人趙立堅所言：「過去 5 年，每年被販賣到美國從事強迫勞動的人口多達 10 萬，其中一半是被賣到血汗工廠或遭受家庭奴役。今天，美國才是販賣人口和強迫勞動的重災區。」

當你伸着手指指着別人時，請記住，同一時間你有 4 隻手指是指着自己，新疆的棉花及美國的洋蔥正正就是揭破西方虛偽的最佳例子。

2021-12-25

特務的名片

朋友飯敘閒聊，說起名片，有人問：「大家可有收過特務的名片？」

「特務怎會派名片？」

「就算派，都可能是假的。」

「……」

「我收過，大剌剌寫着：中央情報局，CIA。」

七嘴八舌的討論立即停下來，這位朋友，頓成焦點。

那是回歸十多年後，一次美國領事館的聚餐。朋友是紀律部隊訓練學院校長，退休前常獲邀到美領館作客。

他說，那次如常赴會，坐在他身旁的老外主動遞上名片，一看：CIA，美國中央情報局。朋友心想：這班特務還真公開的。

飯局參與者除了美領館人員、中央情報局情報員、政府官員、立法會議員等，有個人物，好格格不入，卻又次次出現，就是人稱香江第一才子的陶傑。他坐在一旁，不發一言，非官非民，在這個特務聚會中是何角色，大家自行判斷。

名片故事還有後續，朋友沒多久收到這個 CIA 來電，提出兩個人名，說美國政府打算邀請這兩位紀律部隊同事到美國中情局受訓三星期。

朋友不明所以，問那 CIA：為什麼選這兩人？你們的名單何來？派遣誰去受訓，應該是我們給你擬定名單，怎麼是你向我要人呢？

對方說，因為他們知道，這兩位將是你們部門的未來領導人。

朋友驚訝，CIA 果真厲害。已經回歸十多年，他們仍膽敢高調染指香港官員的升遷及培訓，而大家竟沒半點戒心。於是，朋友寫下行政命令，自那年起，他們學院不准再派員到美國中情局受訓。

許多事，現在回首，才覺恍然大悟。小小一個香港，美領館竟有逾千員工，是美國駐亞洲各地領事館中人數最多的一間。辦簽證需要這麼多人嗎？處理經貿事務需要這麼多人嗎？這千多人，到底有多少是情報員？或者說白一點，是特務。

去年 7 月，官媒《環球時報》英文版微博發起網絡民調，討論如果中方採取與美國同等反制措施，哪一個美國領事館將可能被關閉？結果，在一萬多名參與投票的網友中，竟有將近 8000 人認為，美國駐港領事館應該關閉。

中國國防大學前戰略研究所所長金一南曾表示，美國一個駐香港領事館就有一千人，這一千人是幹什麼的？他們就是打政治仗。

對，這場政治仗，我們一直沒為意，結果輸得一敗塗地。是時候，醒醒了。

2021-10-02

KOL哪裏去了？

見微知著，尤其在判斷一個人的時候。

上星期我在小欄寫了篇文章《特務的名片》，談及一位紀律部隊高官與在港 CIA 交手的經歷（在此重申，我沒說過這高官是警察），中間寫到美國領事館宴請的飯局，提到一句：「人稱香江第一才子的陶傑次次出現。」

我文章目的是說美國中情局干預香港事務有跡可尋，陶傑那一筆只屬過場，沒想到，卻觸動才子神經，洋洋灑灑寫了二千字來反駁，還借此機會呼籲大家訂閱他的 Patreon，看他更多評述，乘機掠銀。

其實，如果才子想否認跟 CIA 有關係，說句「No」不就可以嗎？為什麼要寫二千字來掩飾那個「No」？還加句「哈哈哈，哈過新疆哈密瓜」，那種多餘的嘻笑，更顯才子心虛了。

是的，才子是應該驚的。還記得 2011 年 8 月，才子背着妻兒，跟女友到九龍塘「開房」幽會，被記者撞個正着，當時才子嚇到屁滾尿流，立即用白色卷裝廁紙纏面包頭逃去。一個從九龍塘時鐘酒店開房出來，見到記者都驚到要用廁紙包頭的書生，今天面對國安法，再回想自己所作所為，唔驚就假。

才子說自己有「市場知名度」，故我特別提他名字來加強「票房效應」，那才子就表錯情了。我寫此筆，不是給才子看，更不是給才子的粉絲看，而是給國安公署看。

市民看到罪案發生要報警，國民發現賣國賊也要通知國安。況且，這種時候躲去英國，一是犯了罪，一是身有屎，才子屬哪一種？想必國安早有檔案。

才子鴻文還提到，他不認識我，只是「十年前在人頭湧湧的場合好像寒暄過一兩次」，不知何來的「私怨」，被我寫進文章。

所以說，見微知著。

2012 年底，我寫了本書《火樹飛花》，講的是 1967 年反英抗暴少年犯的故事，這書其中一個寫序人，叫做陶傑。香江第一才子竟然為一個三唔識七的作家寫序，認真界面。

話說回來，我跟才子沒私怨，好多年前，我更是他的讀者。一直有追看他的專欄文章，覺得此人博學多才，文筆犀利。

然後，反國教、「佔中」、黑暴，陶傑跟城中幾個才子一樣，變成一種我非常鄙視的人，就是用滿肚學問，去蠱惑大眾。

他們帶領輿論，偷換概念，或寫文章、或當 KOL，用似是而非的知識誤導香港人。

我無墨水，尚且知黑白；他們博學，卻不辨是非。我最鄙視這種人，因為用學識害人，衰過黑社會。

精人出口，笨人出手，當日大家聽從 KOL 煽動，上街打砸被捕後，回頭看看，當日拍掌叫你們去衝的 KOL 哪裏去了？蕭若元、沈旭暉最早跑到台灣，劉細良去了加拿大，陶傑躲到英國，還當上英國樓盤代言人，繼續賺手足錢，吃人血饅頭？

如同吹魔笛的人，KOL 把信眾領到懸崖自毀後，已施施然逃到外地，隔着空氣叫你死守，還要付費訂閱他們的頻道作進貢。而你呢？即將踏進監房，或已坐在獄中，失去所有。

2021-10-06

拐子佬，我們的家事，干卿何事？

一個拐子佬，搶了人家的兒子，利用他來賺錢生金蛋，年年給拐子佬供養進貢。幾十年後，親生父母千辛萬苦找到孩子，領回孩子，把他接回家撫養、疼愛，但拐子佬卻說：我不會放棄這孩子，這孩子的事我會一一過問……

大家認為，荒謬嗎？

荒謬事，卻一直在發生，而且，近在咫尺，就在我們生活的這片土地。

這陣子，香港四處張燈結綵，慶祝回歸祖國 25 周年。英國首相約翰遜卻在這全港歡騰的大日子，跳出來說：「英國不會放棄香港，會繼續履行對香港的承諾，亦會致力令中國履行承諾，令香港再次實現港人治港……」。

拐子佬那句「再次實現港人治港」真的可圈可點，「港人治港」，明明是我們回歸祖國後才有的事，英國人統治香港期間，共派來 28 個港督管治香港，全都是英國王室任命，全都是非我族類的英國人，從來沒一個香港人做過港督。九七前，港人幾時治過港？

拐子佬從來沒給過孩子話事權，今天倒過來監察人家親生父母的管教方法，憑什麼？

反對派、賣國者常言：今天香港的繁盛是英國人賜予的。

就讓數字說話吧！1997 年的香港人均 GDP 低於英國 2%，今天 2022 年，即中國對香港恢復行使主權 25 年後，我們的人均 GDP 已高於英國 12%，請問，這說明了什麼？

從前，我們貧窮國弱，中國人跑到外國只能當苦工、掘煤礦、起鐵路。即使社會發展了，經濟起飛了，但在 1997 前，香港無論是地鐵公司還是鐵路公司，無論是建造還是管理，掌權者主要是英國人。

今天，香港鐵路公司基本上是一間中國人管理的公司，我們不但在本地築

出完善快捷的鐵路網，還可以把管理技術賣給世界，包括曾經統治我們的英國。

今年 5 月 24 日，倫敦交通局新開了一條鐵路線「伊利沙白線」（Elizabeth line），並請來英女王伊利沙白二世及愛德華王子揭幕。這條 41 個車站的英國鐵路新線，竟是由香港鐵路公司營運的。

其實，除了倫敦這條鐵路線，還有澳洲的墨爾本都市鐵路、瑞典的斯德哥爾摩通勤鐵路、澳門的輕軌系統氹仔線、深圳市的軌道交通 4 號線、杭州的地鐵一號線、北京的地鐵四號線、十四號線、十六號線等，都是由香港鐵路負責管理營運。中國人到外地，已不再是做鐵路苦工，而是為人家管鐵路、教人家築鐵路，這改變，是在 1997 年、「港人治港」之後，才有機會發生。

一個由統治我們到現在要向我們買技術的國家，一個看着親生父母領回孩子後心深不忿的拐子佬，你憑什麼教我們以後的路該怎樣走下去？

2022-07-03

為下一代……

「佔中」的時候、黑暴的時候，我們常常聽到這句開場白：「為下一代……」。

連一些明明只得十來廿歲的年輕人，都老氣橫秋說：「就是你們那代人只顧搵錢，為了未來、為了下一代，我們要站出來……」

所以，「為下一代」，是幾好用的金句，永遠正確，也永遠立於道德高地。明明是破壞，卻美化成「為下一代」；明明是走佬，卻偉大地說「為下一代」……

最近，又一個打着「為下一代」招牌執包袱去英國的人，她就是前TVB新聞記者、在曾蔭權年代當過勞福局長張建宗政治助理的莫宜端。

早前她舉家移民英國米爾頓凱恩斯，並向記者透露移民原因，是源於兒子的一句話，「為下一代」，決定離開香港。

故事是這樣的：

香港國安法實施後，莫宜端就讀初中的大兒子參加了國家安全教育日的問答比賽，她問兒子如何回答問題，兒子告訴她：「hea答囉，你說的。」

原來，莫宜端一直叮囑兒子不要向別人透露立場，在此時勢，遇着測驗考試，課程要求你答什麼就答什麼。

她自言「好鄙視自己」，竟然要教年輕人表裏不一，「我都接受唔到自己，仲要咁教個仔。」

莫宜端說，她一直教兒子：「You believe what you believe（堅守信念）」，故相信「自己的孩子不會被洗腦」，但這樣過活，前路難行，於是決定移民英國。

作為一個曾經的新聞記者、曾經的政府高官，莫小姐不可能不知道，英國是國家安全法最多、最齊、最嚴的國家之一。

2020 年 6 月，一個叫法塔赫‧穆罕默德‧阿卜杜拉的男子，就因在家中私藏「伊斯蘭國」旗幟，並上網搜索如何用火柴頭自製爆炸裝置，被英國當局以國家安全法判處終身監禁。

2019 年 12 月，兩名英國婦人在網上認識了一個敘利亞人，在其蠱惑下向敘利亞極端組織捐款 45.51 美元（約港幣 350 元），被控資助境外勢力危害國家安全，判處 18 個月監禁。

作為父母，面對英國這些國安法，莫宜端將如何教她的孩子？在英國上課時，她還是一樣叫兒子「答老師給你的標準答案」嗎？

如果真的為下一代，就不要鼓吹「違法達義」，就不要支持打人縱火。我好想知，2019 那年，你們這些口口聲聲「為下一代」的父母，看着電視直播，到底是怎樣教導孩子？把公路封了、把交通癱瘓都是對？用磚頭掟到警察頭破血流是正義？一把火將一個無仇無怨的活人燒着是替天行道？

其實，支持暴力、支持打砸搶燒、支持起底抹黑、支持不講道理的人，有什麼資格說這句：為下一代！

2022-05-25

兩個人‧五條義肢

　　許多人埋怨，生活艱難；甚至有人說：生於亂世。

　　搖頭嘆氣覺得自己是天下間最慘的人，我建議他們先看看這照片、聽聽這
故事……

　　這是今年意大利錫耶納國際攝影大賽（SIPA）的年度最佳照片，名字叫
「生命的艱難」（Hardship of Life），相中人是一對令人淚目的父子，獨腳
爸爸舉起他那失掉四肢的兒子，相視大笑。

拍此照片的是土耳其攝影師亞斯蘭（Mehmet Aslan），他在靠近敘利亞邊境的土耳其南部小鎮遇到這對父子，照片裏的爸爸阿拿薩（Munzir al-Nazzal）有三個孩子，大兒子只得五歲，一出生就沒了四肢。這位爸爸說，太太在敘利亞戰爭期間曾遭到神經毒氣攻擊，造成胎兒先天發育不全，一生下來就沒手沒腳。

禍不單行，孩子的爸之後又在一次敘利亞轟炸中被炸掉右腿。從此，兩父子加起來，只剩兩隻手和一條腿。

孩子未懂事，不知前路崎嶇，拍攝期間，一直活力充沛在地上滾來滾去格格笑。倒是爸爸已經放棄人生，他從敘利亞逃到土耳其，跑了幾間醫院，半條義肢都沒找到，未來的路，真不知如何走下去？

今年是敘利亞戰爭爆發十周年，這些年，大量敘利亞人背井離鄉逃離國家淪為他國難民，他們不但失去一切，包括財產、工作、學業，甚至部分身體。據聯合國二〇二〇年的調查結果顯示，敘利亞十二歲以上人口中已有近三成人是身體殘障的，他們大多被炸斷手腳，而這類殘疾難民的總數竟達三百七十萬。

這張得獎作品「生命的艱難」，除了對戰爭控訴，就是希望喚醒大家對難民義肢需求的關注。當人家父子倆欠的是五條義肢，我們還好意思埋怨生命中缺失？

2021-10-26

找尋國家的感覺

這段日子看奧運，常常看到不同的國旗升起，不一樣的國歌奏起。忽生疑問：若台灣地區選手奪金，將會升什麼旗？播什麼歌？

果然，中華台北今屆奧運拿下羽毛球男子混雙及女子五十九公斤級舉重兩面金牌，頒獎台上升起的，是中華台北奧委會會旗；奏的，是中華台北奧委會會歌。

世事真奇，有些人，千方百計要跟國家劃清界線，但有些人，卻山長水遠為了找尋有國的感覺。

今屆伊拉克只得四名選手的代表團中，有個叫哈米德的羽毛球運動員，他一個人靜靜地比賽，沒有教練、沒有隨行醫護、沒有隊友、沒有翻譯、沒人陪同、沒人吶喊，打完比賽，一個人孤獨地坐在場邊喝水。

記者訪問他落敗感受，他說：「我來奧運並不是為了拿獎牌，我只是想向大家證明，我的國家還在。」

二〇〇八年北京奧運，伊拉克曾被指政治干預體育被國際奧委會取消參賽資格，該國唯一女奧運選手達娜‧侯賽因得知消息後哭了四小時，教練安慰她二〇一二年仍有機會去倫敦奧運。達娜說：「以伊拉克現時狀況，誰知道我們能不能活到二〇一二年。」

說到沒家國，今次奧運有個隊伍叫「難民奧運代表隊」，那是由來自不同地方的二十九位難民選手組成，其中一個游泳健將 Yusra，是敘利亞人，小時候父親教她的泳術，沒想到在逃難時派上用場。

Yusra 十七歲那年，敘利亞爆發戰爭，她與姊姊一起逃到歐洲。在穿越愛琴海途中，她們乘坐的小船引擎忽然停頓，於是 Yusra 兩姐妹及另外兩位懂得游泳的逃難者便跳進水裏推動船隻，游了超過三小時，終於到達希臘萊斯沃斯島。之後 Yusra 再輾轉流徙到德國，申請成為難民。

　　是游泳讓 Yusra 及其他走難者能逃出生天，於是她以聯合國難民署親善大使身份，用體育鼓勵流亡者繼續追夢，用成績尋回失去的國家感覺。

2021–08–03

賣國換來的⋯⋯

　　兩年前潛逃英國的前立法會議員羅冠聰，日前在社交平台貼文，大鑼大鼓宣布：他終於接獲英國內政部通知，正式成為⋯⋯難民了！

　　還以為，英國政府封他一個爵士，或者什麼紳士。千山萬水，潛逃兩年，賣國棄國，換來的，原來不過是一個難民身份。

　　羅冠聰在香港假假地做過立法會議員，又是「學運領袖」、學聯秘書長、嶺大學生會主席，無論二〇一四年「佔中」還是二〇一九年黑暴，都是領軍，都是旗手。這種履歷，拿到英國內政部，原來只能換個難民身份，從此在地球上顛沛流離，當然也回不了家。其他賣國履歷沒他厚的人，自己照照鏡，想像一下，你在英國將會成為什麼樣的棄卒？

　　或者，有的，如果你肯去非洲做開荒牛，也許有一天，你會獲得一個身份，別誤會，不是英國護照，而是盧旺達居留權。

　　因為近年太多人跑往英國尋求庇護，英國政府剛剛與東非小國盧旺達簽訂協議，把這類尋求庇護的難民直接送往盧旺達，並強調此舉只限於成年男性。

　　日前英國內政大臣彭黛玲訪問盧旺達，與盧旺達外長比魯塔一起見記者並公布此計劃，英國宣布只會將成年男性送往盧旺達，原則上不會對兒童及婦女這樣做；而盧旺達外長亦表明，會讓尋求庇護人士在盧旺達重過新生。

　　雖然，英國此舉主要為打擊非法入境人士，但湧來的人太多，難保首相約翰遜不會忽發奇想，把羅冠聰之流也送去盧旺達。

　　人最可悲，是身在福中不知福，拿到一個難民身份，還引以為榮，四處炫耀。今天你尚有點用處，還可以穿件西裝上電視接受訪問，十年後、廿年後呢？當你不再年輕，當你價值消失，難民，就是一個無家無國籍的人，橫看豎看，都是一個可悲的結局。

做頭目的下場尚且如此，做嘍囉的將會如何？不敢想像。

2022-04-20

曾經的精英

　　昨天，資深傳媒人區家麟被警方國安處拘捕。區家麟曾是 TVB 新聞部的記者、監製，主持過《新聞透視》；後來，又在香港電台負責《自由風自由 Phone》節目，近年常在黃媒《立場新聞》發表評論，亦是中文大學新聞與傳播學院的專業顧問。

　　一個傳媒人兼大學新聞系老師被捕，記者大做的文章，當然離不開「寒蟬效應」四個字，彷彿一有新聞工作者被捕，香港就沒了言論自由，而從沒考慮一個重點：傳媒人也會犯法。

　　正如特首候選人李家超回應記者說：「任何行業都要奉公守法」。是的，傳媒人也不應有例外，不能高舉言論自由的招牌來為所欲為。

　　說起區家麟被捕，認識他的人都感可惜，中大博士畢業，曾拿過多次新聞獎，在 TVB 當記者期間，更得到獎學金去美國史丹福大學做訪問學人。但今天，這個曾經的新聞王子，卻因為鑽了政治牛角尖，隨時成為階下囚。

　　行家談起，都說可能是美國那年誤了他。不是說笑，幾個知名傳媒人去完美國深造，回來就換了思想變了樣，在 TVB 走紅的巴基斯坦裔女記者利君雅就是另一例。

　　利君雅在無綫新聞部表現出色，被美國駐港領事挑選去美國參與國際訪問計劃，去了一個月，回來後就離開 TVB，轉到《明報》，再到《香港電台》，成為反對派媒體的戰將。

　　香港記協前主席楊健興原來也是去完美國就變樣，他本來是《南華早報》政治編輯，但自從被美國新聞署邀請到美國免費深造一段時間，回來就擔起記協大旗，並當上反對派先鋒。

　　參與過這種計劃的傳媒人說，通常是美國領事館主動揀蟀，在美國包食包

住包玩包來回機票，不單有人接待，你想去哪裏訪問誰都可以。現在回頭看，哪有這麼大的「蛤乸隨街跳」，那擺明就是一種統戰。當然，養熟了一批棋子，用完，即棄，剩下一街曾經的精英，不坐牢，已算執身彩。

2022-04-13

無緣無故的愛

　　日前，資深傳媒人區家麟被警方國安處拘捕，三日後，香港記者協會發信通知會員，將於星期六（4月23日）召開特別會員大會，商討解散門檻及剩餘資產安排。

　　一個反對派傳媒主將被捕，記協就立即宣布因應政治環境變化，要討論解散事宜，此舉非常此地無銀。如果記協身家清白，何需心虛？何必解散？

　　更此地無銀的，還有記協前主席楊健興的激烈反應。

　　話說區家麟被捕翌日，我在報章撰文，提及新聞界好多精英都曾被美國領事館看中，重點「培養」，去美國一轉，回來後就變了樣，好多更成了反對派先鋒。譬如區家麟就曾拿獎學金去美國史丹福大學當訪問學人，巴基斯坦裔女記者利君雅曾被美領館挑選去美國參與國際訪問計劃，記協前主席楊健興也被美國新聞署邀請到美國免費深造。

　　文章一刊出，楊健興即在《明報》反駁說，他是 1997 年去美國，回港後 20 年才當上記協主席，「不可屈得就屈」。他們還刻意把一些正常傳媒人拉落水，譬如指出曾任職《大公報》的曾德成 1995 年也去過哈佛大學，曾任職《信報月刊》的文灼非九十年代都去過史丹福大學。

　　最奇怪是他們把特首林鄭月娥 1988 年獲獎學金去美國交流及在美國政府實習半年的歷史也翻出來，還煞有介事地找出林太當時在美國國家環境保護局撰寫的報告刊登。

　　我只輕輕說句楊健興去完美國回來就變樣，又沒說他賣國、沒說他勾結外國勢力，楊何需如此大反應，還拉曾德成、文灼非，甚至特首林鄭來證明自己「清白」？楊健興如果心中無鬼，何需急急與「美國進修」這榮耀割席？

　　其實，「獲邀去美國免費進修」跟「回來後成了反對派」，兩者之間未必

一定有個等號，好多人去完美國回來都很正常，原因好簡單，有些人容易被「收編」，有些不受影響，否則對方何需漁翁撒網？只要十個有一個能成功洗腦，在各領域種下苗子，需要時一呼百應，就水到渠成。

是的，這種手法，不單是在新聞界，而是在各領域；不單在香港，而是在許多地區。

有朋友的孩子是資優生，因參與過一些資優計劃，表現優秀，竟年年都收到美國大學邀請去免費交流，朋友就是抱着一種「冇咁大隻蛤嘓隨街跳」的心態，一直婉拒，現在回想，孩子可能逃過一劫。

前廉署高層朋友告訴我，他常到外國開反貪會議，認識很多第三世界國家的民間反貪機構負責人，他們會得到獎學金免費去美國交流，回到自己國家後，很多都變成反政府活躍分子。

我不是說，去美國唸書回來就一定反政府，我針對的，是由美國人親自挑選，再免費包食包住一段頗長時期的培訓計劃。試想想，哪有國家會無端端花錢為別的國家免費培養人才？而那些國家更是他們的潛在對手。

這世界，沒有無緣無故的恨，更沒有無緣無故的愛，有些事，回頭細想，你才會恍然大悟。

2022-04-17

失聯的黑洞

　　最近真的好多人移民英國，社交平台不斷看到網友、朋友或朋友的朋友貼上優雅的英倫風采，通常是大教堂、大草坪、大花園、大笨鐘、大校園、大超市、大屋、大廳……無論是一幅相片或者一段視頻，都透着大英帝國的古典氣派和不同凡響。

　　還有戶外悠閒的下午茶、古樹盎然的大街、穿上格仔校服的孩子、地鐵車廂內人人在看書讀報的謐靜……是的，倫敦地鐵似乎滿載文化氣息，因為每卡車廂都有低頭的讀書人。

　　但，美麗背後，其實藏着殘酷原因。

　　日前英國《衛報》報道，倫敦市長簡世德（Sadiq Khan）宣布，倫敦地鐵隧道和車站將於 2024 年底前實現 4G 訊號全覆蓋。報道非常正面，沒半點挖苦，像說着偉大的鴻圖大計。

　　但，想深一層，2024 年才有 4G，即是說，現在竟然未有？當我們已開始埋怨 4G 太慢的世代，難道英國只得 2G、3G？

　　對不起，你猜錯了，大英帝國今時今日的倫敦地鐵車廂及車站內，是沒有網絡的。手機用不得，於是大家才可以優雅地低頭閱報看書。

　　有些我們以為是必然的東西，在其他地方，即使是先進西方國度，似乎並非必然。

　　在香港，Wi-Fi 慢一點我們都投訴，但移民英倫後，大家都識趣地隻字不提這種落後與不便，只繼續在社交平台風花雪月。

　　香港人約朋友習慣在地鐵站等，但去過倫敦的人都知道，約人千萬別約在倫敦地鐵，因為這裏是讓大家失聯的黑洞。

　　有次約了朋友在唐人街某飯館等，朋友遲到，大家 WhatsApp 追問他身處

何方，他竟回覆：「正趕來，地鐵中。」大家一看就知他說謊，他一定未出門口，因為倫敦搭地鐵是沒可能有網絡回 WhatsApp 的。

雖然，去年三月，倫敦十多條地鐵線路中，已有半段路率先實現了 4G 移動網絡覆蓋，如皇恩浩蕩。不過，要在整個系統十多條線共 270 個車站及車廂內無間斷順暢上網，英國人還要多等三年。

沒網絡之外，英倫地鐵還沒有冷氣，這也是香港人沒法想像的。

有人會說，英國冷嘛，沒空調不打緊。是嗎？那近日移民去了英國的香港朋友，下次請老實地跟我們分享一下，今年夏天搭沒空調地鐵的感受。

我只知道，地球正在暖化，去年八月，英國氣象局錄得的戶外高溫，竟達攝氏 38 度，有人在擁擠的倫敦地鐵中央線上，測得車廂內溫度突破 40 大關。我期待，那些天天貼圖喝英式下午茶的香港新移民，下次不妨分享一下，炎夏 40 度搭地鐵沒網絡再跟孩子失聯的真實生活體驗。

2021-06-30

他朝君體也相同

我沒有信仰，但一直覺得，西方人跟中國人在信仰上的最大分別是：一個信神，一個信天。

拿張美鈔出來看看，上面印着幾個英文字：「In God We Trust」，意即「我們信仰上帝」，1956年美國國會一致通過，把這句話定為國家格言。從此，這四個字不只出現在美鈔上，還刻在佛羅里達州、印第安納州、北卡羅來納州、南卡羅來納州和俄亥俄州的車牌，讓子民無時無刻牢記着神。

信神的人敬畏上帝，信天的人相信因果。所以在我們的文化裏也有很多跟「In God We Trust」不一樣的提醒，譬如：「人在做，天在看」「舉頭三尺有神明」、「善惡到頭終有報」……

因為我們相信這世上有天理循環、有因果報應，所以，我們說話不會說得太盡，做事也不會做得太過火。我們相信，冥冥中會有紀錄，作惡多端的，今生不來個現眼報，來世也要算賬。總之，記錄在案的債，一定要償還。

所以，當去年六月，美國國會眾議院議長佩洛西看到香港修例風波引起的暴亂潮時說「那是一道美麗的風景線」時，我們知道，報應一定會來，只是沒想到，來得這麼快。

當日你們大灑金錢在各國製造「顏色革命」，今日全世界人不費分毫看着同樣的火在你土地上燃燒，中國人叫這做「報應」。

香港暴亂持續了一年，你們仍然稱這做和平示威，叫黑衣人做示威者。但同樣畫面在明尼蘇達州只出現了三天，你們立即定性為「暴亂」叫他們做「暴徒」，總統特朗普更揚言：「when the looting starts, the shooting starts.」（當搶掠開始，射擊就會開始）。用中國人的說法，這種叫「針唔拮到肉唔知痛」。

日前，紐約布魯克林博物館前發生暴亂，一名女子向被人群圍攻的警車投

擲了一顆汽油彈，結果被控謀殺。想想這一年來，香港警察共吃了幾多顆暴徒的汽油彈？數不清了，我只知道，這些國際標準的殺人者，卻被法官評為「優秀的細路」。

剛剛收到一段視頻，一面美國國旗被人歡呼着丟到海裏，似乎又應驗了一句老話：「他朝君體也相同」。

中國人信天，當歪理歪到連上天都看不過眼，我又想起這句：「天理昭昭，報應不爽」。

（原文刊登於港人講地網站）

2020-06-02

駱駝的私隱

　　BBC 及西方社會對新疆維吾爾人進行強迫勞動的棉花炒作，引來無數新疆老百姓自發拍片放上網講解當地的真實生活。畢竟，活生生的人是擊破謊言的最好見證，於是，我相信 BBC 下一波會聰明點，轉而聚焦在駱駝和牛羊的私隱上。

　　連新聞稿我都幫他們擬好了：「放眼新疆的草原及戈壁，你會看到一群群牛羊駱駝，耳朵、頸項都掛上追蹤器，中國人已瘋癲到一個地步：監控牛羊，甚至借牛羊來監控人類⋯⋯」

　　牛羊駱駝不會拍抖音，不會上網，不會反駁反擊；所以，BBC 這次可以霸氣報道：「中國人連牲畜都不放過！」

　　正如新疆棉花「強迫勞動」的謊言，一段棉花田全自動機械化播種收割視頻，已讓抹黑一戳即破。同理，牛羊駱駝的私隱，一個手機程式就能道出真相。

　　那是全球嶄新的放牧模式，牧民利用北斗定位系統，安坐家中放牛放羊放駱駝。

　　牧民說：「從前駱駝隊一出去，起碼一兩天時間才抵達放牧的草場，人跟在駱駝後面，沒得吃也沒得喝，如果摩托車在戈壁灘壞了就更無援，辛苦得很。」

　　自從牧民把北斗衛星導航頸圈戴到駱駝脖子上，通過衛星定位，用手機就可以遠程實時掌握駝群的位置和移動速度，放牧成了彈指間的功夫，省來的時間和人手，可以開闢耕地種農作物，增加收入。

　　「我們現在不用放駱駝了，只要在家拿手機上一看，駱駝吃什麼草？喝多少水？都一目了然。」其實利用項圈的計步器和體溫監測功能，更可確保每頭駱駝健康成長。

　　從前牧民一丟失了牲畜，就要日行幾十公里找牛羊，汽油錢起碼耗上萬元。現在用北斗，就不必再擔心牲口走失的問題了。

　　這技術，其實早在內蒙的大草原已試行。鄂爾多斯牧民透過北斗定位查看牛的位置，並在放牧區設置電子圍欄，若牛群走出監控範圍，手機會發出警示，牧民開車追回，甚至用無人機協助。

　　去年，黑龍江一頭小黃牛離家出走，藏身兩米高的玉米地，民警就是用視頻無人機把牠找到，讓主人不用四處撲空。

　　今天，北斗放牧系統已走進新疆烏魯木齊、伊犁、阿勒泰等地，現已有1000頭駱駝在用北斗衛星服務，遲些將有更多。

　　遠程放牧令牧民幾千年的生活模式發生巨大變化，將來的牧民不再是皮膚黝黑乾裂，而是一臉白滑，你握着他的手都猜不着他是幹何職業。

　　而BBC將會說：「連牧民的形象基因都給改造了，這崛起的大國實在太『喪心病狂』了。」

2021-04-07

倖存者與無名塚

　　名稱，多少能看到一段歷史的定性，譬如，談及美加的原住民寄宿學校，歷史學家、研究人員、記者，都會稱那些出來做訪問做見證的過來人，叫做「倖存者」。

　　「倖存」，本身就是一種死裏逃生的控訴。

　　早前加拿大 BC 省 Kamloops 一間原住民寄宿學校舊址發現 215 具兒童骸骨後，日前該國沙省的原住民寄宿學校 Marieval Indian 舊址，再發現 751 個無名墳墓，大部分死者都是兒童，當中遺骸數量，是有紀錄以來最多、最恐怖、最令人震驚的。

　　別以為這些西方種族滅絕政策是遠古的事，就在香港回歸前一年，即 1996 年，這所由羅馬天主教會營運的原住民學校才正式關門大吉，即是說，最近掘出的 751 具兒童骸骨，隨時是廿多年前發生的事。

　　一宗又一宗駭人醜史在加拿大爆出，同在美洲大陸的美利堅合眾國又怎能獨善其身？當大家聚焦楓葉國的童骸，請別忘了為美國算賬，原住民寄宿學校，在美國的民主大地上也比比皆是。

　　據美國原住民機構資料顯示，美國全國至少有 367 所跟加拿大類同的印第安寄宿學校，當中竟然有 73 所至今仍運作。據路透社報道，雖然沒有官方正式統計數字，但民間學者估算，過去一百多年間，在這些寄宿學校死亡的原住民兒童至少高達四萬人。

　　學者指出，美國聯邦政府一直不願意公布，到底有多少原住民兒童被送往這些寄宿學校？有多少原住民兒童在寄宿學校生活期間死亡或失蹤？

　　因為監管的缺失，這些寄宿學校基本上是法外之地，體罰、虐待、性侵屢見不鮮，加上缺醫少藥，學校塞滿兒童，一有傳染病，寄宿學校原住民兒童的

死亡數字隨時超過戰場上的死亡士兵。

一名印第安寄宿學校倖存者回憶：「我在學校的時候一直聽說有人失蹤，聽說有嬰兒被埋葬。我當時總想逃跑，但當我看到許多朋友跑了又被抓回來，遭受嚴厲的懲罰，只能咬着牙忍受下去。」

美國哥倫比亞廣播公司報道，克拉倫斯‧史密斯曾於上世紀 80 年代後期被送往美國原住民寄宿學校，他說，孩子一入學第一件事，就是要學會感謝哥倫布。白人老師告訴他：「如果不是哥倫布發現了美國，美國原住民至今依然還住在帳篷裏。」

請記住，這些教孩子感謝侵略者的學校，在美國大地仍然存在。也許，他們不敢再埋下童骸，但卻埋葬了印第安文化。種族滅絕，在加拿大正步入懺悔階段；但在美國，卻仍是現在進行式。

2021-06-26

扒手天堂

想像一下，如果人人都可以走進超市偷走想吃的東西，又或者進入時裝店取走需要的衣物，只要不太貴重，店主都要隻眼開隻眼閉，由得竊匪予取予攜，你猜，這世界將變成怎樣？大家還會老老實實付錢嗎？還會有人想開店做老闆嗎？

不是說笑，這種事情一直發生，老百姓啞忍多年，且問題愈演愈烈。居於美國加州聖荷西的居民帕特・阿諾德（Pat Arnold）說：「我丈夫和我在沃爾瑪（Walmart）購物時看到一個人，他的購物車上載着一台電視，沒付錢就跑出了門。我們告訴經理，但經理什麼都沒做。」

原來，今年 7 月，三藩市一間藥店「Rite Aid」發生了一宗命案，員工因為阻止兩名入店行劫的竊賊，被轟了幾槍，當場死亡。於是，許多零售商為此制定新政策，禁止員工追捕店內的行竊者，當然，也毋須報警。

吓？唔係嘛？我相信許多人都會有這樣的反應。

這是千真萬確的政策，對，你沒看錯，是政府政策。因為美國太窮了，養囚犯是政府一個很大的開支，為了減少監獄人口，加州最高法院於 2014 年裁定，無論有沒有前科案底，所有低於 950 美元（即港元約 7400 元）的盜竊行為均屬輕罪。新政策使加州監獄人口一年就減少了 13000，為加州節省了 1.5 億美元。

從此，加州成了扒手天堂，其實嚴格來說，已不是扒手，是光明正大的明偷明搶了。

我親戚住在加州，她就曾親眼見過兩名盜賊在連鎖百貨店 Marshalls 拿着一大疊衣物大搖大擺行出門，完全沒付錢，當然也沒人理。她說，這種事每天都發生，尤其唐人街。

　　美國第二大連鎖藥物店 Walgreens Pharmacy 本來在唐人街有 5、6 家分店，現在全部關門大吉，親戚說，賊仔及露宿者甚至拿着皮箱進入店舖及超市大搖大擺拿東西，保安員不敢作聲更不敢捉，這樣下去，誰還會開店做老闆？

　　早陣子，網絡瘋傳幾段洛杉磯滿街露宿者的影片，顛覆了大家對加州的印象，怎麼過去繁華光鮮的城市會髒成這樣？

　　誰想到，那只是個開端，延續的故事是，這些露宿者可以進出商舖合法打劫，那問題就不只是影響市容那麼簡單了。

　　民主大國竟淪落到今日賊匪滿城的地步，再看看我們繁榮而安全的國家，大家不禁思量：到底什麼制度才真正以民為本？

2021–10–31

血腥周末

周末大家通常會做什麼？行山？行街？飲茶？在家休息？

我相信，我們周末放假可以各適其適，但美國人一到周末，大概就要緊張起來了，因為，有人會在周末出去殺人，大部分人就要在周末躲在家避免被殺。

剛過去的幾天，美國當地時間 6 月 24 至 27 日晚，一共發生了十宗以上的大規模槍擊事件，這絕不是偶然事故，而是美國連續第五次上演的「血腥周末」殺人事件，其中一宗最離譜的，竟是有顧客嫌店員蛋黃醬放太多憤而開槍殺人。

剛過去的星期日，美國亞特蘭大市中心一家漢堡包連鎖店 SUBWAY 內，一名 36 歲男顧客因不滿女店員在漢堡包內放太多蛋黃醬，憤而向店員開槍，結果釀成一死一傷的慘劇。

據美國《華盛頓郵報》報道，兩名被槍擊的店員都是「模範員工」，案發時那名受傷女員工的 5 歲兒子也在店內，目睹整個槍擊經過，心理嚴重受損。

這受驚孩子能保命已是幸運，起碼比芝加哥一個嬰兒好彩，因為在此「血腥周末」，芝加哥也發生一連串槍擊案，最小的死者，竟是個只得 5 個月大的女嬰。

什麼叫天降橫禍？這些槍擊案就是例子，誰會想到，明天你被殺的原因，會是一點點多塗了的蛋黃醬。

美國槍械問題是個沒完沒了的辯論，那麼多槍下亡魂，那麼多無辜孩子，其實他們都是死於政府與軍火商的官商勾結下。

連美國總統拜登自己都承認：「自己去過的大規模槍擊案現場比美國歷任總統都要多，而這大部分事件都是可以避免的。」

可以避免？拜登你真有避免過嗎？

上個月，美國得州導致 19 名學童及 2 名教師身亡的校園槍擊事件發生後，金像影帝馬修‧麥康納（Matthew McConaughey）去了事發小鎮與受害者家屬會面，之後在白宮發表演說，強烈呼籲槍械管制。

馬修‧麥康納展示了一幅 10 歲孩子畫的畫，他說這孩子的夢想是有朝一日可以到巴黎讀藝術學校。馬修又展示了一個受害者妻子手上拿着的綠色 Converse 帆布鞋的照片，原來這對綠色 Converse 帆布鞋右腳鞋尖處的愛心圖案，成了槍擊事件後唯一可以識別死者身份的證據。

根據為受害者遺體化妝的禮儀師說，AR-15 半自動步槍造成的傷口特別大，「他們需要的不僅僅是化妝，而是進行大量修復。」

殺人，是會傳染的。得州校園槍擊案發生後兩個星期，全美 43 個州一共發生了 650 宗槍擊事件，導致 730 人死亡。累計下來，美國今年因槍支暴力已造成 1 萬 8000 多人死亡。

擁槍派和管槍派一直爭論不休，支持擁槍的科羅拉多州共和黨眾議員博伯特（Lauren Boebert）更連耶穌都擺上枱，他竟然說：「若耶穌有 AR-15 步槍，他就可以保護自己不被釘死在十字架上。」

死了那麼多人，他們還可以如此嬉皮笑臉，原來，自由就是你想殺誰就殺誰？美國的周末，不再是悠閒假期，而是血腥屠殺的開始。

2022-06-29

原來我們要多謝大英帝國

「竄改歷史」四個字，在我們的認知中，通常跟「日本侵華」繫上關連，卻沒想過，幹這事的，還有香港老師。

日前網上瘋傳一片段，嗇色園可立小學二年級的網上常識課講到鴉片戰爭，老師是這樣教一班七八歲孩子：「點解英國人要攻打中國？因為他們發現當時中國好多人吸煙，問題相當嚴重，他們為了幫忙消滅這些叫做鴉片的煙，於是發動鴉片戰爭。」

哇，聽完不禁問：我們是不是要多謝大英帝國？

這些年我們看到太多為人師表顛倒是非，我們以為這是香港教育最壞的時候，原來未算，最壞的情況我們根本看不見，就是在關起門的教室裏，有老師竟如此大逆不道在竄改歷史。如果不是疫情，如果不是孩子被困家中讓父母有機會在電腦旁觀課，大家都不知道，香港教育已恐怖到這地步。

想想，一切都是有因果的。

小學教師何來？大部分源於教育大學。教育大學有什麼師資？看看港台《左右紅藍綠》自有分曉。黑暴期間，這節目邀請了香港教育大學亞洲及政策研究學系講師蔡俊威做了個近四分鐘的演說，當中的竄改歷史行為，跟「反吸煙的鴉片戰爭」同出一轍。

蔡講師如此形容去年暴亂：「（警方）近日血腥圍攻中文大學及理工大學……在中大瘋狂發射超過二千枚催淚彈，漫天烽火，中國製的催淚彈被指會釋放大量的化學毒物，包括山埃毒氣及極難消除的致癌物二噁英，但警方仍然以滅絕對方的方式瘋狂開槍，難怪連外國記者亦批評警方比 ISIS 更恐怖，近乎無血性、無道德……（圍攻理大時）警方更被拍到進入校園不是為了拘捕，而是在極近距離瘋狂開槍，以市民和學生作活靶，如此報復式廝殺平民，是公

僕所為嗎？……」

教育大學的教者如此歪曲事實，難怪教出來的學生當上老師後已習慣竄改歷史。雖然可立小學校長立即發了封道歉信，但對老師「誤教」的原因並無交代。據說有人以「備課不足」為由，圖敷衍了事。

一個中國人對鴉片戰爭的基礎理解，我想不用備課吧？正如一個猶太人教孩子二戰歷史，會不會說當年是因為德國人要幫猶太人解決人口問題，所以把猶太人送進毒氣室殺掉？

記得有位校長告訴我，小時候每次上中史課，老師一講到列強割據，就咬牙切齒；講到八年抗戰，就淚流滿面。老師為中史注入了生命，這位校長後來唸了歷史系，教歷史科。

所以，我們不介意老師給孩子傳遞自己理念，我們在乎的是老師的理念是否出了問題。如果鴉片戰爭只是英國人幫中國搞的一次反吸煙運動，這種水平的老師別說傳播理念，連傳遞知識都應該被禁止，除了除牌，別無他想。

2020-05-01

用十二天賣國、再用半年賣港

女兒唸小學的時候，我當過幾屆學校家教會主席，第一次主持會議，跟家長、校長、副校、主任、老師一起開會，發現有個大問題，就是家長一般較「長氣」。家教會是老師教學以外的額外工作，開會時間都在原本是假期的星期六，所以在任的日子，我給自己訂下原則，就是會議絕對不能超時，因為我不想浪費校長及老師的寶貴時間。

結果，第一次會議在預定的兩小時內完成，然後是 1 小時 45 分鐘、個半鐘，最快一次，1 小時 15 分就開完了。有位老師靜雞雞把我拉到一旁說：主席你一定要繼續做下去，我開了這麼多年家教會，絕少能在兩小時內完成會議的。

一個小小的家教會尚且要講效率，決定香港大事的立法會，竟然可以開半年會、每次開幾個鐘、開足 14 次，也選不出一個內務委員會主席，別說審議政事了。

朋友說：「學校選班長，十多分鐘便能成事，但立法會內務會選一個主席居然在開 14 次會都未選到，不是低能是什麼？郭榮鏗及那些反對派議員對得住香港市民嗎？」

對不起，我認為這幫人眼中並沒有老百姓，否則怎會拿市民的福祉玩政治攬炒？

半年 14 次會議都選不到主席，先別談立場，可以肯定的是，這個人工作能力絕對有問題。請問哪一家私人機構會容許一個主持會議的高層連續開 14 次會都做不出一個決定？別說 14 次，開到第四次已經炒得。

特區政府忍得，港澳辦中聯辦卻不再忍了，兩辦突發聲明指郭榮鏗明顯違反宣誓誓詞及犯下了公職人員行為失當罪。反對派一如既往又跳出來說中央干

預香港內部事務，他們的邏輯好畸形，作為「一國兩制」的「一國」，講句說話都是罪；但作為跟我們毫無瓜葛的美國，說什麼都是至理名言。

去年三月，郭榮鏗和莫乃光跟着陳方安生到美國「述職」去，歷時 12 天，在白宮與國家安全委員會成員會面，也見了美國國會及行政當局中國委員會。在美國人面前聽他們對香港事務指指點點，郭榮鏗甘之如飴。

別國可以對香港有發言權，反而自己的國家沒有；別國的政治人物可以插手香港事務，反而自己的國家正一下風、清理一下門戶都是粗暴干預。

寧願千山萬水跑去華盛頓膜拜洋人，也不肯踏踏實實為市民做好本分，郭榮鏗用了 12 天去賣國，再用了半年來禍港，如果這都不算瀆職，法律書都應該通通燒掉算了。

2020–04–15

後記：

當日去美國「述職」的郭榮鏗終於在二〇二二年五月在臉書專頁宣布已移民美國，並在紐約第五街黃金地段開律師行，及在哈佛大學甘迺迪學院擔任高級研究員。

只演了三小時的爛騷

　　日前，三名美國聯邦參議員搭乘美軍 C-17 運輸機飛抵台灣松山機場，停留僅 3 小時，其間與台灣當局蔡英文等人會面。坐輪椅的亞裔參議員達克沃思（Tammy Duckworth）發表講話，表示美國不會讓台灣在疫下孤軍奮戰，將向台捐贈 75 萬劑新冠疫苗，達克沃思更在致辭時提及自己與台灣的隔代淵源。

　　在伊拉克戰爭中失去雙腿的達克沃思，是個背景特殊的民主黨參議員。生於泰國曼谷，父親是美國人，曾參與越戰；母親是泰國華人，1940 年代初在泰國出生。

　　達克沃思在美國求學時加入國民警衛軍，當上陸軍後備役直升機飛行軍官。2004 年被派駐伊拉克，在一次任務中，其駕駛的直升機被火箭彈擊落，雖然撿回性命，卻失去雙腿，右臂也喪失部分功能。

　　回國後被授予紫心勳章並晉升為少校，之後更當選成為伊利諾伊州歷史上首名亞裔女性國會眾議員，2014 年以中校身份退伍，2016 年當選國會議員。

　　這次，以美軍退役中校身份、坐美國軍機來台的達克沃思，好明顯就是一枚政治棋子。

　　她致辭時特別提及母親家族，她說母親的家族原本在潮州生活，「為了逃離中共壓迫，才徒步離開中國，逃到泰國。」因為這段隔代因緣，她「深知自由的代價」，故特別想來台灣。

　　然而翻查資料，根據達克沃思的描述，她的外祖父母應是上世紀 30 年代初從潮州逃到泰國的經濟難民，而當時中國屬民國政府管治，何來「中共壓迫」？

　　做戲也該做點功課，流着一半華人血統的達克沃思，搬出一段錯誤歷史來台為蔡英文助威「黑」中國，奇怪竟然沒有傳媒揭穿。

　　內文寫明達克沃思外祖父母是活在民國時期的《明報》，報道標題繼續沿用誤導的「亞裔參議員：外祖父母曾受中共壓迫，深知自由代價」，看來，《明報》的淪落、台灣的衰落，一切都是有跡可尋的。

2021－06－12

看英國人怎樣懲治BBC

養狼狗咬主人，這些年大家對官媒香港電台的評價都是這樣。一個吃政府飯的機構，天天、秒秒在反政府反中國，甚至反得比商業機構更積極。難得的是，政府肯忍，連罵它半句都沒膽量。

正常市民一談起香港電台都大罵，然後說：「執咗佢啦！」「炒晒佢啦！」他們說：政府不是我老闆，我們的老闆是香港市民，我們叫公營廣播，絕不是政府喉舌，所以編輯自主。港台人好喜歡以英國的 BBC 自比，真是這樣嗎？或者我們先看看 BBC 的營運方式。

英國的 BBC 是以公司模式運作，並不列入公務員體制，公司有獨立董事局負責管理，經費來源主要是納稅人每年繳交的電視牌照費，政府規定每個家庭或企業都必須購買一年限期的電視牌照，以確保 BBC 有足夠資金教育、娛樂及提供信息給市民大眾。這就是 BBC 的公營廣播模式，那句「市民才是我老闆」，在這運作模式下，講得通。

回頭看看自命「香港 BBC」的香港電台，地是政府的、營運費用是政府的、內外設施是政府的、工資是政府的、員工是公務員、薪酬表及加薪幅度都是跟隨政府的⋯⋯然後他們說，我們不是政府機構，政府不是我老闆。騙術的最高境界，就是騙倒人也騙倒自己。

近日香港電台節目又引起軒然大波，《頭條新聞》一段由王喜主持的「驚方訊息」環節，因以失實內容惡意醜化警隊，先是警務處長發信向廣播處長梁家榮投訴，然後全國政協副主席梁振英發炮批評「廣播處長梁家榮嚴重失職，我建議政府炒、警方告」。

於是，香港電台一貫捧出公營廣播、編輯自主、言論自由等神主牌出來擋駕，黃絲群組更發起一人 N 信撐《頭條》運動：「《頭條新聞》不只是節目，

它代表了時評與創意的光譜……」

「偉論」說得美，卻沒人敢說一句：「那集問題《頭條》內容屬實」，因為根據香港法例第 21 章的《誹謗條例》，任何人或機構發布虛假消息，惡意中傷或誣衊他人，即屬誹謗。王喜嘲諷警隊的內容，全部與事實不符，那不是什麼言論自由，那是一宗徹頭徹尾的誹謗。

既然港台愛以「香港 BBC」自居，以 BBC 公營廣播模式為師，那麼，我們建議政府也學學英國政府對付 BBC 的方法。

近日，英國首相約翰遜有意取消 BBC 賴以維生、由電視用戶繳交的電視牌照費，改為訂購付費模式。現時英國人每年要強制繳交電視牌照費 154.5 英鎊（約 1565 港元）去供養 BBC，去年國民繳納的牌照費就為 BBC 提供了 36.9 億英鎊資金，佔 BBC 全年營運總金額四分之三。

為什麼約翰遜會整治 BBC？表面理由，是 BBC「過度報道」一名疑似感染肺炎的四歲男童被迫睡在醫院地板的消息，認為他們報道偏頗。實際原因，是因為 BBC 去年在報道選戰新聞上惡意針對約翰遜。

鬥水喉對一個機構來說是最大的懲罰，有 BBC 的前車，香港電台還難整治嗎？收起餵食的狗兜，看狼狗還能作惡到何時？

2020-02-21

沒成本的殺人武器

「你幾時死？」

這句詛咒，大家認為，犯法嗎？在香港，肯定不，否則好多人已被拉進監牢了。然而在日本，你隨時會因為罵人「你幾時死？」而被判監及罰款。

因為日本參議院在本周一（6月13日）表決通過加重侮辱罪刑罰，把網上誹謗中傷等行為，納入為可判處最高一年監禁及罰款30萬日圓（約1.8萬港元）的罪行。

香港人常常說什麼言論自由，如今，民主的日本告訴你，言論自由是有界限的、有底線的，那自由，不是百分百的。

事件的緣起，是一個叫木村花的女子職業摔跤手，前年參演Netflix真人騷節目《雙層公寓：東京2019-2020》的時候，因為她的摔角服被另一位嘉賓丟進洗衣機洗壞了，於是木村花對之破口大罵，並拍掉對方的帽子洩憤。

不知孰真孰假的這段戲，卻引來大批網民湧到木村花的社交平台上留言辱罵。結果，同年5月，木村花因為不堪網民大量言語欺凌，自殺身亡。事後，Netflix那個真人騷亦立即無限期停播。

當時日本東京都警視廳在木村花輕生後，以侮辱罪起訴了兩名網民。其中一名被起訴者就是問木村花：「你幾時死？」還多次以惡毒語言批評木村花。可惜，法院最後只輕判二人罰款9000日圓（當時約港幣631元）。

這判決引起日本社會嘩然，認為懲罰過輕。木村花生前曾表示，每日收逾百個惡意留言，但事後真正獲起訴並定罪的，卻只有兩人，而過輕的罰款反而助長網絡欺凌，於是日本法務大臣上川陽子立即提出侮辱罪修正案，經過多年討論，日前，日本參議院以多數票贊成通過《刑法》修正案，將侮辱罪的刑罰加入一年監禁的元素。

時代改變了，現在要殺人，不一定要用刀槍大炮，網絡霸凌，其實是最便宜最沒有成本的殺人武器。

所以，如果我們的律法仍千古不變，不與時並進，盡快加入侮辱罪，那麼，總有一天，我們會出現一個港版「木村花」，然後，像日本一樣，要用一條年輕生命去令全社會反思。

民建聯立法會議員葛珮帆最近就再次提出政府要借鑒外國經驗，盡快就侮辱罪立法。我一直都是網絡霸凌的受害者，所以我非常支持這法例，更加認為此法應不只局限於「辱警罪」或者「侮辱公職人員罪」，而是擴大到所有人。

當一個人躲藏在鍵盤後面，無人知悉身份，就會什麼惡毒語言都說得出來。我認識一個唸中文系的師姐，外表弱不禁風，聲音柔絲缺氣，誰料她一躲在電腦背後，說的話比黑社會爛鬼更粗鄙狠毒。

如果，你看到一大群人掌摑、虐打，甚至脫掉衣服侮辱一個女孩，你會覺得痛心疾首不能接受，想深一層，其實網絡霸凌行為不是一樣嗎？有過之而無不及呢！

2022-06-18

我是一口小小螺絲釘

　　奧斯卡頒獎典禮其中一個表演環節，是由十國女歌手一同獻唱動畫電影《魔雪奇緣2》（Frozen 2）的主題曲《Into the Unknown》，包括美版的Idina Menzel、日版的松隆子，和來自丹麥、德國、拉丁美洲、挪威、波蘭、俄羅斯、西班牙、泰國的歌手，她們各自以自己的語言唱出此歌。因為人數眾多，就像一貫群星大合唱，雖然粒粒巨星，但聚在奧斯卡這世界舞台上，大家都是一粒塵，每人只唱得一句。

　　女兒看完嘩然：「山長水遠搭飛機來唱一句？」

　　台上的異國歌手我不認識，我只認得日本那個大明星松隆子，但我明白為什麼她們貴為各國巨星也願意千里迢迢來唱一句，因為這可能是一生唯一的一次機會。

　　作為歌手，能踏上世界聚焦的台板，即使只是幾秒鐘，已是畢生榮耀。正如一個醫生，能遇上世界聚焦的大疫症，再能參與其中，即使只是一個毫不起眼的小角色，已叫你人生無憾。

　　那天，我看到一張感人照片，是懲教署義工們在羅湖懲教所開動機器趕工造口罩的畫面。因為這個監獄口罩工場的囚友工作至下午四點便要收工，為了加速口罩生產，懲教署員工及退休懲教員都自動請纓在囚友收工後來當義工，繼續開動機器趕製口罩至晚上十一點。照片中全是戴着口罩、穿上防菌衣帽、分不清階級、看不清誰是誰的義工，其中有對大耳朵讓人眼熟，原來竟是開了一整天工的懲教署長胡英明。

　　署長一下班就趕到羅湖做個工廠小工，為全國火併中的一場疫戰當一口小小螺絲釘，奉獻精神叫人敬佩。署長說，同事為了多做口罩，晚餐都吃得特快，三扒兩撥吃完就開工去，連廁所都不願去，場面感人。

　　這些奉獻，沒有額外收入、沒有傳媒報道，監獄不能用手機，即是說連帖上社交媒體討「讚」的機會都沒有，懲教所內每晚默默開工趕貨的義工，為的，就是要對得起自己、對得起這時代。

　　昨天，又看到另一則動人留言。瑪麗醫院肝臟移植外科主任、也是深圳港大醫院院長的盧寵茂教授透過手機給醫科學生傳訊息說：「我會離港赴深圳打這場仗，這是我的職責亦是我的榮譽。」

　　實在肅然起敬，尤其這邊廂幾千醫護罷完工又再有另一波人醞釀接力，盧醫生這種只做不說的義無反顧，和不罷工醫護「一個頂廿個」的堅守崗位，就是這場疫戰的一粒粒小小螺絲釘。

　　盧院長語重心長說：「我們的敵人不是武漢，是病毒。」對的，大敵當前，任何人的參與，無論是什麼崗位，都是一分力量，歷史未必會記下你名字，但有份締造歷史、成就將來，就是對自己人生最好的交代，對下一代最好的身教。

2020-02-12

罷免段崇智校長

今天，想說一樁英國法庭判案、一個國際標準……

2018 年，英國有三母女密謀組成「全女班恐襲小隊」，計劃在倫敦地標建築物向遊人發動恐怖襲擊。本來，18 歲妹妹負責攻擊大英博物館，22 歲姐姐就到西敏寺發動突襲，幸被英國軍情五處及早識破，就在她們出門買刀時將之拘捕。

嚴格來說，恐襲並未發生，當然更沒死傷，她們刀都未買已被捕。三母女被控策劃恐襲，罪名成立，兩名女兒被判終身監禁，母親則被判 6 年 9 個月。

法官說，雖然母親沒有下手的角色，但因她包庇孩子，兼且未盡母親之責教好兩個女兒，反而令她們變得偏激，走歪路成了恐怖分子，故也要重罰。

香港法律師承英國，這個例子，不知能否給香港的黑暴父母、老師、校長甚至教育官員一點啟示？尤其包庇黑暴的大學管理層。

2019 年黑暴，中大及理大兩所大學在「戰」後被發現藏有過萬汽油彈，好明顯，那就是犯罪現場。

如果，一個犯罪現場的管理者發現罪案發生不報警，事後又不處置不追究，甚至為被捕學生寫求情信，那我們就有合理懷疑，這些管理者可能是共犯，警方應該找這班大學管理層盤問調查去。

黑暴已過，但暴徒黑手仍陰魂不散，近日學生更藉畢業禮在學校搞「港獨」遊行，段崇智校長千呼萬喚，才拍段片走出來遺憾一番，以為這樣就可瞞天過海。

然而，有法律界人士指出，香港國安法第九條有言：「對學校、社會團體、媒體、網絡等涉及國家安全的事宜，特區政府應當採取必要措施，加強宣傳、指導、監督和管理。」段崇智校長對「港獨」學生的不作為，絕對可視之為協

助學生作出違反國安法行為，國安處可推動罷免校長。

其實，校長上面不是還有校監及校董會嗎？看到校長及管理層不作為，難道校董、校監、教育局都沒有發言權？「佔中」之後，中大、港大都換校長了，段崇智辦出一間舉世知名的「暴大」，難道就不該「人頭落地」？按上面的英國恐襲案例，校長沒盡教育之責，結局本是要坐牢的。

2021-01-23

不見血的饅頭

「香港眾志」創黨主席羅冠聰在 7 月 1 日香港國安法實施之前，丟棄手足離港了，說好的不割席，都是謊言，大難臨頭各自飛：才是人性。

這天，羅冠聰在社交平台晒出他與前港督彭定康的照片說：「也許我能代很多香港人講一句：感謝你，最後一任港督。相比現時的官員，很多人懷念你的學識、胸襟、遠見……」

原來，羅冠聰已跑到倫敦去，還見了彭定康。奇怪是，羅冠聰到底懷念他什麼？

有心水清網民在帖文下留言：「羅冠聰 1993 年在深圳出世，6 歲才來香港，即 1999 年，你自己本人根本沒有在港英時代的香港生活過，然後覺得港英很好，港督很好，跑去感謝人，乃西人鞋底。」

真是一矢中的。

末代港督彭定康是 1997 年 7 月 1 日凌晨，跟查爾斯王子一起乘坐皇家遊船不列顛尼亞號離開香港的。那年，羅冠聰才 4 歲，深圳出生後，一直是在祖家汕尾居住，跟香港跟港督沒半點關係。直至 6 歲，才由母親以家庭團聚理由，帶他們三兄弟移居香港。即是說，羅冠聰踏足的香港，已是回歸後兩年，別說跟彭定康擦身而過，簡直是連影也沒見過。肥彭那些吃蛋撻、飲涼茶故事，我們經歷過，知道那不過是一場騷，但羅冠聰只是聽神話，當然會把肥彭奉作神了。

羅冠聰來自基層家庭，一家住在東涌逸東邨公屋，兩個哥哥，一個當消防員，一個在「民陣」工作。跟好多兩地婚姻的結局一樣，來香港團聚之後，換來的就是父母離異。

羅冠聰在一個專訪中自爆：如果打機的年輕人叫做「廢青」，那他就是典

型廢青。因為他打機打到成為職業，曾當過電競評述員。

「我幼稚園就已經開始打紅白機、Gameboy，如果不是因為搞學運，我可能已經投身電子競技。」

中學時的羅冠聰，是在「紅底學校」香港教育工作者聯會黃楚標中學唸書的，他說，中五之前，一直只沉迷打機，偶然還會跟家人一起參加政府資助的廉價內地遊。直至中五那年，加入了學校辯論隊，開始關注新聞，開始知道有個人叫劉曉波，生命，從此改寫。

6 歲來港，中學畢業後入讀嶺大副學士，再考上嶺南大學，23 歲還在學已成為本港史上最年輕的立法會議員，25 歲大學畢業，翌年就獲美國耶魯大學碩士課程取錄，幾個月又說碩士畢業了。然後，27 歲，已來到倫敦，跟一個前港督站在一起，惺惺相惜。

如果不是踏着手足的屍骸，一個打機的廢青、一個住公屋的副學士，怎能在短短幾年間搖身一變，上位成為耶魯碩士、還跟前港督坐在花園 high tea？難為那班天真的手足，仍在為他們打生打死。原來，人血饅頭不一定會見血的。

2020–07–18

老本，能吃一世嗎？

　　給你五秒，看你能否講出胡宏俊是誰？五、四、三、二、一！

　　我相信，問一百個人，都未必有一個講得出答案，畢竟，胡宏俊，不是大編輯胡錫進，也不是大明星王力宏。這個胡宏俊，只是一個小小天氣先生，在新聞報道之後，出來講分半鐘天氣，而大家的注意力，一般在明天會不會下雨，或者颱風幾時臨近。

　　如果，不是報章報道這個人，絕對沒人會留意，他就是公務員事務局長聶德權口中，一百二十九個拒簽宣誓效忠聲明的公務員之一，他更在簽署聲明期限的最後一天遞上辭職信，然後舉家移民英國。

　　這個「天氣先生」，畢業於中大物理系，當過三年政府行政主任（EO），之後加入香港天文台當科學主任，一做二十年，這個職級的頂薪是十一萬。

　　他接受訪問說，現時在英國過着半退休生活，每朝六點起床，開車載十三歲女兒返學放學，照顧家中七十多歲的父母，上月起開設頻道，用廣東話報道每日英國天氣。

　　四十來歲人，上有高堂、下有小女，半年找不到工作食穀種，竟然形容這種生活叫「半退休」，連人生狀況都定義不了，旨意你跟大家剖析氣候？

　　早前有個 TVB 新聞主播王俊彥也和太太移民英國，找不到工作後，也在那邊開了個網上新聞頻道，自己在家掛幅英國旗作攝影棚報告新聞。

　　用廣東話講新聞與天氣，市場有多大？擺到明，就是搵移民英國的手足錢，塘水滾塘魚，能有多少作為？大家想像得到。

　　有些人就是天真，以為報報新聞、講講天氣，就是明星，開個頻道就搵到食，他們忘了自己所謂的有點名氣背後是誰造就？過去如果沒有 TVB 這個大台、沒有香港天文台這個政府部門為你們搭台演出，你們就只是一個路人甲。

　　要移民，就好好融入當地吧，仍眷戀當日光環，幻想自己是新聞王子天氣
先生，算把啦，老本，能吃一世嗎？

2021-12-28

何必執着認故鄉

有一些字、一些詞、一些笑話、一種說法，漫不經意，卻潛移默化，影響着一代人，殺戮於無形之間。

譬如那句：返鄉下。

聽得懂的人都知道，這句「鄉下」，指的當然不是中山、台山、潮州、肇慶……今日香港年輕人口中的「鄉下」，是指日本。

把日本視為「鄉下」，不知始於何時？出自誰口？大概是日本旅遊節目主持的一些戲言，卻被不斷重複、放大，演繹成一詞潮語、一種時尚。連近日日本開放旅遊防疫限制，大部分媒體都用「香港人終於可以返鄉下」來做大標題。

我喜歡日本，我都好愛去日本旅遊，但對「返鄉下」這個詞，始終覺得有點不安好心。

人總不能因為有個國家好玩，就背祖忘宗，抱着大腿認爹娘。就算去得多去得密、出生在日本、留學在日本、工作在日本，甚至嫁到日本，頂多說，日本是第二故鄉，用「返鄉下」來形容，是對國家的蔑視，是對歷史的侮辱。

朋友明姐照顧了一名慰安婦二十四年，知道她年輕時被日軍輪姦，染上梅毒，從此不能生育，無兒無女，無親無故。幾年前梅毒復發上腦，出現幻覺，語無倫次，慶幸醫好了，活到 95 歲，明姐陪她走完孤獨的一生，日本是她永遠的傷痛。

我媽媽其實也是因為日本人導致家破人亡，「走日本仔」那年，她一家廿幾口從鄉間逃難來港，媽媽排行十二，是家中的么女，攀山越嶺，走走躲躲，到得香港，只剩下三姐妹和一個哥哥，其他人，有的沿途失散，有的中途病死，一個大戶人家的千金小姐，從此無父無母、只剩幾兄姐相依為命。

面對這些活歷史，那句「返鄉下」，傷透人心。

年輕人說，那都是上幾代的事，我們不談過去、不講政治，旅遊而已，何必執着？是的，既是旅遊，既是喜好，大家又何必執着認鄉。

2022-05-31

癌細胞

第三章

樓塌了……

這幾天，心裏一直冒起清代戲曲《桃花扇》的幾句經典：

「眼看他起朱樓，眼看他宴賓客，眼看他樓塌了。」

對於《壹週刊》的結業、《蘋果日報》的末日、黎智英傳媒王國的崩塌，這三句曲詞，言簡意賅地道盡一切。

合該有運，我只經歷了它「起高樓」、「宴賓客」的日子，然後冷眼旁觀看着它墮落、瘋狂、崩壞、入土。忽然覺得，《壹週刊》的盛衰，其實是香港的縮影。

猶記得當年《壹週刊》的發跡地是中環，它的光芒，不在政治，經濟新聞才是《壹週刊》的拿手好戲。九十年代，逢星期四周刊出書日，中環街頭幾乎人手一本，那星期的封面故事，總能成為中環人話題。

《壹週刊》常有商界的獨家秘料、商場異動、才俊訪問，每周有個固定欄目「中環人語」，證明它的初心，是搞經濟的。

今天掌舵的行政總裁張劍虹，其實做經濟新聞出身，那時候他最讓行家津津樂道的，是記性好，去一趟業績發布會，他不落一筆憑空把所有數字記下，回去寫報道，一字不錯。

前社長楊懷康是經濟專家、海耶克信徒，每周一篇文章，都是艱澀的經濟學。當年他還用七蚊一隻字的超高稿費，聘請經濟大師張五常每周撰文。

說這些，告訴大家，這本來是一本主打經濟民生的雜誌，政治很少上封面頭條，就算有都是政治八卦，黎智英常說：政治新聞是毒藥，死梗！

沒想到，《壹週刊》後來轉了吃毒藥，還賣毒藥，吃得一個個聰明人腦壞腦殘，然後，自掘墳墓躺進去。

香港不也一樣嗎？這裏本是經濟城市，不知哪天起，大家政治上腦，熱昏

了頭，全民政治狂熱，不再拚經濟。

《壹週刊》的死，是一記暮鼓晨鐘，香港人，我們的初心從來都是經濟，政治大家都不懂，這危險遊戲上癮後，下場只有一個，就是自取滅亡。

2021-06-24

媽咪喺度

一直覺得，香港法例對於兒童和大人的界定很離奇，對，是離奇。

香港有條法例，16 歲以下的兒童不能獨留在家，於是兩年前有宗案件，是單親爸爸因外出購物，獨留 12 歲兒子在家，被前妻揭發報警，雖然孩子無受傷也沒出意外，但該父親還是被拘捕並控以虐兒罪，因為疏忽照顧都算是虐兒的一種。

然而，在父母簽署同意下，原來 16 歲是香港最低的合法結婚年齡。即是說，前一天還不能獨留在家，16 歲生日後，就可以結婚了，不過進戲院看三級片還是要等到 18 歲。

另外，香港可以全職工作的年齡是 15 歲，這又奇了，16 歲以下不能獨留在家，但 15 歲就可以外出返工，這大人小孩的定義實在太詭異了。

也許因為這種混亂，讓大家已不懂分辨，兒童能做什麼？不能做什麼？前晚（5 月 10 日）在尖沙咀海港城被警方帶返警署警誡的 12 歲「記者」陸同學就是一例。

話說這位唸中一的陸同學昨天穿了件記者黃背心、拿着相機對準暴動現場的警察防暴隊在拍攝，警方先是懷疑他當童工，後來陸同學說他是義務記者，於是警察以保護兒童法例對他作出警誡。

因陸同學年紀太小、卻出現在危險環境，其實他的父母已犯了疏忽照顧兒童罪，警方本應可向法庭申請兒童保護令，把陸同學送進兒童院。這次警方明顯寬大處理，只警誡了事。

問題兒童從來都是源於問題父母。當陸同學和母親步出警局，看到在外守候的傳媒，穿了一身黑的陸媽媽滿臉榮光，滔滔不絕說一早知悉並贊同兒子當暴亂「記者」：「千年難得一見嘛，這是一個成長階段，讓他面對一下這種大

場面⋯⋯我早跟他說，你的身形外貌一定會被警察針對，他說他會應付，況且他有記者證⋯⋯」

原來，在黑暴眼中，記者證真是一個護身符，提着咪高峰採訪他的記者，不知可有被冒犯感覺？人家 12 歲字都未識齊掛個記者證就是無冕皇帝，做記者原來這麼兒戲，大學新聞系可以執笠了。陸同學又說，選做記者而非救護員，是因為自己「未夠歲數考急救牌」，可見記者門檻之低，連一個急救員都不如。

陸同學又揚言披上記者背心到暴亂現場，是「希望報道事實」，現場記者當場被打臉，原來你們一直報道的都不是事實，要一個 12 歲少年以身試法來代勞。記協出句聲啦，質疑你專業喎？

這夜，區議員來撐陸同學、律師又來幫他、社工也來護他、還有很多網民隔着空氣在讚美：「12 歲，靠你喇！」「Proud of you ！」「好勇敢！」「小朋友加油、香港需要你！」「⋯⋯」留一句言太容易，殺君馬者道旁兒，反正那不是自己子女。

離去的時候，陸同學終於忍不住哭了，12 歲被警察拘捕審問警誡，相信早已嚇破膽。記者見狀安慰說：「無事無事，媽咪喺度。」一句「媽咪喺度」，大家都露了底，12 歲，被你們捧上天，還不是哭着找媽咪的屁孩一個。

（原文刊載於《經濟通》）

2020-05-12

作戰的心態

我好記得，在 2019 年黑暴打得最慘烈的時候，有位警察朋友在臉書上貼了一張圖，圖上寫着兩行字：

「即使這是一個最壞的世界，還是要做一個最好的自己。」

雖然，那段時間警隊孤立無援，怨言不絕，但這位朋友依然戰意高昂。坐他的車，赫然發現車尾玻璃窗貼着支小小國旗，那時勢，好多警察都盡量把警察標記（如警會會員標貼）收起，免得車子遭殃，但這朋友卻斗膽把國旗亮在當眼處。

不怕車被砸嗎？他說：如果連自己國旗都不敢展示，這仗就不用打下去了。要是真的被砸，這車子也算為國犧牲，倒也光榮。

沒錯，心態決定命運。

黑暴期間，我問一位打慣仗的退休警司：「你看這形勢，似乎沒完沒了，此仗會完結嗎？你估計何時完結？」阿 Sir 滿有信心說：「一定會完，警察打贏那天就會完，警察一定會贏，因為我們一直都在，不會收工。」

這就是心態，心態好就會有戰意，事事畏首畏尾，船頭驚鬼船尾怕賊，優柔寡斷，進退失據，幾好打都注定失敗。

昨天政務司司長李家超率團到深圳開會後返港，晚上立即召開記者招待會，會上見司長雖然一臉倦容，但說話語氣卻非常堅定有戰意，特區政府會成立五個專班小組制定及執行抗疫方案。

我們知道，警察的心態不一樣，他們是破案，是解決問題。

日前，立法會議員葉劉淑儀在社交平台撰文說，有房署前線人員「怕做 dirty work」，不願執行抗疫工作。葉劉淑儀稱，如查明屬實，絕對可引用公務員規例（Civil Service Regulations）紀律處分，因此例明言：公務員需隨時

應緊急情況調動執勤。

這也是心態問題。

公職人員為什麼比普通職業工資高、福利好、保障多，因為你的名字叫「公僕」，是為人民服務的。當社會有緊急需要，即使是一個郵差、一個秘書，你都要成為政府作戰團隊中一名戰士。

然而，每次新一波疫症來臨，最需要人手、最需要支援的時候，公務員通通在家工作，我想問，牌照科如何在家工作？漁護署如何在家工作？現實是，公務員在家，即是不用工作。

在政府人手最緊絀的時候，大部分公僕都在家工作，實在不夠人手，就用390元超高時薪聘請退休紀律部隊回來幫忙圍封強檢。

這邊廂有糧出的躲在家，那邊廂卻用高薪聘人抗疫，大家不覺滑稽嗎？整個防疫戰事，除了醫護，彷彿就只有警察能用，現役的與退休的都在抗疫第一線緊守崗位。

他們不怕染疫嗎？當然怕，但正如當日黑暴時的心態：我們不守，誰守？

警察心理質素好，有解決問題的本能。說到底，不論怎樣，心態不一樣了，結果就會不一樣。

2022-02-13

他們身上所背負的⋯⋯

這幾天很悶熱，時晴時雨，三十多度高溫下戴着口罩出外，不消十分鐘，口鼻已翳焗得滴出水。稍稍在街上慢行五分鐘，已汗流浹背。

但同一天空下，有一群人，背負着三、四十磅裝備，在烈日下跑上跑落，汗水可聚成河了，卻仍堅守崗位，守護我城。

他們有的連續工作 35 小時，有些收工時在社交網站留下一句：「今天破紀錄，45 小時！」有父母雖心疼但引以為傲：「阿仔今日呢更唔係 8 小時或者 12 小時，係三日兩夜！」

他們不是埋怨，他們甘之如飴。他們是在記錄，這歷史，他們曾經參與，他們士氣高昂，他們此生無憾。

那一身不是輕裝，三、四十磅是基本，頭盔、豬嘴、滅火筒、盾牌、長槍、子彈、大型胡椒噴劑、警告旗⋯⋯走動都困難，何況奔跑、抓捕。

有位女警朋友告訴我：「我試過穿這裝備穿足 36 小時，睡覺也不脫下，因為再逐件上身好費時。其實，習慣了，已經不覺有重量，因為人和裝備已合二為一。我相信每位同袍落場時的感覺都會跟我一樣，絕不覺得熱、不覺得重、不覺得痛、不覺得餓⋯⋯」

「穿着那身重裝備怎如廁？」我問。

警察朋友傳我一張相片，是一班警員在公廁如廁時被偷拍然後擺上網侮辱的照片。原來，我想到的只是膚淺的問題 how，他們遇到的卻是深層次的私隱問題 why。什麼時候開始，我們的社會已變態到連警察撒泡尿都要被偷窺被公開被凌辱。

警隊「一哥」鄧炳強那天在鎮暴完畢後給夥記錄音留言：「大家在 30 幾度高溫下流的每一滴汗都不會白費，你們為香港治安作出的努力，已經將目無

法紀的暴徒映照得非常渺小。」

　　是的，香港警察，衷心感謝，你們身上所背負的實在太重，那不只是三、四十磅裝備的重量，更是七百萬人生命的安危，小城能頂到今天，慶幸有你們堅守崗位日夜守護。

　　這天消息傳來，有兩位警員在長時間辛勞工作回家後忽然離世，我們痛心，我們更憤怒，歷史不會忘記，香港的安穩，是執法者用命換回來的。

　　（原文刊登於「港人講地」網站）

2020-05-30

忍辱是一種超能力

　　早前我到警隊的內部電視台接受訪談，主持人問了一個問題：「你覺得這幾年香港警察幹得如何？」

　　我說：「2019黑暴前，香港警察是亞洲最佳；2019黑暴後，香港警察已成為世界最佳了！」

　　不是客套話，更非恭維語，而是衷心直說。厲害，是因為香港警察戰勝了顏色革命。

　　環顧當今世上，哪一個國家或地區的警隊可以不奪命而戰勝「顏色革命」？遠的不說，近如今年2月緬甸的反軍政府示威，他們一樣是以「公民抗命」為革命幌子，但幾個月下來，示威者已死了過千人。至於烏克蘭的「顏色革命」，警察向暴徒下跪的畫面，更令烏克蘭執法者成為世界笑柄。

　　上星期，保安局局長鄧炳強公開表示，2019年發生的黑暴事件，並非單純年輕人出來發聲，而是有主腦人物想危害國家安全，隨着黑暴案件陸續審訊，更多案情將會透過庭上作供暴露出來，到時大家就能看清2019年黑暴的來龍去脈，看到這是有組織類似顏色革命的犯罪行為。

　　局長說話謹慎，說它「類似顏色革命」，我就毫不客氣，認為那徹頭徹尾是顏色革命，不過是史上少有一場失敗的顏色革命。

　　重看2019年黑暴那些蒙面人、汽油彈、火光熊熊的打砸燒畫面，放諸世界任何一個執法者眼底，都足以亂槍掃射鎮壓。

　　唯獨香港警察，對這些刀、箭、棍、火，用廣東話形容比較貼切：全部「硬食」，除了遇着生命危險時開過不致命的幾槍，香港警察面對暴徒那種克制，簡直達至人類極限。

　　黑暴至今，逾3000名警察及家屬被起底、超過600名警員鎮暴時受傷，

兩年後的今天，仍有兩名重傷警員在治療中未能歸隊，有好多犧牲、好多傷口，更是大家看不見、統計數字顯示不出來的。

香港警察以血肉長城戰勝顏色革命，為免大量傷亡激化暴亂，寧願忍辱負重，盡量不出手，只堅持死守，大家這才發現，原來忍辱也是一種力量、一種能耐。畢竟暴徒裏不少是撞了邪、中了咒的年輕人，亂槍掃射簡單，但帶來的仇怨只會更大更難解。

如今圖畫漸清晰，年輕人及被愚弄者總會有人猛然醒覺，他們今天能迷途知返，全靠當日執法者沒趕盡殺絕。試想想，命都沒了，還有回頭的機會嗎？

防守，其實跟攻擊一樣難，由 2019 年忍辱負重，到今天負重前行，香港警察不單戰勝顏色革命，還把幕後主腦一一揪出，送上法庭，體現了真正的法治，如果這都不算「世界最佳」，告訴我，誰算？

2021-09-01

消失的地圖

　　昨天，政論高手盧永雄寫了篇文章《一個英國「二流政客」為何可以當香港大律師公會主席？》，他做了堅實的資料搜集，把新任大律師公會主席夏博義、上任大律師公會主席戴啟思、做了十五年港大法律學院院長的陳文敏、反對派頭領李柱銘等人的關係，串連起來，讓大眾漸漸看清香港法律界的政治陰謀。

　　盧文提到，今日專門幫黑暴打官司的前大律師公會主席戴啟思，原來是在一九八四年即中英簽訂聯合聲明那年從英國來港，專責起草《香港人權法》。

　　今日的法律界重要位置，原來早就一九八四那年開始部署，英國人的處心積累，讓我想起一位退休助理警務處長說過的一段一九八四年回憶……

　　「這年之前，我進過處長辦公室，好記得處長身後有幅好大的香港地圖，每一個區域都釘着該分區指揮官的名字、相片和解說，譬如東九龍指揮官某某，他幾歲？哪校畢業？讀哪科？曾駐守哪些部門？去過哪裏受訓？……這個地圖，是方便決策者提拔、揀選及培訓將領人才。舉例這個人在環頭做得不錯，下次就調他做行政試試；那個在機動部隊做校長做得很好，下次調他去公共關係科看看他的公關手段又如何。於是，一個能文能武、能打能管的全能長官就是這樣煉成的。」

　　「然後，看新聞，戴卓爾夫人在北京人民大會堂碌落樓梯，沒多久中英簽署聯合聲明。有日，我又再被召進處長辦公室，赫然發現，處長身後那大地圖不見了。我當時沒特別去想原因，直至『佔中』，我們發現，好些帶兵長官其實沒有實戰經驗，我忽然想起那消失的地圖。原來，一九八四年，英國人已收起警隊行之有效的人才培訓機制，執包袱，並非始自一九九七，而是早在一九八四年已開始。」

　　回頭再看看盧永雄寫的戴啟思潛伏故事，原來，豈止執包袱，埋地雷，也是由一九八四那年開始。

2021-02-11

屁孩挑戰大巨人

　　愈來愈覺得，反對派像一個扮黑社會的屁孩，天天來到巨人面前挑釁：「打我吖，打我吖！」「有種就動手，廢物、廢物！」

　　巨人不跟蝦毛計較，更不想傷及無辜，一直忍氣吞聲。

　　二〇〇三年政府推行二十三條，反對派慫恿市民上街，號稱「收嚟」五十萬，中央忍你。二〇一四年，人大常委通過普選「八三一方案」，反對派發起違法「佔中」，堵路七十九天，中央再忍。二〇一九年，反對派借反逃犯條例發動全城打砸燒暴動，百姓苦不堪言，中央是可忍孰不可忍。

　　由一忍再忍，到忍無可忍，到不能再忍，這中間，巨人足足忍你十七年。這忍耐，不是怕你，是量度、是氣度、是顧全大局、是國家對香港的疼愛。

　　然而，忍一步沒有風平浪靜，退一步更無海闊天空，換來的，反而是屁孩的得寸進尺和變本加厲。

　　於是，巨人憤怒了。

　　很多事情，中央根本不想管，但反對派天天來挑動，年年月月擺擂台，那就是自己申請被修理。喊了一萬次「打我吖笨」，巨人第一萬零一次就會動真格。中央出手不會跟屁孩扭打糾纏，他們會一招 KO、一劍封喉，一出手就解決問題，國安法就是一個好例子。這幾天看反對派頭目一個個進入法院時如喪家犬，正好說明，玩火的下場。

　　還有那 BNO，回歸二十四年，你幾時聽過中央提起 BNO 三個英文字？中國國籍法規定，國民擁有雙重國籍是違法的，但中央多次修改憲法，從沒用這點來動過香港人的多重國籍，那種包容，卻無人珍惜。

　　屁孩更連同英美國家玩「制裁」、玩移民。好，要走的，隨他去吧，江山還在，太陽如常升起，中國人最不怕就是「制裁」。當年六四風波全世界「制

裁」，結果「制裁」成今日輝煌。

移民的人注定要後悔了，對待一個棄你而去的戀人，活得比你好就是給背棄者最好的懲罰。

2021-03-02

我們贏在哪裏？

　　好多人說起黎智英，大都咬牙切齒，建制派有些人更把他踩得一文不值。有次我寫了篇文章，用「梟雄」來形容他，部分激進「藍人」暴跳如雷，說我把黎智英英雄化。

　　先說說文字學，識字的人都知道「梟雄」其實帶負面意義，不是有個「雄」字就等於英雄。更何況，如果建制派到今日仍不肯面對現實，把黎智英踩成「狗熊」，那麼，我們輸給狗熊，豈非更加不堪？

　　是的，建制派真的要痛定思痛，承認自己輸了給肥佬黎。有人又會勃然大怒說：輸？我們哪有輸？現在肥佬黎不是被關在獄中嗎？反對派不是已雞飛狗走嗎？搶到位的區議員都辭職跳船嗎？

　　還是那句，請面對現實。這場仗，特區政府、建制派、愛國者、香港人，都輸得一敗塗地。最後幫我們扭轉乾坤反敗為勝的，是阿爺。我相信，如果沒中央出手，今日香港仍哀鴻遍野，黎智英仍隻手遮天。

　　看今天媒體、教育、司法、醫護、社福，甚至政府、文化藝術、娛樂廣告……全被染黃，幾乎所有界別都淪陷，我想問，我們贏在哪裏？

　　人家一個小學未畢業的生意人，就可把整個城市的人心招攬、腦袋淘空，這個黎智英，如果是地底泥，那麼，全盤輸掉的我們是什麼？

　　要爬起來重新上路，就要知道自己錯在哪裏、敗在何處。當然，先要肯承認自己大敗。若因為中央出招把棋局扭轉，我們就以為自己贏了勝仗，沾沾自喜，重複的錯將會再犯。沒了一個黎智英，西方一樣可以再找來另一個黃智英、陳智英。

2021–07–15

貧賤不能移……

在移民英國的查詢群組看到有人這樣問：

「先生有退休金大概四十萬港幣，我也差不多五十歲，去了英國能找到工作嗎？」

這些人，如同當日盲目衝上街，人捉我捉，人鬧我鬧一樣，只得一個「勇」字當頭。今日，又來一次懵盛盛的人走我走。

從沒想過香港人會蠢成這樣，而且是集體地蠢、大範圍地蠢、無分年齡學歷階級的蠢。拿着四十萬港幣就夠膽漂洋過海移民英國去，香港人幾時連數口都變得這麼差？

四十萬港幣去大灣區住住還可以，去英國又置業又搭車又食飯又生活，坐食山崩，轉眼花完。

幾年前我在倫敦地鐵站遇過一個青年，三十來歲，抱着狗、披着毛毯在乞食。英國乞丐很多，這人吸引我眼球，是因為他正手不釋卷在看書。我當時心想：這麼勤力讀書，結局還不是乞食？

驚人是，事隔兩年我再去倫敦，這看書的乞丐還在，睡同一個地鐵站、同一個位置。認得他，因為他仍在低頭看書。

所以，那個拿着四十萬港幣（即四萬英鎊）、快將五十歲的新移民真的要好自為之。提醒你，英國寵物可以拿福利，所以要行乞，記得先找頭狗。

前刑事檢控專員江樂士早前撰文，直言英國政府誘騙香港人移民，是填補勞動力不足。因為英國近年流失過百萬年輕人口，從前低收入藍領工作一般由歐盟廉價勞工來做。脫歐後，英國連這些勞動力也失去，唯有向香港這批貧窮傻瓜埋手。

「十一」國慶日，網民傳出片段，有班黑暴裝束的香港移民在曼城搞事，

又堵路又放火。英國首相約翰遜即在推特帖文，表示政府將會把堵路的示威者控以六個月監禁及無上限罰款。

　　無上限罰款，跟搶錢無異，英國不是民主國度嗎？怎麼示個威都要拉要鎖？那個拿四十萬港幣來移民的，上街示個威隨時一鋪清袋。所以，古人智慧是對的，貧賤不能移……民呀！

2021-10-05

一段訪問，一個現象

昨天在書展參加了一個聯合講座，有一名《南華早報》的女記者一直誠誠懇懇等到最後，等所有賣書活動完了，等所有簽名拍照的粉絲走了，等到連工作人員都收拾離場了，這位斯文小記仍然鍥而不捨地捕捉每一位講者，作最後訪問。

我是其中一位講者，於是也是「被捕捉」之列。

訪問跟講座題目一點關係都沒有，跟我們出版的新書亦無半點關係。寫這件事，因為覺得這是新聞界一種慣常手法，也多少反映這些年偏頗新聞是怎樣造成的。於是以此為例，給讀者開開眼界。

我的答案並非記者想要的，大概不會被報道，故在此跟大家簡述：

記：有人舉報書展中有書商賣的書涉嫌違反國安法，你如何看？

我：書展中有人犯法，報警是正常的，如果你發現有攤檔賣毒品、賣黑社會書，你都會舉報吧？

記：有些書商自我審查，把一些涉及政治或政治人物的書都下架了，這是否反映國安法收緊出版自由、言論自由、學術自由？

我：請問被下架的是什麼書？

記：一些政治人物如黃之鋒的書、陳淑莊的書，還有關於 2019 年示威的書……

我：黃之鋒及陳淑莊不是政治人物，是罪犯，這不是我說的，是法庭判的。罪犯的書，下架有問題嗎？關於 2019 年，那不是示威，那些不是示威者，那是暴動，那些是暴徒，我相信全世界書展，都不會容許有書商售賣歌頌暴亂、讚美暴徒的書。

記：未知有否犯國安法就舉報、就自我審查下架，是否寒蟬效應？

　　我：警方一直都呼籲市民見到有可疑就報警，有讀者看到那些書覺得可疑，報警，是正常做法。至於有沒有犯國安法，不是你和我說了算，執法機構自會評定。不想被舉報、被下架，就不要出一些挑戰法律的書。

　　小記者很努力找不同的人，問相同的問題，我欣賞她的勤奮，也替新聞界憂心。走在地上的記者，都是帶着立場來採訪，他們都設定問題、想好答案，就是要找一把口替他們說出來。這不健康，甚至已成病態。

　　我們的講座題目是希望找尋社會重新上路的方向，例如陳莊勤律師提出1972 年港督麥理浩推出的十年建屋計劃，為什麼英殖時代可以，我們今天不可以？如果我是小記者，我會以此為題發揮，寫一個專題報道，看看當年英國人是怎樣解決房屋問題的，今天我們又遇上什麼障礙，而不是只聚焦一些書展的犯罪行為的舉報，這不是更有意義嗎？這不是一個傳媒人的社會責任嗎？

2021-07-18

5天的新聞和36個月的孤單

　　「香港眾志」前秘書長黃之鋒在去年 621 包圍警察總部暴亂中，煽惑及組織未經批准集結，證據確鑿，他不得不承認控罪，法官把他即時還押直至 12 月 2 日判刑。

　　入獄第一天，已有新聞報道說：黃之鋒正被單獨囚禁，因當他在進監獄的全身搜查時，懲教人員透過 X 光片發現他肚內有異物，故把他關進醫院的單人囚室單獨囚禁。

　　黃絲聽到呱呱叫，說懲教署故意虐待黃之鋒把他單獨囚禁；藍絲聽到嘖嘖稱奇，猜度肚內異物到底是蟲是屎？有人更懷疑：難道是個竊聽器？

　　無論黃之鋒肚內藏什麼，單獨囚禁都是正常程序，因為肚內有異物者，一般都是體內藏毒犯，為當事人生命安全着想，也為找出犯罪證據，在醫院單獨囚禁是必經程序。因為要排清肚內異物，故囚禁至少三至五天。

　　這類囚室內沒有抽水馬桶，只有一個糞兜，囚犯要把排洩物拉到兜內，經懲教員檢查找出毒品或異物。所以，如果說單獨囚禁難捱，管理單獨囚禁犯那些懲教員就更難頂了。

　　入獄不過三天，黃之鋒又再有新聞。德國媒體《世界報》聲稱黃之鋒在獄中接受了他們的書面訪問，黃形容自己就像中國內地異見人士，表示對香港司法制度已失去信心，不期望會有公平審訊。他又認為北京當局正加緊對香港的控制，所有人，不論是老師、記者、法官，其自由和權利都受到威脅，而且這種控制正擴散到全世界，強調中國是世界自由的威脅，呼籲世界與港人站在一起……

　　又過了兩天，工黨張超雄昨日在 fb 專頁透露，剛去探過黃之鋒，對方已從醫院單獨囚禁室返回荔枝角羈留所。他引述黃之鋒之言：「在獄中反而較少

無力感，就算公民社會面對嚴酷打壓，只要人心不死，時機一到，運動必會再現。請大家都保重，人在運動在。」

其實法官不該判他入監牢，應該直接送他去青山。每天妄想症發作，最難得的是，有人願意天天去探望幫他向外傳話，見報率比政府新聞處還要強。

因為法例批准未判刑的罪犯每日可有 15 分鐘探訪時間，於是反對派又出動車輪探班隊，天天有人探望，天天發布消息，人不在，新聞仍在，keep 住人氣。

其實，跟黃之鋒、周庭、林朗彥同判罪的那天，區域法院還有兩個「手足」下場相同，分別被判刑 36 個月和 27 個月，也是即時監禁。可惜，那些都是棄卒，連名字都沒有，更遑論有人天天來車輪探班，幫你回去寫賺錢網誌報告你在獄中吃過什麼飯拉過什麼屎。

黃之鋒 5 天的新聞和無名氏 36 個月的孤單，相信會令大家看清暴動背後的醜惡。

2020-11-30

縮骨遮革命

　　什麼是文物？正常人的理解，文物是人類在社會活動中遺留下來具有歷史、藝術、科學價值的遺物和遺跡，且必須經歷一點歲月。昨天的東西、上年的玩意，好明顯，不是文物。

　　然而，今日香港不正常人太多，他們不斷曲解常理，現在更亂套名詞，堂堂香港最高學府的香港大學學生會，最近就搞了個「反修例運動文物展」，擺出一堆讓人啼笑皆非的展品，一年前的垃圾，今日拿來當寶般展覽，還套上「文物」光環，以為這樣就可以為暴動洗底。

　　據說，他們本來搜集了超過百件「收藏品」，但因怕觸到國安法尺度，最後只敢展出十五件。

　　得啖笑的展品包括：被控暴動罪暴徒的擔保紙、警察制服上的「忠誠勇毅」繡章、有個插着燒完香燭的膠盒、中華傳道會李賢堯紀念中學舉着「五一」手勢的畢業相、將軍澳周梓樂祭壇上一樽摺紙幸運星、上水追思牆上一張寫着「沉冤待雪」的陳彥霖文宣、一個被砸爛的悼念燈箱、一個塗污連儂牆用的油漆桶……當然，還有汽油彈殘骸及崩了一角的磚頭。

　　連智力有問題的在囚暴徒「美國隊長」容偉業常用的盾牌都成為「文物」，旁邊有這樣的解說：「他沒有超能力，卻有無比的勇氣和追求理想的堅持。」原來，反對派就是這樣把傻孩子騙到入獄。

　　展品中最「行貨」的應該是一把黃色縮骨遮，旁白寫道：「黎智英被捕後大家都怕以後香港再買唔到《蘋果日報》，其實雨革之後香港已經再買唔到黃色遮，究竟未來仲會有幾多『香港已經買唔到』嘅嘢？」一把傘都可以說成偉大故事，反對派的說曲為直能力認真一流。

　　主辦單位說：「每件展品背後都承載着沉重的代價」。是的，因為這次暴

動為香港帶來超過一萬名被捕者、數不盡的腦殘、滿街的仇恨。

他們說，反修例暴動是「佔中」「傘運」的延續；我會說，這其實是一場縮骨遮革命。一班縮骨的人，躲在年輕人背後，推他們往死路，自己卻踩着屍骸上位，或進議會做議員、或赴英美做名校生，或以國際戰線為幌子踏上社會另一階層。

看那個所謂「文物展」就是最好例證，本來就是一堆垃圾，在型格的包裝下，在煞有介事的形容中，一件件垃圾，竟都成為「英雄」成為「寶物」了。看到一個個參觀者像研究青銅器那樣「欣賞」那塊破磚頭，心中禁不住吶喊：香港人，你們到底癲夠未？

2020-10-21

今天，核爆了嗎？

望向窗外，陽光普照，摸摸下巴，人仍健在，不是做夢，也非幻想，我仍在真實的香港，但，剛剛明明發生核爆……

是的，你沒聽錯，香港真的核爆了。

大家應該還記得 2019 年黑暴一句街知巷聞的話：「核爆都唔割席」。但今天，新聞天天都有大佬細佬割席的消息。最新一則是超級大佬何俊仁，他宣布即日起辭任支聯會、華人民主書院、維權律師關注組的所有職務，並退出以上組織。連大佬都棄船，看來真的核爆吧？

繼教協執笠、「612 基金」收檔、「支聯會」月底表決解散、連支援在囚人士的組織「石牆花」都冚旗，大佬一個個拉的拉、走的走、藏的藏，那麼，監獄裏的「手足」、等上庭的兄弟、在家顫抖等警察凌晨上門拘捕的同路人，點算好？

不是說「核爆也不割席」嗎？怎麼大難臨頭，割得最快的竟是旗手和領頭羊？

日前，前港台主持人吳志森在 YouTube 節目自爆，幾個月前已飛英國「呼吸自由的空氣」。注意，他的離開，是幾個月前，還有他的拍檔曾志豪也是幾個月前移民台灣，為什麼是幾個月前？當日扛着黃旗鼓動大家廝殺的人，怎麼不是在大撤退中殿後？而是早有預謀地幾個月前就逃之夭夭？

在黑暴有份撥火的著名導演張堅庭，近日傳出視頻，原來他也去了英國，還向逃到彼邦的「手足」發表演說。

他聲稱已有九萬人到了英國，將來仍陸續有來，所以要教大家幾點注意事項：

一，香港人在英國的經濟內循環很蓬勃，即是說，放心，搵到食的；

二，忘記過去，在英國好好生活，什麼低下工作都要做，西方人觀念好平等，不會有高尚與低下工作之分，越辛苦的工越搵到錢；

三，登記做選民，集合力量選一個香港人的代表出來；

四，回家跟孩子說，你是英國人，British。不過，為增強他們的競爭力，一定要教他們講廣東話，能寫中文更好。那麼，十年之後，中文又得、英文又好，那在全世界都有競爭力，因為中國市場太大，識中文就會搵到食。

聽到這裏，會否有騙案 feel？每一點都犯駁，每一項都不合邏輯，當中最精神分裂是，原來張堅庭都堅信中國會愈來愈強大，識中文才「搵到食」，那麼，他們逃來幹嗎？他們不是要推倒中國嗎？他們不是相信中國崩潰嗎？他們逃難的目的不是為了爭取崇高的「民主人權」理想國嗎？怎麼忽然間，一切都只是為了「搵食」？

聽得多謊言，會變聰明；遇得多騙子，會變醒目。2019 年被騙了一次，2021 年還再上當嗎？當一個聲稱為大家爭「民主」的教協，用 132 票就決定了 9 萬多會員的命運，決定拉閘分錢，各散東西，這樣的民主、這樣的政治騙局，還不清晰嗎？

要看清一個人的真面目，時間是最好的顯微鏡。暴動兩年後，人鬼魔獸，都一一現形了。

（轉載自《港人港地》）

2021-09-16

阿貓阿狗的記者證

廣東話有句俚語：「一時唔偷雞就做保長」。意思是：一個經常做壞事的人，忽然有次沒做壞事，就四處指指點點說別人犯錯。

聽警隊「一哥」蕭澤頤說：「記協倡議人人可以做記者」。記協主席陳朗昇立即跳出來反駁：「警隊帶頭散播假訊息、假新聞」。我立即想起這句俚語。

不是嗎？說到傳播假新聞，記協、黃媒這幾年認了第二沒人敢認第一，新屋嶺「強姦」夢、沙嶺亂葬崗、831 太子站運屍車、維港飄浮的二千死屍……哪一宗假新聞沒有記協、黃媒的推波助瀾？

倡議一種行為，未必一定要直白說出來。正如賊人打劫你，未必一定要對你說「打劫」，拿把刀要挾「舉高手，把錢通通拿出來」，這行為，難道就不是打劫嗎？這賊人會因為「我沒說過打劫二字」而脫罪嗎？

所以，香港記協主席陳朗昇不斷執着於「我們沒說過人人可以做記者」，所以你這樣說是「散播假訊息」，此論述根本站不住腳。

也許你陳朗昇沒公開說過「人人可以做記者」這句話，但記協人人都派記者證，不就是倡議阿貓阿狗都可以做記者的風氣嗎？

大學新聞系學生只要交幾十元入會費，就可成為記協會員，就可領個記者證到處橫衝直撞，這就是陳朗昇口中所謂的「專業」。

「一哥」說的沒錯，當人人可以做記者，即是記者這行業沒門檻、沒標準、沒訓練、沒監察，一言以蔽之，就是不專業。

陳朗昇惡言反擊：「我睇唔到一個冇受過新聞專業訓練的紀律部隊武夫，可以這樣評價我們的專業。」

我倒想問：香港的記者入行前又受過什麼「專業訓練」？

來自大學新聞系的記者，算是有點學術基礎，但做記者不一定要唸新聞

系，有地理系的、心理系的、數學系的、或者什麼系都沒有、只得 13 歲的，他們一上場就採訪，請問，這些人何來「專業訓練」？

反而，普通一個警員，個個都經歷 27 星期在警察訓練學院的留宿訓練，包括：法例、警務程序、警政社會學、警政心理學、步操、體能、戰術、槍械和實戰訓練；而警務督察更嚴格，人人都要經歷 9 個月留宿訓練，學習領導才能、指揮及控制、人力資源管理、法例、刑事司法、警務程序、警政社會學、警政心理學、步操、體能、戰術及武力的運用。

對比之下，做記者都是零訓練，香港沒有「記者訓練學院」，大家一返工就拿個相機甚至手機採訪去，誰專業？誰良莠不齊？大眾自有公論。

2021–09–19

幾個人說了算的民主

他們說，要一人一票選特首。

他們常罵，政府的施政有沒有問過市民？

不過，講就天下無敵，嚴人寬己是他們的日常，雙重標準是他們的手段。於是，一個個組織，哪管是新成立或是老字號，他們一句收檔，說解散，就解散。

一人一票？公平公正公開？口號而已，就像周星馳《鹿鼎記》那幕經典，陳近南跟韋小寶說：「對付愚蠢的人絕不可對他們說真話，要用宗教形式來催眠他們，令他們覺得所做的事都是對，所以『反清復明』只是口號而已。」

同樣，民主自由，口號而已，一影響到自身利益，他們會比極權更極權。

最近又一組織解散，它就是中大學生會，50 年歷史，說倒就倒，沒一人一票問過中大人，沒公開決定過程，解散行為明明不合憲也沒人質疑，一班剛來的掌舵者，三言兩語就把先賢 50 年耕耘一鋪清袋。

究其關門原因，更加可笑，原來只是中大校方宣布以後不再代收會費，學生會從此要自己招會員、自己收會費。另外，校方亦要求中大學生會如同其他大學學生會一樣，向政府獨立註冊，自行承擔法律責任。

沒人打壓你，學校只想你做回自己的工作、負回自己的責任。你們個個都是大人、精英、天下無敵到要把香港「獨立」了。既然這樣，今日就讓你們學生會先獨立，都受不了？

我想起，2019 年 10 月 4 日，一個快速興亡的「馬鞍山國」。那夜，大批暴徒聚在馬鞍山新港城中心，佔領商場幾小時，宣誓建「國」，並宣讀 900 字的「香港臨時政府宣言」，係威係勢。

誰知，管理處決定把商場冷氣關掉，暴徒耐不了熱，一下子潰不成軍，宣

布亡「國」。於是，「馬鞍山國」成為歷史上唯一一個因為沒冷氣而火速滅亡的「國」。

中大學生會的情況，跟「馬鞍山國」類同。從前學生會費一向由學校代收，會費捆綁在學費裏，於是學生一考入中大，人人都「被會員」、「被收學費」。今天，學校只是說以後不再代收會費，因為中大學生會不斷宣揚「港獨」、反中、反政府，學校不想再跟這樣的組織捆綁，你獨立吧！誰知，一獨立，就倒塌。

這實在是一場民主現形記，口說得天花亂墜，實踐起來卻非常極權。由教協到「支聯會」到中大學生會，都是幾個人就決定了幾十年歷史幾千幾萬會員的命運。

原來，一個人說了算叫極權，幾個人說了算是民主，那麼，我們的世界距離天下太平不遠矣。

2021-10-13

神秘是最大的力量

問大家一個問題：名片你們收得多，可有收過一張名片，職業頭銜寫着「特工」二字？

跟情報機構接觸過的人會發現，他們絕少派名片，也很少會告訴你全名，通常是一個姓氏、一個昵稱、或者一個英文名，他們不會告訴你確切的工作地點，也不會讓你送他回家。

因為國安或情報單位最大的力量，不在於它的法律，而在於它的神秘。正如警察飛虎隊，他們的威勢除了戰鬥能力很強，更因為飛虎隊來無蹤去無影。這隊警察部反恐特種部隊，任務從未失敗過，隊員都是警隊精英中的精英，他們蒙了臉出動，完成任務就撤退，你不會知道他們是誰，不知道哪裏謝他，更不知去找誰報仇。神秘而有力量，帶來最大的震懾力。

香港人習慣了事事透明，開個會要公開，炒個人要交代，23 年來被寵壞了，於是動不動就抬出人權法、公眾知情權來「大」你，什麼都要透明，什麼都要公開，什麼都要講清講楚，但偏偏有些事，先天就神秘，全世界如是，那是關於國家安全。

所以，法律寫下了，就講多無謂，自己理解，自己揣摩，高官們也不用把法律說得太死，他們試探，就是要你掉落陷阱，設框自困。

舉個例，有人問：立了國安法，以後背個寫着「香港獨立」的背包出街是否犯法？

無論你答是或者否，都中計。答「是」，他們會說市民從此動輒得咎，沒自由了；答「否」，那國安法豈非成了無牙老虎？他們就會鼓動大家天天背這種背包上街。

對付這種試底線式的刺探，最好是回他們一個問號：拿這種背包的人，肯

定會成為國安人員調查對象，至於會否被捕，就要看調查結果，看你幹過什麼？

最近，反對派在咬文嚼字研究條文，見到有句「外國和境外勢力干預」被改為「勾結外國或者境外勢力」，又借題發揮說：到底「干預」和「勾結」有什麼分別？怎樣才是勾結？見過面、開過會、食餐飯、握過手、拍張照算不算「勾結」？

「勾結」真的那麼難明嗎？忽然，大家又要像白痴一樣去解讀普通常識。

其實，何必糾纏，回他們一個問號吧：請問什麼是危險駕駛、不小心駕駛和魯莽駕駛？請問二級謀殺跟三級謀殺有什麼分別？

何必天天給他們承諾這有罪那無罪？不試探，就不會犯罪，夠膽你就試試看，法官會在庭上給你答案。

2020-06-24

野豬・倉鼠・大白鯊

由野豬咬人，到倉鼠播疫，香港人又忽然分裂成兩種態度。

早前有野豬走入市區咬傷人，事後漁護署一共人道毀滅了 38 頭擾民的野豬，同一時間立即有個「野豬關注組」走出來開記者招待會譴責漁護署，說當局以麵包誘捕野豬非常卑鄙。

我們這才發現，香港的結社自由認真百花齊放，連野豬都有人為牠們搞個關注組去適時發聲。

然後是銅鑼灣一寵物店共 11 隻倉鼠被驗出有新冠病毒，為免鼠傳人產生新的病毒突變，於是同批次逾 2000 隻由荷蘭入口的倉鼠及其他小動物，漁護署決定即時毀滅。

於是，忽然又出現一個「倉鼠關注組」，儼如倉鼠發言人一樣在各大小媒體為牠們鳴不平。

這天，剛剛聽到電台訪問這個「倉鼠關注組」負責人，她娓娓細說倉鼠的命也是命，不要因為牠細小，就蔑視牠們的生存權。如果發現倉鼠身體有異樣，大家應該帶牠去做身體檢查、吃藥、治療，倉鼠感冒不一定是得了新冠……即使牠細小，牠都是一條生命，我們要愛護，不要只想到撲殺……

說的都對，愛惜生命，是普世價值，然而，在那個關注組負責人不斷訴說倉鼠生命有多可貴的時候，我腦海忽然冒出幾個 2019 年的畫面：深水埗被群毆到頭破血流的的士司機、被人用坑渠蓋兜頭拍昏的清路障路人，在馬鞍山被不同政見者放火「監生」燒至重傷的李伯，放工在警署門口被暴徒狂斬廿多刀的休班警員……

為什麼 2019 年這些事件發生時、這些遇襲畫面出現時，社會完全沒有今日那種愛惜生命、倉鼠的命也是命的慈愛聲音？為什麼沒有人立刻走出來組個

「暴亂受害者關注組」為這些無辜者發聲？

　　我認同珍惜生命，但為什麼大家對一頭野豬一隻倉鼠都可以動惻隱，但對同種的人類卻覺得死有餘辜甚至罪該萬死？

　　愛心要有，但氾濫得過火的愛心就要小心。那天我聽「野豬關注組」幹事黃豪賢在記者會上這樣說：「野豬的性格不會隨着時間改變而有變化，正如你見到林鄭好衰，佢唔會幾年之後就變好……」

　　野豬又關林鄭什麼事呢？為什麼野豬都可以扯上政治？然後再看看記者會另一發言人原來來自「環保觸覺」，這組織的總幹事譚凱邦因觸犯國安法正被拘留，這樣的關注組，你認為真的只是關注野豬那麼簡單嗎？還是一些化整為零的散兵游勇，潛伏在各領域等待機會再次發難？

　　全國政協副主席梁振英先生昨天在臉書寫上這樣的帖文：「水面平靜……大白鯊大鱷魚都在水底。」環保和動物權益隨時是神不知鬼不覺的大白鯊，靜悄悄讓一班愛心滿滿的市民走到政府的對立面。

2022-01-20

光明磊落的代價

開放晚市堂食，立即去藍店捧場，藍店中的藍店，首推全店掛滿國旗的「四川辣妹子」。嚴格來說，這不是藍店，簡直是紅店了，因為這裏除了有面大國旗做打卡點，還毫不掩飾地寫着「中國必勝」四個大字，理直氣壯地愛國，沒有遮遮掩掩忸忸怩怩。

市道好轉，還以為老闆耀哥終於守得雲開，卻聽他說，多做兩個月，可能要休息一段長日子。

「為什麼？」

「累，太累。」

除了因為工作累，更大原因是被騷擾的累。

打正旗號的藍店，別人看到的是表面風光，嘩，好多同路人幫襯，大家互相支持打氣，然而，背後承受的代價，卻是不對等，甚至超出預期的。

耀哥從前的小店在深水埗，幾張桌，門都沒有，拿的是小食牌，不能賣飯。因為一家人天天在店舖工作，客人不吃飯自己都要吃，耀哥就是因為那碗飯被票控。

上庭排隊等法官判罰，前面那個無牌小販，罰款 2000 元，輪到耀哥，因售賣與牌照不符食物，罰款 4500 元。

無牌的罰 2000 元，有牌那個罰 4500 元，這種法治原理，沒辦法明。但耀哥的一碗白飯就失了 4500 元血汗錢，白飯而已，不是白粉啊！

還有不同政府部門輪流上門「招呼」，食環署、衛生署、勞工處……像打車輪戰，來完一批又一批，這裏有問題那裏不可以，連上香給關公都是罪。

其實，早陣子另一藍店鯉魚門「銀龍咖啡茶座」老闆娘 Kate 姐，在一次訪問中公開說過，做藍店的代價就是「天天被人搞」。

　　黑暴黃絲退去，但有些人並沒收手。Kate 姐說，食環署、衞生署、消防處、勞工處、屋宇署、地政署、環保署⋯⋯你說得出的政府部門都來過。有時一天來幾次，有時同一批人上午來完下午再來，都是說收到「投訴」來處理，明明知道是誣告，但誣告的沒罪，打開門做生意還要撐警就是罪？難怪 Kate 姐說：「看到我這樣的下場，誰敢出來公開支持警察？」

　　說真話的代價，只有領教過的人才能體會。黃店不會有這種煩惱，因為藍人不會這麼無聊天天打電話四處投訴。

　　所以，「四川辣妹子」老闆說的累，不只是肉體上的累，而是精神上的累。打開門或者未開門，就預了隨時有不同部門來查牌、查清潔、查這查那，你做了一百分，他們說一百五十分才合格，龍門隨時搬，你百辭莫辯，因為他們與其說是來「執法」，不如說是來針對，針對你的立場和顏色。

　　這是站出來對抗歪理的代價，暴動完了，但這些騷擾卻沒完沒了，恐怖之處，是它借政府部門之手，一介草民，根本無從對抗。

　　「如果我只是一間普通食店，根本沒人會理我，2019 年黑暴前，我的店從未有政府部門來檢查過，自從站出來撐警撐國家，幾年來就沒停過被滋擾，今天食環署明天衞生署，我們日日提心吊膽，檢查這檢視那，做生意做到做賊一樣，實在累。」耀哥說。

　　建制陣營的問題，就是缺少保護戰士的心態和方法，耀哥也好、Kate 姐也好，他們在最艱難最危險的時候義無反顧地衝出來護你撐你，但代價，卻要獨力承受，而且沒完沒了。看到這結果，我們真的要反思。

2022-05-05

今天，燒肉售罄

朋友昨天下午去買燒肉做晚餐，誰知走了幾家燒味店，都買不到半斤燒肉，原來香港昨日有個異像，就是間間燒味檔都排長龍，到處擠滿買燒肉還神的市民。另外，各區酒窖的香檳亦火速售罄，如果可以燒炮仗，相信全港 18 區應該鞭炮聲四起。等了五年，香港人終於有點撥開雲霧見青天的舒暢。

因為新聞傳來好消息：李柱銘、黎智英、何俊仁、李卓人、梁國雄、何秀蘭、單仲偕、吳文遠、黃浩銘、區諾軒、梁耀忠、吳靄儀等 15 人被警方上門拘捕。手機群組歡呼不絕，美中不足是有限聚令，大家不能立即相約舉杯，唯有靠空氣中的觥籌交錯相慰藉，蒼天原來仍有眼。

有人說，不過是一條非法集結罪，判得幾多年吖？隨時罰款了事，有什麼值得高興。

香港人真的好可悲，這班幕後主腦把香港反轉、把文明摧毀、把歪理深種、把經濟拖垮、把社會撕裂、把幾代人毀掉，我們只能眼睜睜在罵，大家對作惡者束手無策，直至這一天，拘捕終於來臨。雖然是一條跟他們的惡行不成比例的罪，雖然 1000 元就可保釋，但能踏出第一步，已是好開始。

由五年前「佔中」到去年的反修例黑暴，文明的摧毀，原來只需一瞬間。從前我們看電視嘲笑台灣議員開會打架，今日我們的議會比人家醜陋一百倍。從前我們責罵山林裏的恐怖分子怎麼會如此無良培養娃娃兵做人肉炸彈，今天我們製造了整整一代掟汽油彈講「X 你老母」的娃娃兵，由小學中學大學到教師校長教授，什麼學歷什麼領域都有，威過山洞恐怖分子。

李柱銘保釋出來時說：「我舒服晒，因為這麼多年來見到太多大好青年被捕，而我沒事，其實我內心過意不去……」既然過意不去，為什麼不一早自首？既然過意不去，為什麼不推自己的兒子出來代替別人的孩子做「義士」？

　　一哥的反擊非常精彩:「警方執法不偏不倚、無畏無懼,我們不理會被捕者是什麼背景,不理會他們是何等有權有勢,不理會其是否操控着傳媒,只要有人犯法,我們就去執法。」

　　昨天,警方在港九新界共拘捕了 15 名幕後主腦,細心留意,會發現幾家黃媒特別把疑犯所在的警署羅列出來,明顯,就是暗中鼓動「手足」來圍差館。你有張良計,我有過牆梯,幸好警隊早着先機,把 15 名疑犯分別押到 13 間差館落口供,客觀上令保釋的律師團隊疲於奔命,更能把衝擊警署的力量分散,令暴徒難以集結。

　　說起先機,看看日曆,原來昨天的通勝已暗藏天機:「宜補垣、塞穴、成服、安葬」。按黃曆,「補垣」是修補破牆之意,「塞穴」就是堵塞蟻穴,「成服」指穿上喪服、戴孝,「安葬」就不用解釋了。原來中國人的千年智慧已給這場依法大拘捕預了言,是時候,為破爛的香港補垣塞洞,為黑暴主謀入土蓋棺。

2020-04-19

化整為零的暴徒

好久沒見過街上如斯擠擁了。這星期，小城彷彿回復生氣，辦年貨的、吃團年飯的……商場飯館都是人潮。

香港人善忘，加上過年了要沖沖喜，於是暫把黑暴拋諸腦後，大家都說，這陣子暴徒靜了，搞事少了，一切回復正常了。

是這樣嗎？警察朋友最懂賊性，他們說，千萬別掉以輕心，化整為零的罪行，才最難對付。「化整為零」的戰術，出自毛澤東《抗日游擊戰爭的戰略問題》，毛當年提出的策略是：當敵軍大舉向我圍剿，我無法脫身時，可運用優越的民眾條件及複雜的山林河川地形，將部隊避匿於山林河谷，或分散潛伏於民間，使敵軍因迷失攻擊目標而撤退，然後等待時機，集零為整。

看今天黑暴的部署，是不是很相似？這些黑衣人，一脫掉頭罩面罩，就成了尋常百姓，許多孩子看起來還一臉天真稚嫩，許多年輕男女甚至清純貌美，你絕對猜不到，他們蒙起面後可以如此兇殘惡毒。暴亂後他們藏於學校、藏於醫院、藏於社區，加上九成區議會議席落入反對派手上，他們完全可以做到藏兵於十八區。

從前他們每天出個時間表四處打砸，今日沙田元朗，明日上水中環，後日旺角金鐘……警方尚可集中火力對付，市民尚可避走高危地帶。但如今，暴力是，無跡可尋，無處不在。

上周六，就有五名黑衣暴徒來到長沙灣元州邨商場地下的「美心西餅」，砸碎櫥窗後再向店內投擲汽油彈及淋潑腐蝕性液體，店內一名女顧客走避不及受傷。警員接報到場後發現，現場還有三枚汽油彈、六個石油氣罐及一支通渠水，如果，這些武器都給扔進店內，營業中的美心後果堪虞。

其實在同一個星期，深水埗小店「四川辣妹子」也給暴徒在營業期間搗亂，

砸毀招牌、推倒桌椅、打翻桌上火鍋煮食爐，及投擲兩枚汽油彈，原因，只是小店老闆撐警。還有幾乎一日一宗的大小劫案，有三名 16 歲少年打劫珠寶商千萬現金、七個中學生潛入共享單車公司偷單車、三名黑衣口罩男持刀打劫遊戲機店⋯⋯他們的特徵，都是青少年、都是幾人一伙壯膽、都是黑衣口罩作掩飾。可見，這些偷雞摸狗事件，全是暴亂的延續或後遺症。

大暴亂暫停了，化整為零滲透社區的罪惡開始了，還有失驚無神擲進店裏的汽油彈，大家別高興太早，暴徒其實沒退場，暴亂其實未終止。

2020-01-15

放過白頭人，好嗎？

昨天是 31 號，太子站外又再「瘋」起雲湧。

香港現在有個風土病叫做「月祭」，每個月同一日，8 號、19 號、21 號、31 號……瘋子就會出動。紀念科大墮樓學生周梓樂、知專設計學院 15 歲蹈海少女陳彥霖、元朗 721、太子 831……獻花、鞠躬、哭墳、守夜，做戲做全套。

每個月的那天，戲子傻子總會一同出動，重複上述動作，外加堵路破壞掟汽油彈，月月如是，準過女士的月經，孝過對待家族先人，難聽點說：「死老豆都有咁神心。」

721、831 的所謂「慘案」，因為子虛烏有，頂多視作一場阻街的戲，當然他們不斷以謊言誣衊警隊的洗腦功能絕對不能忽視。但其實每月 8 日和 12 日的例行死忌，不只是一場戲，更是一回傷害、一次刺殺。

想想周梓樂和陳彥霖的家人，他們一個死了 22 歲的兒子，一個死了 15 歲的女兒，風華正茂的生命，溘然而逝，作為含辛茹苦養大他們的父母，哀慟可想而知。

好不容易捱過了初接噩耗的晴天霹靂，再捱過了英年早逝喪禮的呼天搶地，以為入土為安了，誰知有一幫人月月在你眼前把傷心事撩起，剛結痂的傷口被撕開又再淌血，所謂的人血饅頭，原來不是指死者的血，而是每個月強撕開死者家人剛愈合傷口流出來的血，沾那種血吃的饅頭，更無良更不人道。

白頭人送黑頭人最難過的關口，是忘記。把死者衣服丟掉、物件丟掉、照片藏起來，就是希望能忘記傷痛，好讓在生者提起精神、重新上路。

然而，這幫人偏偏就給你來個「月祭」，每個月定時定候大鑼大鼓搞大龍鳳，彷彿拿着大喇叭在你耳畔提醒：「喂，你仔死了呀！」「你女死了呀，慘

呀……」我覺得，很殘忍、很卑鄙，更是一種精神虐待。

　　什麼是自由？原來自由是，為了政治存在感，可隨便向死者家人的傷口灑鹽，不只灑一次，而是月月灑，讓傷口永遠潰瘍，永遠不能痊愈。

　　其實，你們可以為 831 虛構的死者哭崩，為什麼不能為周梓樂陳彥霖父母留一點惻隱？每個月的 8 號又近了，放過幾位白頭人好嗎？

　　　　　　　　　　　　　　　　　　　　　　2020-04-01

無膽匪類的革命

女兒問我最討厭黃絲什麼？我說，我不是討厭，我是看不起，尤其是最看不起他們的雙重標準及敢做不敢認。

這兩種特質，幾乎每天都找到實例佐證，只是建制派太沒機心，從來沒有人為他們這種言行做歷史記錄。這星期，又天天有現例給大家恥笑了。

藝人鄧麗欣（Stephy）日前在 Ig 上載圖片與十支香檳合照，然後配上以下文字：「咁高興係因為今日：煞～景＃唔係煞科……我們的棕地，五十天，開香檳」。

不明所以的，會覺得無厘頭，什麼「煞景」？什麼「棕地」？什麼「五十天」？什麼「開香檳」？但，若果你是黃絲，一定會心狂笑。黃絲有一套自創語言，「我們的棕地」取其普通話音即是「我們的兄弟」，「五十天」三個字拆開來是「五＋一大」，即「五大訴求，缺一不可」，至於「煞景」，就是非常明顯的同音廣東話字「殺警」了。

內地人可能不知道，近日凡是在社交平台說「開香檳」的，基本上都是為了「祝賀」有警察確診新冠肺炎，鄧麗欣忍不住表態，礙於要靠內地市場搵食，於是，就藏頭露尾地寫了這段帖文。

藏頭，是為了怕米飯班主發現；露尾，當然是想取悅同類人。結果被人一眼看出，並狠狠聲討。微博粉絲留言叫她「滾出中國」、「不要裝了，兩面人」、「有本事別賺人民幣」……

玩大了，玩出禍了，鄧麗欣趕忙在微博補鑊：「通常劇組拍戲圓滿完成，國語說法是『殺青』，粵語講法則是『煞科』，一個重要場景完成了我們會說『煞景』，這是圈中一直的認知語言，我絕對是心口如一的人，不懂什麼隱喻……」

　　黃絲說話，總愛把天下人當傻瓜。著名導演李力持說：「煞景？入行 30 年未聽過這麼特別的稱呼。」一個自創的「殺警」同音字、一排香檳、一大堆黃絲暗語，贈興之情呼之欲出。

　　如同那個貼了「黑警死全家」藏頭詩的孔聖堂中學署理副校長何栢欣，有膽做，無膽認，黃絲性格，果然一樣。

　　網民亦發現一名吃朝廷奉祿的政府行政主任黃詩蓓（Cally Wong）也在臉書發帖：「今晚真係瞓着都識笑⋯⋯三萬 thx⋯⋯最緊要人有事」。明顯暗諷三萬警察得肺炎，不過又是欲蓋彌彰，敢做不敢認，怕丟了每月七萬月薪的鐵飯碗。

　　要表態，又要鬼鬼祟祟，這種人，最讓人看不起。被發現了、出事了，就說一些幼稚園藉口掩飾求饒，把天下人當白痴，更叫人鄙視。

　　做得出又怕人知，被人知又怕丟飯碗，這種黃絲特質，該是由戴耀廷開始發揚光大。他當年搞「佔中」說「違法達義」，完了會自首，然後完了，沒人自首，警察拘捕，法庭起訴，他們就說「政治打壓」、「政治檢控」，定了罪，他們又說是冤獄⋯⋯一班貪生怕死的人，敢做不敢認，卻成了「領袖」、成了主腦，於是五年後，個個蒙了臉、說話藏頭露尾，造就一場更無膽匪類的所謂「革命」。

2020-02-28

一支水與一條命

昨日，銅鑼灣一帶再次發生暴亂，警察防暴隊又開始一更直踩十幾廿個鐘的抗暴歲月。

有一個鏡頭，躲在銅鑼灣一 OK 便利店內，拍到一隊筋疲力竭的防暴隊，在一片催淚煙中來到波斯富街稍事休息。其中一隊員走進便利店拿了一支水來洗眼，明顯聽到他拿着水離開時跟店員說了句：「轉頭畀返錢你！」

鏡頭所見，30 秒後，一名便衣警員走進便利店問店員：「頭先攞咗幾多支水？」然後掏錢找數，店員大姐還給他送上一杯水。

機會來了，專門製造謠言針對警隊的黑暴黃絲，立即如獲至寶地把視頻前半段剪輯廣傳，把事件老作成「警員偷水」，黃媒亦立即附和大造新聞，故意隱去後半段付錢視頻，斷章取義說：「有警員涉嫌闖入 OK 便利店偷水」、「而家國家要徵用你支水！」連官媒香港電台新聞都加入造假行列，每半小時「報」一次「警察偷水」。

挑撥了仇恨，當然引來大量網民攻擊警方及恐嚇店員：

「拿槍入便利店搶嘢，仲唔係持械行劫？」

「起個職員底！」

「得閒去認吓兩個阿姐咩名？」

「……」

警察為市民而戰，市民送上一支水一啖茶，根本就是我們的公民責任。警隊紀律嚴明，不拿人民一針一線，拿了水，付足錢，我們更該感恩讚賞，而不是做文章嫁禍。

況且，警察穿着幾十磅防暴裝備，還要持槍配彈拿盾牌，你認為警察會帶銀包？那是一個戰場，那是作戰時刻，他們正在除暴安良、維持治安、保護市

民，你卻去跟他斤斤計較講一支水？況且，帶錢的便衣警已迅速代付了，你們還要挑剔，還要把事情無限放大？那我想問：如果你們覺得警察拿一支水是罪大惡極，那麼，暴徒把過路的律師、把搬開路障的女子圍毆兼打到半死，這種罪行大概應該判十次死刑吧？為什麼你們不為市民的生命發聲？為什麼你們不譴責殘暴行為？一支水跟一條命相比，你們竟然選死物？

　　黃媒黑暴不斷發酵那不存在的「偷水事件」，卻對十二個月來無數宗打砸商舖、群毆途人、爆破銀行、襲擊警署、謀殺警員、刑毀港鐵、拆毀欄杆、撬爛地磚、撲交通燈、侵害私隱……視若無睹，反對派的雙重標準，實屬世界之冠。

轉載自《經濟通》

2020-05-26

教育界的末期癌症

昨天，中學文憑試 DSE 歷史科出了一道這樣的考題：「1900-1945 年間，日本為中國帶來的利多於弊。你是否同意此說？……」

看到這題目，眾口嘩然，有人接龍了，下次考試是否可以問：德國對猶太人帶來利多於弊？原子彈對長崎及廣島帶來利多於弊？轟炸珍珠港對美國帶來利多於弊？美洲殖民者對印第安人帶來利多於弊？……

不是要在各國民族傷口灑鹽，其實這種問題在任何國家都會視之為叛國。舉這些例，是要讓大家看清今日香港的教育爛到什麼地步？1900 至 1945 年間，日本在中國幹過什麼事，我想，沒有中國人會忘記吧？1900 年八國聯軍的鐵蹄踏進我們國土，1931 年九一八事變，1937 年七七盧溝橋事變、南京大屠殺，至 1945 年日軍無條件投降，這題目竟然問得出：1900 至 1945 年間，日本為中國帶來利多於弊？

這問號，其實也看到出題者的心虛，為什麼說得那麼模糊？為什麼只敢說「1900 年至 1945 年間」？為什麼不敢直接問：「日本侵華為中國帶來利多於弊？」又或者：「南京大屠殺為中國帶來利多於弊？」

何必忸怩？你們要問的，不是這個嗎？做得出唔怕認，要問就直接問，鬼鬼祟祟，正是黃絲一貫本色。

說穿了，你們也會怕報應，抗戰死去的中國人超過四千萬，那個「日本侵華利多於弊」的問題，對得住四千萬冤魂嗎？你們夜敢出戶嗎？你們睡得安樂嗎？

一宗又一宗教育問題被揭發，大家驚見潰爛源頭來自四面八方，有學校、有老師、有家長、有管理層、有辦學團體、有教育官員、有考評局成員、有教科書編撰者、有教育大學教授、有教師工會……好多年前我已說香港教育爛，

可惜沒人理、沒人信，久病不醫，現在已是末期癌症，毒瘤已擴散蔓延到各器官，欲割無從。

年輕人問題，其實重點不是上樓、不是出路，而是腦袋出了問題。同理，教育界千瘡百孔，特首一上場就給教育撥款 50 億，但結果教師和學生都成了賣國賊。好明顯，香港教育不是錢的問題、不是制度問題、不是資源問題、不是人手問題、而是教師腦袋出問題。

23 年過去了，教師關上課室門教學生什麼？無人知曉，但 23 年後，一代人都是背祖棄宗，甚至教者會拿民族慘史來開玩笑，那關上門後發生的，就是大問題大件事。如果今日當權者仍不面對，三年、五年，好快又一代人了，到時不再是末期癌症，而是直接叫黑箱車，入土為安。

2020–05–15

地氈底的怨氣

前中大學生會會長、現為元朗區議員的張秀賢，在七一銅鑼灣恐襲事件發生後，於社交平台留言說，政府「洗太平地」後，「其實怨氣只收埋咗喺地氈底」。

雖然，我們不認同他，但我們不得不承認張秀賢點出的問題——地氈底的怨氣。

沒錯，國安法一出，所向披靡，政棍四散逃逸、黃媒壽終正寢、黑暴潛水收聲，但問題是，這群憤怒的人、這些怨恨的心，並沒消失，他們只是隱於城、藏於野，心深不忿，伺機再起。就如張秀賢所言，他們已化為一股被掃進地氈底的怨氣。

七一恐襲是這種怨氣的發洩，恐襲後的維他奶現象（註一）又是另一類排洪。試想想，一個大集團的一紙通告，以「不幸逝世」來形容恐怖襲擊的施襲者，同情惋惜之意，溢於言表。雖然事後有高管被解僱，但黃絲黑暴無處不在，又確是事實，他們還會主動在各範疇或明或暗地發揮影響力。

情況變了，這些死心不息的人潛伏在社會各階層各領域甚至政府內部，一有機會，就來個大反撲。

早陣子政府康文署管轄下的石塘咀公共圖書館就出現此類仇恨潛伏者。

6月24日，即是《蘋果日報》停刊那天，西環石塘咀圖書館的「館長之選」書架上，竟然擺放了13本壹傳媒老闆黎智英的書，對抗之心，不言而喻。

因為小動作被發現、被舉報，康文署說一名涉事職員已被停職，據說那是一名新入職員工，署方將按照既定機制嚴肅處理。

問題是，「館長之選」，難道不需要館長過目？給讀者推薦書，卻全是同一人的作品，而且是一個國安法嫌犯的著作，13本書展示在圖書館當眼處，

難道整個圖書館沒人覺得有問題？就算真是一個新來的小職員擅作主張，難道管理層沒有責任？

這些年，常聽到不同領域的掌權者說：「無辦法，下面好多黃人」，我一直費解，連掌權的人都無辦法，誰有辦法？

過去，就是太多掌權者不肯、不敢以權鎮暴，由得暴力種子四處萌芽、開花、結果。昨天警方國安處拘捕那 9 名包括中學生及大學管理層人員、中學教職員的涉嫌恐襲策動者，就是教育界一直姑息養暴種下的惡果。

大家一直沒正視問題，只把怨氣掃進地氈底，如今，怨恨已化為殺人邪念了，我們還掃嗎？地氈下還有藏垢的空間嗎？

亂世，只能用重典，面對你死我活的蠢蠢欲動，不必仁慈，把地氈揭開，讓霉菌暴露在陽光下，把一個個毒瘤揪出來殺一儆百，才是上策。

2021-07-07

註（一）維他奶事件：二〇二一年七月一日晚，男子梁健輝在香港銅鑼灣崇光百貨外突然從背後接近並用刀刺傷一名機動部隊警察，隨後以刀刺心臟自殺。事件中警員肩胛骨中刀受傷，梁送醫院後不治。面對這一暴力襲警事件，梁生前任職的維他奶國際在內部通告中稱其「不幸逝世」，「向健輝的家人致以最深切的慰問」，公司的態度隨即引發網絡輿論強烈抗議和大量抨擊。

讓名門正派走進校園

　　《大公報》踏入 120 周年，這陣子看到很多老報人、曾經的被訪者、或者與《大公報》有過擦身情緣的人，都來分享各自的《大公》故事，我也來湊湊熱鬧，說說我的感受。

　　雖然，我是近年才開始在《大公報》寫時評文章，但我與她的淵源，卻始自很遠很遠的中學時期。

　　小時候我唸的是愛國學校香島中學，學校規定每天早上有半小時晨讀課，學生只能選兩份報紙：《大公報》或者《文匯報》，因為發現《大公報》有個學生投稿園地，所以我選了訂閱《大公報》。

　　每天翻報紙的目的，就是要看看投稿的文章有否被選中刊登，然後，是看副刊、體育新聞、中國新聞，時評、政事從來不是我杯茶。

　　後來長大了，認識朋友多了，大家來自五湖四海，出身不同學校，我這才驚覺，像我們那樣從小看《大公報》、《文匯報》的人不多，因為官津學校訂閱的報紙一直都是《明報》和《南華早報》。

　　到我女兒唸書的世代，小學就已經要讀報，訂報選擇仍是《明報》、《南華早報》，只是多了一個選項《星島日報》。

　　其他報紙不能入校園的原因，有的是因為有風月版，有的因為有馬經，這些都不適宜學生接觸，所以幾十年來香港絕大部分中小學訂的都是以上三份報紙。

　　我一直問校長、問教育官員：《大公報》、《文匯報》都沒有風月版之類的，為什麼總不能打進官津校園？大家左右言他，從沒有人能確切回答我。

　　經歷了「佔中」、黑暴，人人都說，香港的孩子缺乏國民教育，缺乏國情認識，缺乏正向思維，而《明報》這些年也泛黃成了《蘋果日報 2.0》，有些

專題甚至比《蘋果》更《蘋果》，然而，今日香港的官津學校，訂的報紙仍然是《明報》、《星島》、《南早》，國情新聞最多最齊最正確的《大公報》、《文匯報》，依舊不在選擇名單內。

有一個戰場叫輿論，我們一直失守，時而今日，仍未奪回。

《大公報》是中國歷史上最悠久的華文報紙，這樣的履歷，最有資格進入校園，成為每個學生成長的必讀報章。如果大家認同反對派過去一直是用《蘋果日報》式洗腦術影響香港人，為什麼教育局以至學界今日仍然讓陰陽怪氣的「蘋果 2.0」《明報》成為學生閱報主流，而不改用有 120 年歷史的名門正派《大公報》？

輿論戰場不只在網絡、在報攤，還在學校、在課堂。每天半小時的讀報課，是把孩子潛移默化教好修正的唯一機會。如果，全港所有官津學校都必須訂閱《大公報》，孩子由小學到中學讀了 12 年國情國事，吸收了 12 年正確價值觀，再被動搖，難度就很大了，我敢保證，因為我就是過來人。

2022-06-22

對付鼠輩

日前，全國政協副主席梁振英先生在社交平台發文，題為「我在明，人在暗」，裏面提到：「什麼人可怕？就是躲在暗處搞你的人。」看後，深有同感。

香港國安法落實了、選舉制度也完善了，於是大家以為，天下也太平了。表面確實如此，但暗湧一直都在。試想想，如果當日有上百萬的人反對政府，這批人，移民了的有幾十萬，被捕的有一萬幾千，那剩下心生不忿的人，會在哪裏？

答案是，在地下、或者地氈底，伺機而動。

好多人說，這種人，鬼鬼祟祟躲在暗處，遍布各個階層領域，防不勝防。梁振英先生在帖文中言：「什麼是犧牲？被美國制裁是犧牲，費神花錢防範鼠輩也是犧牲。」

2019 年 12 月，梁先生的兒子為一家五口的家庭旅遊訂機票，因為訂的是廉航，不包飯餐。大概有人看到梁振英的名字出現在機票上，於是盜用了梁兒子的信用卡，為他訂了 3000 元飛機餐。

這種，就是鼠輩；這些，就是鼠輩行為。要對付，只能用老鼠藥，於是他們選擇報警，兩年後這些躲在暗處的人終於在法庭曝了光。

是的，蟑螂鼠輩是防不勝防，所以這世界需要拖鞋、藥餌、殺蟲水，還有挺身而出的勇氣。

防不勝防，但還是可以防，大家看到鼠蹤就舉報廣傳，涉違法就送官查辦，久而久之，老鼠就會馴成倉鼠，閒來乖乖跑跑風火輪，學習安分守己。

前幾天，有網民發現北葵涌公共圖書館的書架上貼了張奇怪的圖，那是一本繪着黑色區旗的書，還配上黃書脊。這陣子大家在興高采烈賀回歸 25 周年，但這屬於政府部門的一隅卻用一種鬼祟的黃黑暗箭模式來贈興。

　　立法會議員陳恒鑌辦事處的地區幹事發現後，立即到現場與館方人員跟進，沒多久鬼祟貼圖就被撕去。大家認為事件已告一段落，我卻認為不應就此罷休，鼠輩出沒，要杜絕，就要出動殺蟲水。誰貼上此圖，要查，不難，吃公帑反政府的人，最好斬下首級掛在城門暴曬三天，以後，就再不會有鼠輩作亂。

　　與其日防夜防，不如殺一儆百，打甲由，一定要拿拖鞋狠狠拍下去，手軟，只會後患無窮。

2022-06-25

瘀血

對付瘀血，最直接快捷的方法，是扎根針下去放血。因為瘀血會阻塞關節，會影響循環，所以要在瘀血結成塊狀之前，及早處理、盡快處理。

黑暴之後，香港有班比較有經濟能力的中產，本來有樓有車有份收入不錯的工，孩子唸名校，平日學琴學畫學奧數學跆拳，生日要吃 Lady M 蛋糕，一放假就飛外地旅行，自駕遊、住 Resort……然後，忽然覺得，自己活在暴政下，唞唔到氣，有窒息感，為了孩子，忍痛辭工賣樓移民去。

這種人，我只能贈句：好行夾唔送。

我經歷過九七，所以我明白，有人移民可增加社會流動速率。那時候，各大機構都有中高層員工移民，於是製造大量中高層空缺，公司內有能者迅速升職上位，移民急售的減價樓盤，也令上車一族執到平貨。能者有職升，居者有屋住，移民潮的正面作用，九七前我們已嘗過一遍。

沒想到，最近又有新一波英國移民潮，不同的是，這批人的離開，除了為大家增添職位空缺及可以執平樓外，最重要，他們都是社會上充滿負能量的人。他們天天抱怨生於亂世、活於暴政，國家對他好他說你想收買我，國家批評兩句他說你打壓你滅口，吃着和牛喝着波爾多佳釀說沒有將來，這種負能量，早走早着。

正如跌傷積存在關節的瘀血，它是身體看不見的內傷，不盡快清除，就會結成硬塊，阻塞經絡，太遲醫治，甚至會影響活動能力。負能量瘀血要跳船要移民，我們正常人都拍手叫好，香港太擠，清一下人口，未嘗不是好事。

2021-02-04

黃色力量關係圖

日前警務處處長蕭澤頤出席一個公開活動時，被記者追問《立場新聞》高層被捕事宜，我喜歡「一哥」那句瀟灑回答：「警方所有行動都是依法執行，我們不排除再有人被捕。」

也許是一哥那句「不排除再有人被捕」，嚇得黃媒一個個拉閘捲席落荒而逃。先是《獨媒》，後是《眾新聞》，下個輪到誰？大家都在猜。

倒是那天看《眾新聞》執笠的報道，發現一張有趣圖片，那是《眾新聞》2017 年宣布成立時陣容鼎盛的班底，照片中有 20 個發起人，都是傳媒界大哥大姐。

為什麼我會用「有趣」來形容？因為在那 20 個臉孔裏，我看到有近半「蘋果人」，還有 4 個前記協主席。

照片中的《眾新聞》總編輯李月華，在《壹傳媒》做了超過 18 年，主理過香港《蘋果日報》，更為黎智英創辦台灣《蘋果》、《爽報》及動新聞。

另兩個相中人是夫妻檔的陳伯添及陳慧兒，前者是《蘋果日報》財經版副總編輯，後者是《蘋果》政治版阿頭，報紙上那個專爆官場政壇八卦料的「隔牆有耳」李八方專欄，就是由她創立。

站在照片中間的是前記協主席岑倚蘭，她也曾當過壹蘋果網絡的執行總編輯。照片旁邊及後排站得較低調的，是前《蘋果日報》總編輯鄭明仁、前《蘋果日報》執董及行政總裁何國輝、已被捕的《蘋果日報》前英文版執行總編輯馮偉光（筆名：盧峯）。

《眾新聞》創辦人大合照中，還有熟口熟面的大律師吳靄儀，《立場新聞》見到她、「612 基金」也有她。

如果大家有時間、如果國安有興趣，不妨製作一張黃色力量關係圖，把《蘋

果日報》、《立場新聞》、《眾新聞》、《獨立媒體》、「612基金」、「民陣」、「支聯會」、「記協」、「教協」、「香港獨立評論人協會」、乜乜關注組、物物關注組……的主事人通通羅列出來，你會發現，那個關係圖，除了來來去去那些人，他們的關係網更是環環相扣。蜘蛛網的背後，可能會發現同一個操盤人。

就像小時候玩的「畫鬼腳」遊戲，連幾條線，你就能猜到下個倒塌的會是誰？

香港記協主席陳朗昇說，他們已是「生人勿近」，剛辦完的籌款晚會，參與贊助「買枱」的機構及企業都低調地要求不要公布名字，現場具名「包枱」的，只有大律師公會、恒生銀行、渣打銀行、海洋公園、八達通公司、香港迪士尼樂園、消委會、九巴、數碼港。

既是「生人勿近」，那應該是「咽頭近」了，昨天看到政經評論員周顯的專欄文章形容得很好：「這是一場殲滅戰」。想想2019年，你們不是也想殲滅政權、殲滅建設力量、殲滅香港與國家的關係嗎？成王敗寇，仗打輸了，回頭被殲滅打殘，也是正常不過的戰爭倫理。

歷史有無數例證，政變失敗必定會丟腦袋。2019年明顯是一場政變，奪不到權，自然要被送上法庭、送進監牢。得以偷生，不用丟命，已算執番身彩。

窮寇，是一定要追的，我希望下一個收檔的是：香港記協。

2022-01-05

不習慣執手尾的香港人

這大半年，遊客絕跡，香港人又要 Stay home 又想 Vacation，於是，酒店老闆立即腦筋急轉彎，紛紛推出 Staycation 套餐招客。

Staycation 是 stay 加 vacation 兩個字組成，本意指居家度假，但香港人的蝸居一般很小，住一回酒店多少有點旅行 feel，於是疫情期間，酒店員工一點都不清閒，因為大部分酒店都住滿了本地的 staycation 客。

日前，網上瘋傳一段視頻，是半島酒店一個房間 check out 後的「災情」，一班客人租了房間開生日派對，不知是不是玩了《掌門人》那些掟蛋糕玩食物遊戲，影片所見，牆上、電視櫃、電視、地毯、梳化、茶几、窗簾上，滿布忌廉和食物殘渣，加上一枱一地紙巾杯碟垃圾，看者嘩然，香港人的素質與品格，原來已低劣到這地步。

事後，半島酒店只要求該客人賠償三千元清潔費，老實說，便宜了他們，這種人，根本就要像店舖扒手那樣，把他們的容貌貼通街，叫其他酒店以後謝絕此客。

另有張網傳酒店照片，比半島那間房更驚人，床單扯掉、床褥全濕、床頭櫃推倒在地、滿房滿地垃圾，幾百呎地方沒有一個位是完好的。

共通點，是兩間房都有氣球等生日裝飾，好明顯，住客不是來度假，而是來開瘋狂生日派對。

香港的孩子愈來愈巴閉，一歲就開生日會，麥當勞那種派對已經過時，現在大部分小孩生日會都在會所舉行，簡單一點訂「食物到會」，再厲害的請個廚師坐鎮，一歲開到十八歲已經沒了驚喜，於是年輕人長大一點就會夾錢租 Party room 慶生，可以唱 K、打機，按時收費。

後來 Party room 都沒新意了，年輕人改為租酒店開生日會，不單高級

點，還有藉口留宿玩通宵。近日疫情下酒店沒生意，經常推出生日優惠或 staycation 價，有些酒店還會提供免費生日布置，以一晚四、五百蚊的廉價招徠這種本地客。

朋友是做酒店服務員的，她說，現在酒店客 99.9% 是香港人，你以為同聲同氣易做些？非也，「歷劫」大半年，前線員工一致認為，香港客可以列入全世界最難服侍的客，沒有之一。

「他們常常投訴，要求多多，又要早 check in，又要遲 check out，五、六人擠一間雙人房，要這要那。有個客叫了 room service，說看到送餐侍應的衣袖觸到食物，投訴要賠償，結果『屈』經理送回兩張自助晚餐券……」

有酒店員工在討論區留言說：「飲醉嘔到成間房都係，紅酒倒落床、被、枕頭，外賣倒瀉了踩到一房鞋印……」當我們在嘲笑內地大媽帶着小孩隨地撒尿的時候，我們的品德又好得幾多？

香港人的最大問題，是從來不用「執手尾」。毀壞的街燈，三天就恢復；打爛的地鐵，翌日就重開；撬爛的地磚，一眨眼就填平；砸碎的城市，阿爺會來拯救收拾。

於是，倒瀉食物？有人掃㗎啦；搞亂房間，有人執㗎啦，房租包埋㗎嘛！曾經，我們以作為香港人自豪，今日，連住一晚酒店都可以如此丟人，香港的招牌，看來已褪色到只剩下一堆蒼白。

網傳的酒店照片可以看到，沒手尾的香港人租住之後，房內沒有一個地方是完好的。

2020-09-16

通緝犯令香港更美？

　　這幾天，大家在討論「三權分立」，爭拗，源於去年九月教育局推出的高中通識書「自願送審」計劃。

　　經歷 10 個月覆檢，出版社最近推出修訂版課本，當中大部分通識書都刪除了「三權分立」部分，於是反對派群起攻訐，說這是政府對教科書的政治審查。

　　我的疑問，倒不是「三權」分立不分立，而是，教育局審查教科書有什麼問題？為什麼是「自願送審」而不是「規定送審」？老闆管下屬，天經地義，教科書要在教育局管轄下的學校使用，受點監管好正常，大家到底大驚小怪什麼？我更關注的是，為什麼只需要高中通識書送審？那初中呢？

　　於是，我隨手找來幾本初中通識課本看看，不翻猶自可，一翻嚇死人。

　　其中一個「議題剖析」，題目是：「年輕一代能令香港更美？」請學生根據以下兩段參考資料作答。第一則資料是：「羅冠聰 5 萬票當選，成為香港歷史上最年輕議員」；第二則資料是：「青年啟動鄰舍團年飯，推動友善社區」。

　　羅冠聰令香港更美？唔係嘛？一個被 DQ 的議員、一個被通緝的逃犯、一個丟下手足到外國偷生的暴亂頭目，何美之有？

　　同一本書，談到「社會及政治事務參與」部分，書中只選了一個人物做例子，他的名字叫朱凱廸。把這個人塑造成一個建制內及建制外都有高參與度的正面人物，卻沒有提及他在立法會內爬牆擲物、在街頭違法集會的破壞行為。

　　還有一課堂討論焦點：「香港仍是法治之都嗎？」一個全版，列出三例，叫學生以此三例為基礎，討論香港法治仍存在否？這三例分別是：前特首梁振英「行李門」司法覆核案、「七警案」、「曾蔭權案」。

　　我想，這些討論題目，旨不在最後結論，而在過程，讓教師可以舊事重提，把特首及警察的負面新聞加以抹黑演繹，再代代相傳下去。

　　驚嚇的不只是書本內容，還有課本的編著者。之前已有人發現，原來香港中學的通識課本其中一個編撰者是戴耀廷。也許戴的名字太響，近年再版的書沒了他名字，卻換了另一個戴姓教師，名叫戴健暉。

　　大家仍記得嗎？戴健暉就是去年黑暴期間在網上發布恐怖仇警言論，咒罵警察子弟「過唔到 7 歲」、「20 歲前死於非命」的香港華人基督教聯會真道書院前助理校長。雖然此人已調職，但仍在校內任教，而且還有份撰寫全港學生都會接觸到的初中通識書，我實在覺得，教育局你們是否管得太少？

2020-09-03

識時務者為「家傑」

公民黨主席梁家傑日前於 Now TV 節目表示，他於香港國安法實施後，已兩次拒絕歐洲議會及美國的對談邀請，因他擔心同場會有人「講了中共中央唔啱聽的話」，到時「你唔出聲，就即是默認啦！這種狀況我覺得可免則免。」

俗語說，精人出口，笨人出手，看來現在這些黑暴推手，已明哲保身到連出口精人都不願做了。

梁家傑表明，以後公民黨會轉趨低調，因為無論你對國安法有多不滿，它已存在香港法律之中：「與其送頭、硬闖、硬碰，不如保留實力，低調啲。」

這番話，我建議梁家傑在「12 逃犯」的家屬面前講多次，然後到監獄探暴徒監時再講多次⋯⋯

噢，我忘記了，身為藍血人的梁大狀，只會去羈留所看望主子黎智英，怎會紆尊降貴去探訪無名暴徒？無論送頭還是送死，都是你們自己心甘情願的，我梁家傑可沒用機關槍指着你去做。

「無畏無懼」？這「革命」口號是給你們的，不是給我的，國安法前，我梁家傑絕對又畏又懼。全家走佬不是我杯茶，赤柱過年也非我所願，我們做大狀的一向身嬌肉貴，更會看風駛悝，識時務者梁家傑呀。

昔日叫人衝，今日率先縮，梁大狀醜陋得連自己友都看不過眼了。黃絲學者沈旭暉不點名批評：「假如因為國安法而放棄一切，那就不如轉行了⋯⋯面對飄移的紅線，更不能因噎廢食，做好自己的本分，如常生活、如常工作，已經對得住大時代。」

沈旭暉你錯了，梁家傑不用轉行，他的職業本質就是要吃暴徒的人血饅

頭，誰被捕誰官司纏身誰就需要他，你們的革命就是他們的收入保證，所以他只說公民黨會低調，他沒叫你們低調；他只說自己跟外國勢力勾結可免則免，沒叫大家不要再通番賣國。因為沒有你們前線勇武的打死罷就，哪有大狀律師的盤滿缽滿？

梁家傑之流本來就是「革命」的最大得益者，他們懂得遊走於法律罅之間，名利雙收，毛髮不損。可憐一眾追隨者聽着他們吹奏的魔笛，一一掉進深淵，萬劫不復。

2021–01–06

這不是家變，這是政變

如果有日，你的另一半給你丟下一紙離婚書，你會認為，那全是另一半的問題、自己毫無責任嗎？

雪崩時，沒有一片雪花是無辜的；同樣，家變了，沒有一個家庭成員可以事不關己。

昨天在香港電台第二台主持完《瘋 show 快活人》節目的曾志豪，收咪後被即時解約。曾志豪對記者說：「如果當香港是我家，現在就是家變……今天每個香港人，無論任何崗位，要有心理準備，現在已沒有如常的了……最好當每日是 last day，就沒生活遺憾。」

黃絲就是會說詩意的話。明明被炒，卻說成家變，負心的永遠是別人。

如果如曾志豪所言，香港是我家，那你們為什麼要攬炒它？想想，是誰先把家砸爛？是誰把家人放火點燃？是誰天天在大氣電波傳播謊言？又是誰以公器私用散播仇恨？

曾志豪說，「現今香港出現趕盡殺絕的現象，我沒想過可走得甩」。

又如何呢？2019 年黑暴的時候，你們不也是把香港正常人趕盡殺絕嗎？一言不合，就給打得狗血淋頭；一不喜歡，就給全家起底。被趕盡殺絕的滋味不好受吧？其實今天你們所承受的，只不過是昔日我們遭遇的千分之一。

不是要冤冤相報，只是希望你們學習埋單。曾志豪今日的下場，比無端端因為政見不合被一把火燒傷全身的李伯幸運得多，至少，曾志豪只是文明地被解僱，況且他的解僱也是罪有應得。

2018 年 7 月 11 日，曾志豪在《瘋 show 快活人》直播期間，在未關咪高峰下爆粗言，事後通訊局接獲 79 宗投訴，港台只輕輕處罰他封咪 11 日。作為一個專業 DJ，在咪前爆粗，基本上是死罪，但港台只網開一面給曾志豪

在履歷表上印一個黑豬，毋須問責。

然後，是 2019 年黑暴，曾志豪公然與十多名港台員工聯署支持暴徒發起的「全港大三罷」，作為一個政府合約工，高調參與反政府行動，曾志豪再被記賬。

早陣子，曾志豪及王喜等更在港台電視節目《頭條新聞》藉諷刺為名，散播針對警隊的不實抹黑，結果通訊局裁定投訴成立，並向港台發出警告。

還未計他背負着「港台 DJ」之名四處以文章、視頻發表支持黑暴「港獨」、反中亂港的各種言論。

出得嚟行，預咗要還，這不是什麼家變，這是一場失敗的政變，連《蘋果日報》這樣龐大的傳媒機構都要步入還債行列，一個個在官媒裏應外合搞破壞的員工，你們以為可以全身而退嗎？

希望曾志豪只是個開始，期待清除黑暴陸續有來。

2021-06-19

職業探監員

天下奇怪工種多，只是我們一直孤陋寡聞。

我有個親戚是做「分色」的，沒寫錯，不是「分析」，是「分色」，他告訴我，原來單是藍色都有一百種，所以分出樣板的顏色密碼，是種很專門的技術。

古怪工種還有很多，外國有「遛狗員」，專門幫小區內的養狗戶放狗。內地新興的外賣小哥，他們是由餐飲到超市用品到藥物都可以為你代勞。

不過，要論天下最奇最筍工作，非此莫屬，就是職業探監員，月薪由三萬四千元至十萬零一千元不等，主要是到各大小監獄探監，跟囚友吹水磨時間，還有交通津貼。

要成為職業探監員，先要當上議員，像立法會議員邵家臻，因為是釋囚，熟路、熟例兼有熟人，於是一出監就搶了這份筍工來做。

過去議員要探監的情況不多，所以沒有明文法例規範議員的探監形式。根據《監獄規則》第 49、50 及 52 條，警務人員、法庭人員及法律顧問等以公務形式探訪囚友時，署方會安排一個房間，派懲教人員在門外監視但不能聽到說話內容，探訪次數及時間亦無限制。於是，議員的探訪，亦跟隨這種公務探訪形式進行。

隨着「佔中」、旺暴以至去年黑暴，被關進懲教所的囚犯越來越多，議員帶政治色彩的探訪也越見頻密。由立法會議員到區議員，他們彷彿分了工編了更，一個一個接力探訪入獄「手足」，不單日日探，有些上下午都有人探，一個議員還會一次探幾個囚友。這樣既增加懲教員工作負擔，更令在囚「手足」不用工作，大部分時間留在探訪室嘆冷氣。

另外，議員經常帶同助理一起探監，因為不少助理的男女朋友就是囚犯，

他們利用議員特權，無需跟隨家屬探訪規定，也不用有阻隔設施，而是面對面卿卿我我，還可以不讓懲教員聽到內容，簡直成了高人一等的囚犯。

自從去年黃絲黑暴霸佔了八九成區議員位置後，公務探監成了他們的主要工作，單是今年第一季公務探訪申請數字就較去年上升十幾倍。

早前第一波疫情，懲教署調整了探監規定，每名議員每小時只可探一人、早午各有半小時停止探訪做清潔。至七月疫情漸趨嚴峻，署方更直接停了非緊急議員探訪，只維持律師及警務人員探訪。新例一出，邵家臻立即連同 159 名議員聯署向懲教署施壓，要求恢復探訪。

為什麼他們如此緊張？因為丟了他們的職業探監員飯碗？非也。持續探監的最大作用，就像毒販控制癮君子，讓他們永遠不能思過，永遠不會學好，永遠為他們賣命。據知，議員經常鼓勵獄中勇武繼續戰鬥，出獄後不用擔心生計，因為議員一定會聘他們做助理。

這種「收嘅」式的公務探訪，還值得鼓勵嗎？議員的無限制探訪政策，需要規管嗎？當一個好制度被壞人利用來作惡，我們只能視若無睹束手無策嗎？是時候，好好撥亂反正了。

2020-09-06

「多謝」黃之鋒

　　黃之鋒昨天在臉書貼了一張蛋糕照片，寫道：「今天是我的廿四歲生日，但這張相是在六月拍攝下來的。十月生日，六月慶祝，原因很簡單，在國安法通過前，我曾擔心未能在四面圍牆外度過廿四歲生日，所以就提早了切蛋糕慶祝。」

　　我想，大家沒興趣知道黃之鋒幾時生日，但多謝他，讓香港人體會到，這法例，並非反對派誇張其辭說的是什麼「惡法」，更非反對派天天說「動輒得咎」、「以言入罪」的什麼「市民頭上一把刀」，一切，都是靠嚇。

　　以為自己過不了七月、要在監牢過生日的黑暴頭目黃之鋒，今日仍可安然過生日吃蛋糕，愛做什麼就做什麼，愛罵誰就罵誰，愛眾籌就眾籌，眾籌完還可拖女伴到五星酒店開房……自由至此，夫復何求？頭上有把刀？色字頭上就真的有把刀了。

　　一天前，黃之鋒還在試國家底線，他在臉書和 Patreon 上載了深圳鹽田看守所的執法人員名單、照片及聯絡方法，因為早前偷渡往台灣時被中國海警截獲的 12 名香港逃犯就是被關押在深圳鹽田看守所，拉了你的人，你就把整個看守所的人員起底公審，原來這就是黃之鋒追求的民主自由，大家開眼界了。

　　被他「起底」的，包括：深圳市公安局局長、指揮部指揮長、鹽田分局黨委委員、指揮處處長、副局長、黨委書記、副書記、消防大隊大隊長、鹽田看守所所長、副所長、警長、警員……逾四十人，有照片有職銜，係威係勢，不過只能騙倒對國家零認識的黃絲傻仔。

　　再次多謝黃之鋒，他讓香港人真正了解今日國家的陽光施政到底有多透明。不知情的黃絲紛紛讚嘆黃之鋒的「起底」神通廣大，知情者卻在搖頭訕笑，因為內地政府部門、執法機構的公務員名單，全都光明正大貼在官網，甚至貼

在每個部門的牆壁上，全是公開資料，沒秘密可言。

最可圈可點的，是黃之鋒的「起底」帖文下面這幾句：

「明查暗訪的偵查工作實在需要資源，還望各位訂閱支持（附訂閱及捐款連結），真相是我們的唯一武器。」

明白了，搞了一場「起底」大龍鳳，原來又是為錢。上網按個鍵就查到的公開資料，有幾「明查暗訪」？有幾「需要資源」？

我唯一認同黃之鋒的是他最後一句：「真相是我們唯一武器」，而這件事的真相就是：12 個暴動逃犯偷渡被捕，講完。

你黃之鋒有本事就上深圳鹽田看守所門口申冤，把 12 個逃犯當真「手足」就不要吃着蛋糕攬着美女在五星酒店扮營救，行多步，踏過羅湖橋，我話你叻。

2020-10-14

每個人都有老去的一天

　　那天，在一個私人屋苑街坊群組，出現這樣的相片：一個沒戴口罩的老婆婆獨自乘升降機的閉路電視畫面。照片下面是七嘴八舌的留言：「我見過呢個阿婆，成日唔戴口罩」、「我都撞過幾次」……

　　一個老人家，只因忘了戴口罩出外，需要這樣影相 cap 圖 post 上網，然後接受一眾網絡判官公審嗎？留言者如果真的碰過她，為什麼不直接當面提醒：「婆婆，周圍多病菌，戴返個口罩穩陣呀！」

　　這大半年，街上 99.99% 的人都戴着口罩，沒戴的 0.01%，幾乎清一色是老人家，他們也許忘記了，也許不小心丟失了，也許因為某種固執，也許因為沒上網不知疫情嚴峻，也許……而上述那位老婆婆的善忘，是因為她有輕微腦退化。

　　一場疫情，一個口罩，令人與人之間多了猜忌、刻薄，少了包容心、同理心。

　　上個月，哈爾濱一位老伯伯乘巴士的時候，因為沒智能手機，掃描不了健康碼，被巴士司機拒載。老伯伯不肯下車，被乘客圍攻說：「下去吧，不要影響大家上班！」結果，要勞動警察來解圍，把老伯帶走。

　　網絡世代，什麼都會被放大、直播，然後傳通街，這位老伯在巴士爭執的視頻，很快就給傳遍天下。有網民嘲笑：怎麼連掃個碼都不會？跟不上時代就注定被淘汰……

　　也有網民看不過眼，拍了段視頻，講述家人經歷：「我媽媽喜歡去小區超市買菜，但她不會用智能手機，結果一出去就回不來，只能給兒子打電話，兒子要從公司跑回來接她回家，經歷兩次之後，這幾個月她再也不敢出小區了。上周她心臟不舒服，一個人去了醫院，結果去了也看不成病，因為醫護要她在

微信上掛號才能看病。」

「現今社會，出門搭車要掃碼，買菜要掃碼，醫院看病要掃碼，吃飯點餐要掃碼，如果沒有智能手機，或者不會用智能手機，就被遺棄在智能社會之外。我也給媽媽買過智能手機，教過她用，但她轉個身、睡個覺，就忘了。只因不會用手機，就不配活在這社會？……」

我想起，我媽的智能手機，也是我買給她、教她用的，但用了幾年，她仍只是用來打電話聽電話，WhatsApp 她不會看，WeChat 更不懂用，她唯一記得的功能，就是打開圖片庫看照片。

忽然覺得，這一代老人太艱難了，世界走得太快，世事轉變太多，智能科技飛躍，再加國際級疫情來臨，打破一切經驗常規，走得慢的老年人總被遠遠拋離、墮後。

科技不等人，但人可以等。老人家跟不了，我們可以伸手攙扶一把，可以陪伴慢走一程。今天對老人家尖酸批判的人，理由大抵只得一個，就是他們未曾老去。

每個人都有老去的一天，每個人都有慢下來跟不上時代的日子。我喜歡一句話：善待老人，就是善待未來的自己。

2020-09-09

星星之火

第四章

它不是電影　它是罪行紀錄

最近，黑暴紀錄片《理大圍城》正在戲院公映，一部犯罪紀錄，本來是呈堂證供，卻被拿到商營戲院公開放映，政府及司法系統對黃絲黑暴的傾斜又有一個現例。

媒體人都知道，一宗已進入司法程序的案件，任何人用任何方式評論，都是妨礙司法公正，會被控藐視法庭。一齣站在暴徒角度拍攝的紀錄片，好明顯就有偏見，好明顯就是為罪犯漂白。理大暴亂，幾多罪行幾多被捕人的案子仍在偵查審理中，法官未判，你就公開放映一齣歌頌暴徒的紀錄片來影響大眾印象，那不就是徹徹底底的藐視法庭嗎？

理大暴亂歷時 13 日，有接近 1400 人被捕，這麼多罪案和罪犯牽涉其中，如此一齣擺明資訊誤導的電影，隨時會影響將來大量案件的裁決，為什麼政府的電檢處要做幫兇，批准影片公映？

試想，如果當日闖入美國國會的暴徒也拍了紀錄片，你認為美國政府會讓這樣的影片播出嗎？不是說一個「禁」字就叫打壓言論自由、創作自由。如果張子強拍下綁架富豪的過程剪成紀錄片，你認為電檢處會讓它上映嗎？如果 ISIS 拍下捉人質、割人頭的紀錄，荷里活會讓它在大銀幕公映嗎？

罪行紀錄，在任何地方都是禁片，因為它只能作呈堂證供。

2021-03-15

不能安居，就能永遠躁動

問一個問題：要社會穩定，首要條件是什麼？

法治？廉潔？民主？安全？……不同人，有不同答案。如果問我，會答：安居。能安居，工作唸書幾不如意，都有個避風港安樂窩，讓你哭讓你笑。

牽絆香港這些年的，其實是安居問題。只要讓老百姓不能安居，社會就會不斷有躁動的怨氣，人心不穩，要破壞，就易如反掌。

香港的房屋問題，不單是買不買到樓的問題，是居住素質問題。一家四口擠在租來的劏房，跟兩口子傾盡積蓄再向銀行借貸買一間 200 呎納米樓，他們的憤恨，是一樣的。

為什麼新加坡人住在政府組屋（類似香港公屋）都這麼快樂？因為人家的組屋平均都有八百至一千呎，回到家，有自己的空間，活得有素質。

香港的房子，愈建愈小，有些樓盤更以納米為賣點，發展商建得出，政府又批得出，幾百萬買一間籠屋大小的房子，為供樓還要節衣縮食半輩子，每天回家望着四壁一肚氣。

香港的矛盾，早說過是源於土地問題、房屋問題，於是政府於 2018 年搞了個土地供應專責小組，找來各界高手，包括規劃、工程、建築、測量、環境、學術等代表，集思廣益，並展開為期 5 個月的「土地大辯論」，花了庫房 1722 萬，單是宣傳就用了 700 萬，還用了 112 萬出版公眾諮詢刊物及印製最終報告。

當中最龐大有兩項開支，一是以 486 萬聘請「世聯顧問有限公司」擔任公眾參與總監，另一筆是以 355 萬「科域盈創（香港）有限公司」負責製作電視、電台及跨媒體宣傳工作。

這兩間賺到笑的公司很特別，前者「世聯顧問」的行政總裁麥黃小珍曾參

與特首選舉的公關工作，該公司一名董事盧子健在 2019 年黑暴期間曾發表一篇叫《警暴背後的陰謀》的文章，直言「很多人都覺得香港瘋了，其實香港沒有瘋，瘋了的是警察。他們被逼瘋了，是被誰逼瘋？不是示威者。警察是被政權逼瘋，或者是被政權內想奪權爭利的勢力逼瘋……」然而，這個逼瘋人的政權，剛剛送他 486 萬生意。

另一家「科域盈創」，也是搞公關的，主事人之一就是林鄭競選特首時的對手曾俊華的「軍師」、前財爺政治助理羅永聰。

黑暴期間，這位前官員高調上街「反暴政」，同樣地，他也是剛剛賺了這「暴政」355 萬顧問費。

花錢不要緊，花錢送黃絲都不要緊，如果做到事、為香港土地房屋問題找到出路，也是功德。但，諮詢完了、報告交了，然後……對不起，沒有然後。

我相信，許多人已忘了社會上曾經風風火火的土地大辯論，1722 萬寫成的報告，哪裏去了？有執行嗎？有解決問題嗎？

黑暴加疫情，樓價沒跌過，大家都說，有問題，到底，是房子有問題？是制度有問題？還是人有問題？

2021-05-05

我們重視的，是哪個國？

由陳凱歌、徐克、林超賢三大名導聯合製作的抗美援朝史詩式戰爭片《長津湖》，上映六天已大收二十三億人民幣，內地朋友都看了，都在討論，唯獨香港人全部搭不上嘴，因為這裏的電影院沒得看真實的長津湖，只能看虛構的占士邦。

有時候覺得，兩地要融合，不單靠經濟，文化融合才更重要。

回歸廿四年，我們的免費電視頻道，近年才有得看中央台，而且是一兩個被選擇的台。

一河之隔的內地，你可以拿着電視遙控看中央台各個頻道，還有湖南衛視、浙江衛視……遠至東北的電視台都可以看到。電視沒有疆界，整個國家東西南北的喜怒哀樂，大家都能一同感受。

惟獨香港人，一直像置身事外，國家的發展，我們不能同步在電視上看到，難怪好多香港人仍以為中國處處有人賣血賣腎，一國的資訊，我們一直未能第一時間傳到老百姓眼底。

同樣，國家的熱話、中國的潮流，我們一樣無感。早年內地有套火熱電影《流浪地球》，今日又有人人談論的《長津湖》，香港人繼續無份介入這種全國狂熱中。連一套電影都不能同步放映，又難怪香港年輕人總跟內地接不上軌。

前年我帶女兒到甘肅旅遊，享受一夜沙漠露營。當晚，營主搞了場篝火會，大家一起圍爐唱歌。我的祖國、南泥灣、長城謠、黃河頌……一首接一首的唱，不用拿着歌詞，人人都能接上。唯獨我女兒搭不上嘴在問：「怎麼你們個個都識唱？我卻一首都不懂？」

那一刻，我感覺到她那種融不進來的落寞。生活、文化、藝術，才是最容

易水乳交融的載體，當我們的電視台仍會直播英國王子大婚、皇室喪禮，就別怪我們的孩子不愛國，想想我們一直給下一代看的，是哪個國？

2021-10-07

教育，是鴨子游泳

2014「佔中」那年，許多人說，香港之弊，弊在教育，小修小補已無濟於事，沒有大刀闊斧的大改革，香港教育會一直沉淪下去。

一講，又七年了，剛剛好一代人，「佔中」那年唸中一的，今年大二了。教育嘛，別說大改，連修補縫針都沒有，只動了一丁點通識。

教育問題，像鴨子游水，表面悠閒，水底卻是在拚命。

大家都說，教育太複雜太廣闊，一定要從長計議。但，開始「計」了嗎？「議」過了嗎？

幾困難的問題，只要開始，就有希望；同理，幾簡單的事，只要不開始，就永遠不會成功。

難怪，愈來愈多朋友在思索，是否該把孩子送走？內地也好、外國也好，總之，用腳對香港教育投下不信任一票。

教育局數據顯示，截至今年六月，公營中小學有近 8000 人退學，雖然大部分退學原因都是移民，但也有選擇內地或海外升學。家長都說，離開，是為了孩子，因為實在對香港教育失望失信心。

朋友告訴我一段教育學院畢業生的對話，A 畢業生說：「我被兩間學校取錄了，一間是 band 1 名校，一間是 band 3 屋邨學校，該選哪間好？」B 畢業生回答：「梗係教 band 3，教 band 3 唔使帶個腦返工。」

聽到，能不驚訝？

這年多，因為疫情，大部分大專院校都上網課。大專大學跟中小學不一樣的地方，是有兼職講師，這些老師的薪金都是按時薪計算，於是出現一個問題，就是講師「呃鐘」。

有大專院校疫情期間因關閉了實驗室，取消了實驗課，但卻有兼職講師把

實驗課的鐘錢報上去領工資，有同事認為這屬行騙，院校負責人卻不了了之，「呃鐘」教師仍獲續聘。連教師失德行為都不介意，我們對香港教育還能有什麼期望？

朋友在職訓院校任教，他說好多教師連自律能力都沒有：「學校返工不用打卡，於是，十點半前，教員室水靜鵝飛，十點半開始有人，十一點半準備吃午飯，兩點半吃完回來，四點後基本上走清光……好多所謂博士，給學生留個手機號碼就溜掉，說你們24小時都可致電，當然，要找他，是永遠找不到的。」

不能否認，香港仍然有好多有心教者，但當教育界充斥這種「搵食」教師，而當權的又不予以懲罰甚至淘汰，能叫有心人不灰心不死心？

教育，從幼稚園到中小學到大學、從制度到教材到教師，都是問題，不能修補，只能推倒重來，否則新一代問題孩子將再湧現。

2021-07-28

一萬蚊一日的官

看內地扶貧新聞特輯，看到這段讓人動容的對白……

扶貧幹部李志剛開了七小時車盤過大山又來看熟悉的貧民，他蹲下跟一位老太太問：「您身體可好？」

老人家笑着說：「穿也穿得好，吃也吃得好。」

「只要你穿得好吃得好，那我們幹的工作就有意義了！」

「你姓什麼？」老人問。

李志剛靠到她耳邊叫：「喊我小孫子就成了。」

一句「小孫子」，就是把老百姓當家人了，父母官，該當如是。

近日，香港官場有宗小風波，前食環署署長劉利群獲晉升至政務官最高位置，成為新任食物及衛生局常任秘書長，月薪增至三十萬。

因黑暴期間對連儂牆的不作為，食環署的表現一直為市民詬病，作為署長的劉利群未被問責，反而獲升職加薪，自然引起民憤，四方討伐，包括建制派。

曾當政務官的葉劉淑儀為劉利群挺身而出，說連儂牆責任不在她，希望大家別對政務官作「文革式批鬥」，因為「政府內資深政務官已買少見少」，「一些政務官表示十分擔憂」……

我不糾纏於連儂牆責任誰屬，也不爭拗那是批評還是批鬥，我只想問：警察呢？警隊一直被抹黑誣衊批鬥，今日劉利群被罵幾天就受不了，那警察連同家人被罵被起底被欺凌了幾年，又如何？

我還要說一個數字：一萬元。晉升上新位置的劉利群，每天的工資是一萬元，你沒看錯，是每天，她一天工資已多過好多老百姓一個月薪金，這樣的待遇，既然做不好工作，那讓市民罵罵洩憤，也該值吧？

同樣當官，前面提及的扶貧幹部李志剛一個月工資頂多三五千，對比劉利

群一個月三十萬，卻辦事不成，擔當欠奉，慚愧嗎？香港太多人身在福中不知
福了，一萬蚊一日的官，又是一例。

2021−03−04

不要問，只要買，這是行為藝術

雖說一樣米養百樣人，但總覺得，人對美醜的標準不會相差太遠。但原來，藝術的標準真的可以天南地北，尤其那些當代藝術、行為藝術，我常常站在這類展品前嘆句：藝術，我真係識條鐵！

其中一個叫艾未未的人，他最出名的作品叫《一億顆瓜子》，把瓜子鋪滿一地象徵被踐踏的人民，就是他的所謂藝術，老實說，我等蟻民不懂欣賞。

更不懂的，是 M+ 博物館竟動用庫房公帑 1.77 億買下大量比這瓜子更莫名其妙的作品，例如艾未未和幾個老婦的裸照，還有一大堆性器官照片。小市民辛苦工作交的稅，就是用來給政府一擲千金買垃圾。香港社會為什麼充斥怒氣？這就是其中一把火。

最近，年輕博客鄭久慧在《點新聞》寫了兩篇文章，揭發西九文化區即將開幕的 M+ 博物館，用過億公帑買下一大堆褻瀆國家、品味低俗的嚇人藏品，當中包括艾未未一幅指着北京天安門舉中指的照片。

藝術很個人的，你喜歡中指、喜歡器官、喜歡仇恨，不要緊，你自己開個私人博物館來收藏吧，社會該有幾個逐臭之夫懂欣賞，但請別用納稅人的錢來買垃圾，可知道我們交稅的每個銅板咬開都是有血有淚的。

翻查這些億元藏品的購入過程，多少嗅到官商勾結的味道。故事，要由現在把持 M+ 博物館的瑞士人希克（Uli Sigg）講起。

曾蔭權當特首的年代，委任了夏佳理進入西九文化區管理局董事局，無獨有偶，夏佳理女兒是個文化藝術經紀，與希克熟稔，於是代 M+ 博物館跟希克洽購藏品。

希克不是文化人，卻是 80 年代瑞士駐華大使，駐京時常鑽 798 文化區，買下大量便宜的當代藝術品。

　　離任時，希克把大批藏品帶回瑞士，並下海做了藝術品經紀人，並創立「中國當代藝術獎」，專門吹捧一些反共的、具政治爭議的、踩道德底線的作品，藉每年獎項捧紅一些中國藝術家，抬高他們身價。

　　當時的西九文化區要為 M+ 博物館「入貨」時，希克看準機會，決定一次過把當年在中國搜羅的藏品脫手，於是提出交易方案：他可捐出部分藝術品，條件是 M+ 要用 1.77 億買下他其餘藏品，當中艾未未展品更要永久保存及輪替展出。

　　結果，2012 年 6 月，曾蔭權離任特首前，這個「希克系列」以 1.77 億成交，希克更獲邀成為 M+ 博物館董事局成員，從此隻手遮天。

　　博物館以過億收購無厘頭希克系列之後，據悉去年再用 600 多萬購入六個紙箱、1000 多萬從日本購入一堆木板……

　　也許，用好多好多錢買一些無人明白的東西，本身就是一種高深莫測的行為藝術，小市民，懂個屁。

2021-03-21

針對我是失焦了，請回正題

《國王的新衣》故事，大家都耳熟能詳，故事重點，是小孩子指出全世界不敢揭穿的謊言。這個過程中，大家不會追究小孩說話時用字正不正確，文法有沒有誤？因為焦點是：國王，你沒穿衣服！

日前，我在《大公報》發表文章《不要問，只要買，這是行為藝術》；翌日，再在網媒《港人講地》發文《1500 萬買入舊裝修》；第三天，又在《頭條日報》撰文《手快有手慢冇》。三篇文章，矛頭都直指年底即將開幕的西九文化區 M+ 博物館，多次以天價公帑買所謂的藝術品，包括以 1.77 億元一次過購入瑞士人希克多件當代藝術藏品。希克藏品中有艾未未以中指指向天安門的照片，和大量反中反道德的裸照、中指、性器官照。又以 1500 萬買下日本一間執笠壽司吧的全部裝修和傢俬。

因為事態嚴重，急於撰文，忘了做幾項身份查證，結果，把原是「西九龍文娛藝術區核心文化藝術設施諮詢委員會成員及轄下表演藝術與旅遊小組召集人」的周梁淑怡，錯寫為「西九董事局成員」，引起周梁淑怡大怒，認為文章「全面失實、完全錯誤、與事實嚴重不符」。周梁的批評自然引來嗜血黃媒跟進，紛紛撲出來狂咬。

我習慣被噬，傷不了身。反而自己大意把周梁淑怡的銜頭寫錯，我謹此致歉。其實文章還寫錯了另外兩點：包括梁振英先生並非西九董事局成員，和收藏家希克是 90 年代駐華大使而非 80 年代，在此一併向兩位致歉。

不過，我相信這寫錯的銜頭和年份，並不影響文章主旨，我三篇文章的最大問號是：這些天價買賣，到底有沒有官商勾結？有沒有利益輸送？

我希望，大姐大佬們跳出來澄清的，不只是我寫錯的銜頭，而是我看錯的疑問。我希望你們遺憾的，不是我一介草民對你們身份地位的錯配，而是西九

董事局用納稅人錢買下中指、性器官及反中反黨「藝術品」的錯失。

　　西九董事局主席唐英年兩年前接受《堅雜誌》訪問時承認，是他親自飛到瑞士把瑞士人希克那 1.77 億藏品爭取回來的。當年唐英年對記者這樣說，有這套藏品，「心就定了」。

　　當記者問及藏品中有向天安門舉中指的照片時，唐英年說：「藝術的表達，是應該跨越一些人類所設的限制。」如果我是記者，我會追問：「你說的跨越限制，是否包括法律？譬如國安法？」

　　唐英年補充：「如果一件藝術品好明顯是政治化，我覺得已經不是一件藝術品，便不宜展出，我們本身有專家去評估。」問題就在這裏了，不是買之前評估？是花 1.77 億買回來才評估？如果評估後發現不能展出，豈非白買？納稅人的錢豈非全倒進鹹水海？

　　小市民不懂藝術，所以你們更加要說服大家、告訴大家，你們用公帑買回來那堆是什麼藝術？對香港藝術發展有什麼裨益？對下一代文化栽培有什麼意義？

　　有讀者給我留言：藝術是提升心靈層次，而不是拉低的，請問舉中指是提高哪方面的心靈層次？

　　我不是警察，無權查案；我不是議員，沒法質詢；我只是一個點燈者，寫篇文章，提醒大家，這裏有個黑洞，這裏出了問題，希望社會正視。所以，我的錯誤不是重點，重點是，官商有沒有勾結？

　　針對我一介書生是失焦了，請回正題，告訴納稅人，那 1.77 億藏品如何值回票價？

2021-03-26

建制派，考牌的時候到了

西九文化區 M+ 博物館亂花公帑購買藏品引起社會關注，總覺得，這是一個給建制議員考牌的最好時機。

這陣子大家一直在研究，治港的愛國者需要具備什麼素質？能力？擔當？膽識？智慧？謀略？⋯⋯社會也一直觀望，沒有攬炒派的議會，建制議員能否做出成績來？

今天，試題來了，M+ 博物館就是給建制議員一條百萬富翁式的難題，如何應戰？敢不敢應戰？是關鍵。

西九問題不只是艾未未的中指，不只是挑戰國安法，如果只是這個就太簡單了，撤掉那幾幅問題作品不就解決了嗎？

對社會大眾而言，西九的焦點是決策者有否亂花公帑，購入一些問題藏品？當中有否牽涉官商勾結和利益輸送？

昨天唐英年見記者時說，以 1.77 億買下瑞士人希克的當代中國藝術品是值得的，因為當年那些作品市值已達 13 億，今天價值已倍數增長，言下之意，1.77 億是抵到爛了。

同場，唐英年、M+ 博物館館長華安雅及署理行政總裁馮程淑儀帶領立法會議員參觀西九文化區，據媒體報道，議員當場未有提問，反而議員之間討論得最熱烈的，是大家穿什麼品牌的運動鞋。

我明白，西九問題是複雜的、是難掌握的、是得罪人的，因為它牽涉到政府、商人、諮詢架構、專家、藝術家、收藏家⋯⋯這中間有一個個關係網，是一場場界面派對。人家一句：你懂什麼，大家就會被嚇窒。

我不懂藝術，但我知道，如果一間博物館的「入貨」準則是買入世上最價值連城的藏品，那博物館應該好快會破產。

　　博物館的藏品不一定要買，可以租、可以借，經營博物館不同當收藏家，收藏家可以炒賣藝術品，博物館一買下就要永世保存，倉租、維修、保養、冷氣費也是一世的。所以「入貨」要謹慎，如今買下不能展的作品，難道沒有人要負責嗎？

　　況且藝術市場向來充斥以藝術品洗黑錢或賄賂的行為，那些天價，到底是被抬的價？還是值回票價？相信大家心裏有數。

　　立法會 2008 年批出 17 億給 M+ 博物館購買藏品，至 2018 年財政年度完結時，M+ 已用掉 8 億。

　　上網看看 8 億買了些什麼？除了艾未未，絕大部分仍是醜化中國、醜化中國人、醜化中國領導人的作品。我相信，這只是片面的中國當代藝術，或者是一個流派的中國當代藝術，甚至是西方人眼中的中國當代藝術。

　　當議員們關心該不該為支持新疆棉丟掉 Nike 波鞋的時候，不妨想想，M+ 博物館這個展覽中國當代藝術的窗口，品味還該是由西方人把持控制嗎？

　　建制議員們，沒了攬炒派，大家會對你們寄予厚望。西九是市民對議員的一次考牌，看你們能否為納稅人守好庫房的血汗錢；西九也是國家給你考牌，看你們能否在藝術路上好好守住國家的尊嚴。

2021-03-30

荒廢了整整兩年的學業

什麼叫荒廢學業？相信這兩年做家長的都有最深切體會。

由 2019 年 6 月開始的黑暴、到 2020 年一整年的新冠疫情、至今 2021 年已踏入第三個月，加起來接近兩年了，唸書的孩子，基本上沒怎麼上過學。

那天看到一則報道，記者問一位小學家長：「會否擔心停課影響兒子學習進度？」那位父親答得妙：「過去一、兩年經常停課，都唔會有咩進度㗎啦！」老實說，不退步已是萬幸。

朋友說兒子愈來愈遲起床，現在天天都是早餐連午餐一起吃：「早起沒事幹，還不是在打機，由得他多睡幾個鐘，感覺上健康過打幾個鐘機。」

做父母的，已絕望到寧願子女做大懶蟲，總好過變成打機奴。

不是一直上網課嗎？有人問。

大家不會純真到相信網課可以取代上學吧？有位校長說，網課跟實體課所達到的教育效果，根本一半也不到。

我女兒上星期的網課是：乒乓球，聽到也該笑了吧？其實還有籃球羽毛球網球游泳……說出來是笑話，想深一層是悲劇。

更悲哀是，她根本沒同學、沒新朋友。女兒升上大學沒多久就不用上課，所有同學，都是一個電腦上的頭像，沒社交、沒友誼，這兩年在學的孩子，最好的朋友都是手機，所有朋友都在虛擬世界。

我家附近有個公共屋邨，那裏聚集了幾家中學，最近發現，邨內多了童黨。因為孩子不用上課或逃課，家長要搵食，子女跑到街上蹓躂，你管不了也沒辦法管。

家長心急，孩子鬱悶，倒是老師懶懶閒，教育局更完全沒為下一代着想的意志。

廣播處長戴健文。

　　學生跟戴耀廷一起去違法達義，盲撐教授，可以理解；但曾在港台任職半生、兩度應徵廣播處長失敗、退休後曾擔任林鄭月娥競選辦主任的港大校董戴健文，竟然投了支持罪犯、反對炒戴的一票，港台之爛、公務員之爛，從戴健文手上這一票告訴了大家因果。

2020-08-01

原來，要做守法順民這麼難

大家認為，做守法順民容易？還是做違法惡霸容易？我一直以為，是前者。直至個多月前，我有以下遭遇，從此，顛覆了我的看法……

我家住村屋，去年底開始大裝修。我們明白裝修總會影響鄰居，已盡量跟鄰里一早溝通。大家都是明理人，今次我裝修，下次輪到你，家家有求，如能互相包容，就能和平共處。

無奈，這世界總會有些橫蠻無理的人，我倒楣，碰到個惡霸鄰居住在樓下。

因為我的裝修工程要更換喉管，而樓下住客一直把家中雜物，如洗衣機、晾衣架、玩具車、大型盆栽、燒烤爐、膠枱膠櫈……非法擺在門外，住一間屋，卻霸出了半間屋的空間，平日無事，我們也不多事投訴，但如今雜物阻礙裝修，於是，跟他們好言相談，希望他們能搬開雜物，挪出一點空間讓師傅完成換喉工序。

誰知，惡住客一句「冇得傾」，不單粗口爛舌發爛渣阻止師傅開工，還拍下我們的照片放上黑暴黃絲網站攻擊欺凌。

我相信法律，我從來不認為這世界惡就可以為所欲為，於是，我嘗試用一切合法途徑去解決問題。

首先，惡住客擺放雜物的是官地，他們把整條路當成自己物業來霸佔，於是，我們向食環署、地政署投訴，那刻開始，我見識到什麼是官僚。

投訴一星期後，食環署派員視察，說要找地政署一齊來。然後，又一星期，連同地政署重來視察了，十幾人，拍拍照，連警告都沒有就離去。兩次視察後，又等了個多星期，地政署再派人來貼警告信，提醒住客限期前不把雜物搬走，就來清場。

惡租客在黃絲網站求救，有自稱食環及地政署的網民教他們走法律罅：只

要把物件升高離地，他們就捉不到你。果然，惡住客在最後限期前一晚，把洗衣機移去另一邊牆，把地上雜物全部掛高，翌日，地政署人員果然沒搬走一草一物，連移去旁邊的東西都視而不見。

明明來勢洶洶的來了三十多人、兩架大貨車，一輪大龍鳳後，空手而回，什麼也沒掃走，之後惡霸又重新把雜物擺放出來，我們花了近兩個月嘗試用法律解決問題，卻在官僚機構的官僚行徑下，毫無寸進。

我質問地政署官員：你們明明拍了照，明明看到照片裏的東西不是掛高離地，就是搬去另一邊，你們竟然可以視而不見？

他說，東西離了地，就不屬於霸佔官地，至於他們重新擺放，你們可重新投訴⋯⋯

即是說，又要玩一次那些視察再視察、警告再警告、最後「得個桔」的所謂行動，然後收工，close file，所有問題沒解決，他們只是解決了你的投訴。

被我們追得緊，地政署官員建議我們去民政署投訴，典型的官僚手段，一個部門推一個部門，如此簡單的一個民生問題，沒有官員肯正視，大家只在玩音樂椅，鬥快傳波。

終於明白，原來要做守法順民那麼難，怪不得一街都是惡霸，只要夠惡、夠爛，你就可以目無法紀，你就可以為所欲為，而這些惡人，其實都是懶政官僚助長養成的。

2022-04-07

集體不作為

前天我在小欄寫了篇文章，講述家居裝修期間遇到黃絲惡霸霸佔官地阻礙工程一事，引申出香港一個公務員系統的嚴重問題，就是人人在玩音樂椅，少有人真心想為市民解決貼身民生問題。

文章刊出後，一石激起千重浪，不少朋友及讀者都來訴苦，細說自身經歷，原來我的問題只是冰山一角，幾乎每天在社會不同角落都在發生類似故事，讓守法順民由氣餒到死心到憤怒，躁動的人心，就是這樣積聚形成的。

有朋友投訴露宿者長期霸佔官地，影響市容及衛生，情況如同我樓下惡霸的霸地事件。有關部門有預警地來查察，只要清場當日露宿者不在，雜物掛高離地，部門就可蓋棺結案，回投訴人一信說「沒看到露宿者」，便「功德圓滿」。大家不求解決問題，但求 KO 投訴。

另一個案更經典，簡直是周星馳喜劇橋段⋯⋯

話說有人某日在窗外渠管發現一隻死鳥，於是打電話給食環署。食環署說，鳥死在渠口，你應該找渠務署。渠務署接到波，說鳥是動物，你應該找漁護署。然後漁護署說，死鳥不是生物，是垃圾，你應該找食環署⋯⋯

兜了一個大圈，又回到原點，結局，投訴人決定自己拿枝竹把死鳥推落街算了。我倒忘了問，他最後有沒有被反控高空擲物、或者亂丟垃圾？

這類經典例子，多不勝數，一個部門推一個部門，解決不了問題已事小，惹事上身才更事大。難怪，說起政府、說起公務員，市民都擰擰頭，求他們？還不如找 TVB《東張西望》奏效。

一個城市，遇事完全投訴無門，竟要找到電視台生活雜誌式節目來高調狙擊才會有人關注，那就是整個體制出問題，那就是官員問責制度出問題。

少做少錯，不做不錯，這不是香港人從前常常用來嘲笑內地官員的口脗

嗎？今天，內地官場已改變了、進步了，我們看到很多「不做下台、做錯收監」的例子，但香港呢？當日在五十步笑別人那班官，現在已墮後到一百步以外，成了「不做不錯」的典型了。

　　公務員問題是香港的大問題，不做不會受罰，做錯沒有後果，那誰會蠢到主動找事做？如果 18 萬遍布社會每個環節每個階層的公務員都集體不作為，然後又集體沒後果，市民長期積怨，總有一天，會令社會的忿懣一發不可收拾。

2022-04-09

電視不死

很多人都說，電視已死。網絡年代，電視已成夕陽行業，尤其年輕人根本不看電視，方寸手機才是他們的世界。

我覺得，說對了一半。

沒錯，網絡盛行，電視確實被搶去很多客仔，新聞可以手機看、劇集可以手機看、綜藝節目在手機更是碎片化，什麼種類都有，而且沒尺度沒底線，一定比受電檢限制的電視節目過癮。那麼，電視還有什麼吸引力呢？

我認為，有的。

汰弱留強，市民還看電視，主要有幾個原因：一、好看；二、城中話題；三、與自己有關；四、方便。

這是我從 2021 年的東京奧運和 2022 年的北京冬奧總結出來的觀察。

東京奧運之所以能夠在香港掀起熱潮，以上四點原因皆中。一、奧運雲集世界最頂尖選手，比賽一定好看。二、「昨天有沒有看全紅嬋的無水花跳水？」那就是話題。三、香港隊的張家朗、何詩蓓拿獎牌了，這就是與自己有關。四、幾個免費電視台從早到晚都有直播或重播比賽詳情，那就是便利。

試想想，香港人對冬奧運動認識有幾多？過去我們叫得出幾多個冰雪運動明星的名字？我想，答案就算不是零都接近零。

然而，冬奧期間，大家彷彿都成了冰雪專家，那陣子，谷愛凌、蘇翊鳴、武大靖等體育明星肯定紅過劉德華，一個從不下雪的地方，市民對冰雪運動忽然熱衷，除了因為好看，最大推動力就是方便，大家隨時隨地打開電視都有得看。所以，電視不會死，只要符合以上四個條件，電視還會有很多發展空間。

前幾天我們「體育、演藝、文化、出版」界別的選委跟特首候選人李家超先生開網上諮詢會，我就提議，把香港電台現有的免費電視頻道，收回來做

24 小時「體育文化」台。

　　體育、演藝、文化、出版這些範疇，其實是一個城市的軟實力，栽種這種軟實力，除了有內容，更要有平台。

　　政府一直有很多培訓計劃，訓練出潛質運動員、音樂人、藝術家、演員、舞者⋯⋯人有了，都要有平台讓他們發揮、磨劍，才能成大器。所謂平台，除了是實體的啟德體育園、西九文化區，其實還有一個更便宜的途徑，就是免費電視。

　　張家朗都不是一天就成為神話，如果香港有個體育文化台，播放一些「跟大家有關」的故事，如：學界籃球冠軍賽、學界田徑總決賽、學界舞蹈節，甚至亞洲錦標賽、全運會等等，年輕的運動員或者演藝文化工作者有了表演平台，就會更有動力去發揮所長。況且，直播一個學界田徑運動會，學校老師學生會看、家長會看、校友會看、子女有份參賽的家長會叫姨媽姑姐看⋯⋯收視一定會好過之前港台直播台播的龜和魚。

　　正如我剛才說，電視好看是一個因素，「關我事」也是個因素。你兒子的表演未必好看，但他上電視表演你就一定會看。香港電台有三條免費電視頻道，如果能把它的內容打造成香港人覺得「很好看、有話題、關我事、隨時可看到」，那將會是一個發揮香港軟實力的最佳平台。

2022-04-24

一個毒瘤的坐大

我喜歡，逆向思維，有時候用意想不到的角度看事物，反而會看到真相。

昨晚，教協向全體會員發信，並宣布主事人前天開會後的決定：「教協本周決定，今後將聚焦教育專業和權益的工作，全力做好工會的本業，服務會員，並繼續為會員提供多元化的福利服務⋯⋯」

正常人看後，第一個反應是：「嘖，講這些阿媽係女人的廢話！」

用逆向思維想想，這不是廢話，這決定內藏玄機。

執委們臨急開會，商討出來要大張旗鼓宣布的決定，竟是「阿媽係女人」，即是說，之前那個阿媽，根本唔係女人。

擁有 48 年歷史、9.8 萬會員的教協，竟然漏夜隆重宣布：以後會聚焦教育，即是說，過去從沒聚焦教育；又發誓將來會全力做好本業，即是說，之前一直沒做好本業。

教協忽然舉手投降，決定去政治化轉從良，皆因日前被兩份官媒新華社和《人民日報》狠批，指其「是香港教育界的『最大毒瘤』，也是整個香港社會亂象橫生的一大禍根。香港教育勢必要來一場刮骨療毒的改變，『教協』這顆毒瘤必須被剷除。」

四句話，用了三個「毒」字，不單教協，連教育局官員都感受到那份震撼，於是，教育局立即宣布中止與教協的一切合作關係。

同是用逆向思維，我們的關注點，不應是看教育局終止了什麼合作內容，而是看教育局幾十年來到底跟教協合作過什麼？給過教協什麼便利與好處？

其實，給了教協幾十年便利的，何止教育局，還有稅務局。

眾所周知，教協在旺角有間專為會員而設的大型購物中心，裏面賣的東西包羅萬有，包括書籍、文具、食品、電器、傢具、電子產品，甚至各類禮券、

樂園門票……你想得出的東西都有得賣，而且折扣很多，是吸引會員的亮點。

然而，大家可知道為什麼教協超市賣的東西可以這麼便宜？因為它是用一個叫「香港教育專業人員協會教育發展基金有限公司」註冊，並於 1995 年成為香港《稅務條例》第 88 條下豁免繳稅的慈善機構。

這個俗稱「88 牌」的免稅地位，是由稅務局確認的，若政府認為該慈善機構對香港貢獻良多，就會提供各種資助和支援，當然，中間也有很多規定，譬如不能涉及政治。

這些年，大家有目共睹，教協不單積極參與政治、鼓吹暴動，甚至多次為支聯會及民陣等反政府組織提供財務安排，嚴重違反稅務豁免的規定。

一個已遠離初衷的機構，一個已投入反中反政府政治漩渦的組織，還「慈善」嗎？還有「貢獻」嗎？還要給它如此優厚的免稅優惠嗎？

一個毒瘤的坐大，是有很多人很多部門長期餵養成全的，毒瘤有錯，但把它養大的人也難辭其咎。

2021-08-04

港台鹹水海

從沒見過如此厚顏。當你吃着皇糧反朝廷，拿着納稅人錢反社會，然後被天下人咒罵的時候，你卻自我感覺良好地說：「唔係吖，我堅守崗位吖，有幾萬人讚我吖……」無恥，原來真是無敵的。

昨天，廣播處處長梁家榮向香港電台全體工作人員發信，讚揚員工表現，為這個食碗面反碗底的政府部門死撐，梁家榮那種說歪理的方法，邏輯很黃絲。

信中如是說：「自去年社會躁動至近月全民抗疫，香港電台像社會各界一樣，遇上前所未見的挑戰，感謝同事一直堅守崗位，盡心盡力為市民服務……過去三個星期，社會不同群組對《頭條新聞》內容表達關注，意見紛陳……《頭條新聞》絕非新聞報告節目，內容特色是諷刺和針砭時弊，這類城中少有的劇種，借社會熱話，反映社會脈搏和讓觀眾舒氣釋懷……新一輯《頭條新聞》啟播後共收到 3 萬多宗讚賞，另有 6000 多宗意見和投訴……」

處長用 3 萬對 6 千的數字，顯示香港電台得到的讚賞多過投訴，言下之意，這反政府的方針政策沒有錯，不會改。哦，處長原來你們要玩數字，那太好了。

香港電台不是商營機構，講的是社會責任，所以從來不用算收視率，也不用理有沒有廣告。很多節目，沒人看沒收視更沒廣告，但一句「小眾」、「讓社會更多元」，納稅人就要倒錢落這個「港台鹹水海」。每逢大家質疑港台收視率從來不超過整數 1 的時候，他們會說，我們不是算收視，我們是算欣賞指數，我們是做一些商業頻道不做的冷門節目……

然後處長今天說，港台收到 3 萬個讚賞，多過 TVB；只得 6000 個投訴，少過 TVB……咦，乜你會跟商業機構比的嗎？那就好了。

真的要比讚賞，不是比表揚信，而是比收視率，按下你的頻道、收看你的

節目，就是最有力的讚賞，不用寫信，按遙控就是投票。

審計署早前一份報告指出，港台電視 31 平均收視率只得 0.1 點，即僅有 6400 名觀眾，比我的文章收視率還要低。得 6 千幾觀眾收看的電視台，竟然收到 3 萬幾封讚賞信？奇特啊，只讚不看，到底是什麼原理？

梁處長說《頭條新聞》節目不是新聞，是諷刺、讓觀眾舒舒氣，那我想問，為什麼《頭條新聞》從來沒有針砭黎智英戴耀廷？為什麼從來不諷刺暴徒？為什麼從來不找梁振英當主持？為什麼從來沒有為藍絲舒舒氣？

香港電台每年從庫房拿去十億，當中六億是用來支付僱員薪酬，為什麼糧餉開支這麼大？因為港台大部分員工都是吃皇糧的高薪公務員，他們捧的是鐵飯碗，於是可以肆無忌憚撐暴力反政府，而幫兇，正是他們的頂頭老細——有權不用的商務及經濟發展局局長邱騰華。

梁家榮的信說得很清楚，他們不認為自己有錯，他們反政府的方針將繼續。好了，處長出面力挺了，邱騰華你在等什麼？

2020-03-13

博物館暗藏的殺機

到內地或者外國旅遊，博物館幾乎是必去項目，反而自家地方的博物館，自從孩子長大之後，就很少再去參觀，除非有特別主題展覽。

前幾天跟朋友聊起香港博物館的狀況，才驚覺我們的社會教育原來暗藏殺機。

是的，教育除了在學校、在家庭、也在社會。社會教育除了新聞、網絡、電影、電視、藝術、文化、書籍、廣告……博物館其實也扮演重要角色。

朋友的孩子是個幼稚園生，復課後其中一項課外活動就是參觀上環半山的香港醫學博物館，因為要家長陪同，這才讓他有大發現。

醫學館當然要說香港醫學史，除了年代久遠的麻風、鼠疫，不得不提的就是 2003 年非典肺炎那一章。

如果大家還記得，非典讓大家聯想到的動物宿主是果子狸，然而在 SARS 的展板上，卻繪上大大隻蝙蝠，還有兩幅恐怖的炸蝙蝠「美食」圖，旁邊是解釋「冠狀病毒突然傳染人類」的原因，其中一項就是「中國人長久以來視野味為美食，蝙蝠等野味更是枱上珍品……」

朋友的即時聯想，就是新冠肺炎時那幅張冠李戴的蝙蝠湯。2020 年瘟疫之初，很多人在傳一段武漢人喝蝙蝠湯染疫的假新聞，雖然事後證實那蝙蝠湯是太平洋島國帛流的「名物」，但武漢、蝙蝠跟新冠肺炎，已成為印在大眾腦海的連結印象。

沒想到，這種「中國人愛吃蝙蝠帶來新冠病毒」的謬誤，竟然堂而皇之地寫進博物館成為歷史材料了。

另一位研究歷史教育的朋友也分享了他參觀香港歷史博物館時的不安感覺，他說，博物館裏的香港歷史，由小漁村開始，然後華洋雜處，發展成東方

之珠、美食天堂，再然後，主權移交，97 年 6 月 30 日那夜，滂沱大雨，查爾斯王子、彭定康、還有他三個漂亮女兒坐上英國皇家遊艇大不列顛號離開，香港人依依不捨淚流滿臉⋯⋯

　　至於鴉片戰爭，雖沒有明言，但潛台詞就是讓人覺得那是一場貿易戰，視頻只得一個鴉片煙槍的鏡頭，解說時還引經據典說鴉片在李時珍時代已是中藥。

　　說到日本侵華就更顯獨立了，抗日史只談 3 年零 8 個月香港淪陷那一段，完全與國家的抗日戰爭切割開來。

　　原來，我們一直沒有好好掌握歷史話語權，官辦的博物館尚且如此，民間演繹、學校教授內容當然就更百花齊放了。

　　有時候，真怪不得年輕人沒有國家觀念，看我們幾十年來餵他們什麼資訊，就知道為什麼新一代會沒半點愛國情懷。講好中國故事，看來要自從講好香港故事開始。

2022-05-11

54億不是起死回生的藥

這幾天大家的焦點，仍在海洋公園的生死存亡，因為立法會財委會正在審議是否批出海洋公園 54 億撥款。如同一切富爭議的議題，贊成和反對的人都壁壘分明，各有理據。

我倒想扯開話題一問：香港人，問問自己，你上一次去海洋公園是幾時？

我覺得，我是比較有資格說海洋公園的。

我們這一代可說是看盡海洋公園的興衰起落，1977 年主題樂園開幕，給全港學生優惠門票，那時候，幾乎所有中小學都組織旅行團入園參觀，我便是其中一員，當年的海洋公園，是一個海洋教育基地多於主題樂園。

然後，長大了，跟年輕朋友仔再去海洋公園，除了看魚看海獅看大熊貓，也愛玩機動遊戲，「去玩，去癲，嚟 Ocean Park ！」這兩句廣告歌深入民心，從前消閒玩意不多，年輕人不是去浪茄游水，就是去海洋公園玩一天，門票不算便宜，但仍算付得起。

出來工作搏殺的日子，得閒死唔得閒病，有假期會出外旅遊，到外地其實也會去人家的海洋館，世界各地的海洋樂園各有各精彩，香港的相對之下是落伍了。

有了孩子，我的海洋公園歲月又回來了，3 歲以下入場免費，3 歲至 11 歲的小童票也不貴，於是一有空就開車帶孩子去看魚。三個女兒對海洋公園的熟悉程度，是連進出香港仔隧道前的廣告牌都背到滾瓜爛熟。

2003 年沙士，主題公園水盡鵝飛，我們是第一批買年票支持它經營，當然還有迪士尼樂園。孩子說，她們喜歡海洋公園多一點，因為機動遊戲是死的，玩多了會悶；但海洋生物是生的，每次去都有不同體驗。

沙士過後是自由行，海洋公園的鼎盛不用多贅了。人多、門票愈加愈貴，

紀念品食肆感覺都是搶錢的，漸漸覺得這裏是一盤生意多於教育。

後來因為幫忙寫童書，我走進海洋公園的後台，看大小熊貓的保育照顧，原來營運一個樂園，單是照顧動物，開支大得驚人，如果沒有遊客，單靠我們這類本地客根本不能營運。

這些年，不再童年的孩子年年仍會去海洋公園，通常是自己生日或者朋友生日，因為生日優惠，所以大家都是免費白玩。

所以，如果大家繼續趕客，繼續不歡迎自由行，海洋公園只靠本地人光顧，是死定的了。

今天的 54 億並不是起死回生藥，因為後繼無客之後，54 億只會無限 loop，欠完一個億又一個億。

有朋友建議把海洋公園改建成海洋大學，香港是小島，三面環水，本來有研究海洋的地利，不過香港的大學太多，如果要搞海洋大學，首先執了三幾間市區大學才成。

也有朋友建議把海洋公園拆掉來起居屋，整個山頭的地，加上幾面環海，完全夠地方建一個太古城規模的屋苑，屆時「明日大嶼」計劃可以收檔，社會又少了一個爭拗點。

因這裏已有港鐵站，交通配套齊備，起樓真的有得諗，到時留一個大魚缸、留下海馬標誌和登山纜車做集體回憶，屋苑就叫「海洋花園」吧！

2020-05-20

民怨何來？

朋友是連鎖店老闆，擁有過百家分店，新冠疫情下，零售是其中一個受重創的行業。

聽他吐苦水，細訴一個企業老闆的真實感受，其中有個畫面，最讓我震撼：「這一年來，我每天上班，推開公司的玻璃門，就感到肩背一沉，每個員工，背後都牽連着一個家庭，我覺得自己肩負着千個家庭的重擔，那種心理壓力，不足為外人道。」

這一年，生意斷崖式下跌，但他沒裁員、沒減薪，艱難時期，沒人想背上「無良僱主」的罵名，但又有誰來明白僱主的苦楚？這邊廂老百姓無論貧富都在努力共渡時艱，然而，另一邊廂卻不是開倉派米，而是浪費公帑。

昨天，立法會秘書處爆出一個驚人開支：1332.3 萬。原來，去年因 4 名立法會議員被 DQ，引起其他 19 名反對派議員發脾氣集體總辭，這班人竟然可獲得共 1332.3 萬約滿酬金。

這是什麼世界？一間公司有人劈炮唔撈，話走就走，正常都要賠錢才能即時離職，哪有送錢你走這回事？政府慷納稅人之慨，請問誰來給納稅人慷慨？稅單又要來了，我們可以不交稅嗎？稅交了卻被你們如此亂花，民怨就是由此而起。

還有幾筆爛賬：早前梁頌恆、游蕙禎各欠的 93 萬已發放酬金，及梁國雄的 275 萬議員預支款項，政府追了幾年，花了庫房訟費近 140 萬，結果，一毫子都未追到。因為梁頌恆已破產，這筆爛賬更已蓋棺，鐵定收不回，納稅人的冤枉錢，就這樣通通送到黑暴「港獨」的口袋裏。

最讓「共渡時艱」四個字成為諷刺的，還有一宗新聞，疫情下，簡直叫老百姓嚇一跳，就是政府已預留 2.46 億，獎勵逾 4500 名公務員出外旅行，獲

獎勵公務員可以與一名親友同行，2 人最多獲 5.5 萬資助，可於疫情緩和後出發，獎金報銷限期延至明年 3 月底。

公務員事務局局長聶德權表示，政府一直設有「長期優良服務公費旅行獎勵計劃」，表揚長期服務而表現優良的現職公務員，所以這筆數目只是個恆常開支。

我覺得，這絕對不是恆不恆常的問題，這是政治智慧的問題，當全香港經濟正值六月飛霜，每個小工和每個大小老闆都在艱苦經營，你拿 2.46 億出來請公務員及家屬去旅行，已不論值不值得獎賞，起碼觀感上已經非常難看。

這個疫情，公務員是完全不受經濟影響的一群，糧照出，工不一定要返，對比外面的風雨飄搖，公務員已經是大樹好遮蔭了，還要納稅人獎幾億給他們去旅行？

不要問，為什麼有民怨？要問，為政者幹過什麼讓市民心悅誠服？

2021–04–11

暴動有賞

慶幸這世界有互聯網，作為一介草民，我們無需跑到衙門擊鼓鳴冤，也不用上訪京城越級申訴，我只想透過網絡上書一封陳情表，告訴領導人，有一些問題，未必有人會告訴你，但那卻是小城的致命毒瘤。

兩個月前，新民黨立法會議員葉劉淑儀（由黨友容海恩代行）提出口頭質詢，問特首會否行使基本法第 48 條賦予的行政權力，制訂政策及發布行政命令，要求所有公務員宣誓擁護基本法及效忠香港特區。

這個質詢，大家覺得奇怪嗎？大家發現問題嗎？

原來，拿庫房糧餉、為政府工作的 17 萬公務員，竟然一直不用宣誓向政府、向國家效忠，怪不得，這麼多公務員又罷工又遊行又暴動，一張張所謂連儂牆紙貼滿不同機構的辦公樓、寫字枱，公然作反。

更奇的是議員提出此質詢後，公務員事務局局長羅智光表示，會着手研究是否要求所有公務員宣誓擁護基本法和效忠中華人民共和國香港特別行政區，期望明年暑假前有結論。

吓？知道有漏洞了，發現有問題了，高官的腦袋卻不是想想怎堵塞漏洞，而是先研究一下，明年再告訴你解決方案。

父母養你，你要孝順父母，天經地義；政府養你，你要支持政府，還用研究？這麼簡單的常理，卻沒有人敢出手修正。

不過，對比以下奇景，上述的其實都不算大問題……

有鑒於公務員參與非法集結或暴力活動數目愈來愈多，早前政務司司長張建宗公開表示，在示威活動中被捕的公務員會被即時停職。最新的數據是，截至去年 12 月 31 日，有 41 名公務員涉參與非法公眾活動被捕，其中 31 人已停職。

　　用來忽悠中央，此招似乎是一個不錯的交代，但卻從來沒人深究，這些被停職的公務員，有被停薪嗎？

　　答案是：沒有。

　　即是說，因暴動被捕而獲保釋候審的公務員，停職沒停薪，不用上班，月薪照拿，簡直就是奉送有薪長假。停職至法庭有判決，有罪才炒魷，無罪就復工，甚至不得影響其升遷，這種停職決定，簡直是一種快樂獎賞。

　　香港司法程序冗長緩慢是人所共知的事實，於是這些等候審判的公務員，隨時擁有一長達一年半載的歡樂有薪假期，有錢有時間又不用上班，正好參加多幾場「和你 lunch」、「和你迫」、「和你乜」、「和你物」……

　　公務員守則第一條：「公務員隊伍是香港特別行政區政府的骨幹，向行政長官負責，協助行政長官及政府制訂、解釋和執行政策。」公然反逃犯條例的公務員，本身已違反公務員守則，更何況外出犯法，這種人，竟然還可獲得政府給他 / 她不用做、有糧出的獎賞，你說香港的問題，是不是太荒謬太不可思議？

2020-01-12

直播無聊，也是直播罪證

潮流興直播，尤其近期疫情蔓延，大家不敢外出，守在家中百無聊賴，於是好多人迷上了看直播。

早陣子內地一名抖音直播主「誰家的圓三」在家隔離期間，因為覺得無聊苦悶，便用手機直播自己的睡覺實況，沒想到一個呆男的睡姿竟吸引了 1857 萬人在線圍觀，一覺醒來，竟獲得人民幣七萬六千元打賞，粉絲增加了 60 萬。

不過，說到最有意義的直播，一定非武漢的十天「慢直播」醫院建造工程莫屬。

央視對火神山醫院和雷神山醫院的建築過程進行了「慢直播」，沒有主持人、沒有解說、沒有字幕，只有幾個固定機位一直不間斷地開機拍攝的攝影機，引來超過九千萬網友觀看，也成了九千萬「雲端監工」，讓國民一同見證這場「中國速度」，令大眾對這次重大公共衛生事件有了切身的參與感。

央視這一回「慢直播」，完美演繹這種新網上傳播模式的社會意義，給同是官媒的香港電台 32 直播台簡直是一次狠狠打臉。

看過電視 32 頻道的香港電台直播台，一定會遇過這樣的畫面：一隻不動的龜在鏡頭前呆半小時、幾尾熱帶魚在魚缸穿梭二十分鐘……這個叫「慢電視」的節目，經常出現在香港電台直播台，跟上述那個直播睡覺的小伙子一樣無聊，不同處，是人家直播無聊可賺錢，但港台直播無聊卻是燒庫房公帑。

不過直播無聊，總好過直播暴力。香港電台作為官媒，卻不斷公器私用，且不說那些黃到出汁的節目，如《頭條新聞》、《鏗鏘集》、《城市論壇》，單單說這個 32 直播台，就明目張膽地長期為反對派提供 air time，儼如一個黃絲專用頻道。

舉凡反對派搞的集會，港台直播台例必由頭播到尾，作用不單是宣傳，還

是鼓動。當有人看到電視直播的激情，隨時會立即起行趕赴現場。所以直播黑暴集會不單提供黃絲發聲平台，還有幫忙「吹雞」之用。

至於暴動的直播用意就更明顯了。細心留意，你會發現，每次直播暴亂時攝影機鏡頭聚焦的，從來都不是暴徒，而是警察的大特寫。早前大埔一場鎮暴，港台直播鏡頭全程刻意地捕捉每一位防暴警察的臉部甚至眼睛大特寫，擺明是給連登仔起底用。

一個直播台，表面無立場無態度，但懂得看，就會發現每個節目每段選材每個鏡頭都是文宣，是反對派文宣。

是時候撥亂反正了，每天扭開電視、收音機都是罪證，欠的只是把這些罪證搜集整合儲存的人，請問，有人願意開始動手，幫忙做罪證蒐集工作嗎？

2020-03-18

廣播道上的打工皇帝

世界變了，變到超乎一切常理與邏輯。

想像一下，如果你是老細，下屬幹了大錯事，你批評責罰他，暫停他手頭工作，要他好好反省，但沒炒魷，該算仁至義盡吧？

然而，世界變了，今日的夥計不會感恩，還會反咬老細一口，然後找律師告你。不是說笑，真人真事，正在發生，那個老細叫政府，上得法庭，未見官已打五十大板，官司未定贏輸，已無辜辜輸掉一筆訟費。

話說通訊事務管理局去年5月裁定，香港電台節目《頭條新聞》一集侮辱警方的投訴成立，港台決定檢討並暫停製作該節目。製作人員心深不忿，找港台工會出頭，並在外面「拖馬」，夥同香港記者協會，向政府提出司法覆核，要求推翻通訊局決定，案件昨日在高等法院審理。

看這新聞的第一感覺是：這班夥計惡到呢……

港台黃員工不單惡，他們的自把自為更達至博炒程度。早前電視部一輯《議事論事》節目被下架，原因竟是有人在已完成製作的節目尾段，擅自加入六四長跑片段。在沒被上級審視的情況下把節目改動並出街，任何商業機構的解決方法必定是即時炒魷，唯獨港台員工動這種手腳，卻仍可安坐位置，還掉轉槍頭借工會之力狠狠向處長問罪。

做錯事沒後果，亂作反無懲罰，上司能做的只是不讓你再做事，由得你白支工資，黃員工只要夠惡，再加有工會撐腰，就可以成為廣播道上的打工皇帝，不用做，也無人敢炒。

這次更惡到向管他們的通訊局提出司法覆核了，港台工會加上記協，兩個都只是工會組織，財力有限，但卻聘得港大法律學院教授、名譽資深大狀陳文敏來為他們打官司，陳文敏收費如何？不得而知，我們只知道，記協已公布預

期法律開支高昂，正眾籌訟費，目標金額為 200 萬。

香港人真的那麼多閒錢嗎？為了你們這班夥計與老細的糾紛，無償奉獻 200 萬？說穿了，還不是借眾籌平台讓幕後金主的錢成為見光財。如果官司贏了，更可成為以後惡員工的免死金牌。這一仗，根本不是什麼新聞自由言論自由，而是徹頭徹尾一場針對政府的政治宣戰。

2021-06-09

廿一世紀的「莫須有」

法律是，白紙黑字，沒有灰色，沒有「砸界」。

譬如，你衝進金舖打劫就是打劫，你一日未踏進店門、一日未拔槍指嚇，儘管你在門外徘徊了幾天，警察都不能告你打劫，法官更不能把你判刑，因為這世上不會有條法例叫「徘徊在打劫邊緣」、「徘徊在殺人邊緣」、「徘徊在詐騙邊緣」。

所以，當看到堂堂大律師公會居然去信律政司，投訴《大公報》批評法官的報道是「徘徊在藐視法庭的邊緣（hovers on the margins of a contempt of court）」，我不禁失笑，如果這都算罪名，那大律師公會應該也犯下一罪：「徘徊在叛國邊緣」。

話說高等法院法官周家明早前裁定警方不展示警員編號是違反《人權法》，於是《大公報》翌日登了篇頭版新聞，標題為：「暴徒惡晒，警察冇人權，警員不展示編號，高院裁違人權法」，並配以一漫畫，手繪一名手持汽油彈的暴徒，在警察面前惡形惡相說：「我有法官撐，快啲畀個編號我睇！」

像這類用漫畫及設計對白配成新聞版面的做法，《蘋果日報》幾乎天天都用，只是嘲笑對象不同而已。然而，香港大律師公會卻煞有介事去信律政司司長鄭若驊，點名批評《大公報》攻擊法官周家明，認為該報道「徘徊在藐視法庭的邊緣」，律政司有責任採取行動。

身為大律師，竟然想出「徘徊在藐視法庭的邊緣」這種罪名，我一介草民，沒大狀想得那麼複雜，其實用三個字「莫須有」就可以了。

大律師公會此舉擺明就是用司法手段打壓新聞自由、打壓言論自由、打壓創作自由。一幅漫畫創作、一則新聞角度、一段評論取態，竟換來香港法律界重量級公會向香港司法界最高統帥施壓，要司長用一個莫須有罪名來幹掉這個

媒體，司法界黑暗至此，怪不得港澳辦副主任張曉明都說：香港是時候要進行司法改革了。

　　話說回來，大律師公會如此向律政司公然施壓是前所未有的舉措，信中他們義正辭嚴說不容司法及法治受損害……咦，奇怪，去年黑暴，暴徒燒法院的時候，大律師公會哪裏去了？暴徒違法達義的時候，你們哪裏去了？過去一年，香港完全陷入無王法境地，大律師公會可曾為捍衛法治哼過聲？沒錯，香港法治是受損了，但請照照鏡，看問題到底出在誰身上？

　　香港法例沒有一條是不准批評法官，民主社會根本就不應有任何特定群體是不能被世人討論月旦，有的話，那些必是獨裁者。

2020-11-25

對惡霸與順民的雙重標準

　　有位小市民在我的臉書專頁留了言，他說：「我是個平凡市民，法輪功街站是我清的，我今天再次行動，我知道自己觸犯刑事……希望我的行為可以給社會一個思考空間。」

　　這位讀者，不是叫「一讀者」或者「一市民」，而是光明磊落地附上名字和電話號碼。

　　日前，旺角亞皆老街的法輪功街頭宣傳品多次被市民推跌及撕爛，有路人拍下過程放上網，主事人報警指被刑事毀壞，當然，更多人看到短片後拍手說：「拆得好！」

　　我明白這是市民忍無可忍的以身試法，但還是請大家別冒險，因為總覺得，香港的法律是用來保護惡人，欺侮順民的。不是嗎？法輪功文宣阻街幾十年了，橫額、易拉架、展板、又枱又櫈、又打坐、又練功……阻街位置遍及旺角、深水埗、黃大仙、尖沙咀、紅磡、灣仔、銅鑼灣、上環、北角、落馬洲……但從未見過有政府部門上前干涉，或者大膽拆除。

　　當做生意的順民把貨品暫放行人路，就會收到食環署阻街的票控；當搵食的街頭藝人在行人專用區自彈自唱，就會被地政署票控霸佔公眾地方……但以反共、造謠為宗旨的法輪功阻街文宣，卻可以廿幾年逍遙於法外，不單沒人驅趕拆檔，連發張告票罰錢也沒有。政府對惡霸與順民的雙重標準，已積累成抱怨與不滿的計時炸彈。

　　更諷刺的是，阻街的沒人拉，但如果你破壞阻街物件，你就拉得。總之，法輪功文宣怎擺怎放都不會有事，但你一動手拆它毀它你就有事，你說荒誕不荒誕？

　　今日香港敗象，不是一個人或者一朝一夕可形成，政府部門長年不作為，

是最大主因。廿年前，當第一張法輪功橫額、第一個阻街宣傳檔沒被禁止，犯罪的底線就會愈試愈多，愈試愈廣，星星火種，已燒遍全港。

　　遍布 18 區的法輪功宣傳檔至少犯了霸佔公眾地方、製造噪音、阻街等幾條罪，毋須警察，地政署、食環署都可以執法。然而，對於惡霸，大家都左推右搪，由得市民投訴然後找警察來處理，乾手淨腳。

　　最近看到一個截至 12 月 12 日各部門就違反限聚令的巡查及罰款數字：警方至今共發了 7408 張違反限聚令定額罰單，食環署發了 54 張，而康文署、房屋署、衛生署、漁護署、民政署則一張都沒發過。可笑的是，康文署的巡查率本是最高的，一共巡了 543649 次，但開出的罰單卻是零張。

　　防疫這等頭號大事，各部門都可以巧妙地把「波」交給警察，更何況法輪功這等沒迫切性卻有很大反彈力的燙手山芋。事不關己，己不勞心；事若關己，卸畀人哋。也許，這就是香港官場的必學智慧。

2020–12–30

養兵千日，用在諮詢

「養兵千日，用在一朝」，這話我們聽得多了，但可知道，它還有下一句？

此語出自《三國演義》第 100 回：「朝廷養兵千日，用在一時，汝安敢出怨言，以慢軍心！」說的就是：養兵千日要用時，你竟然諸多抱怨，影響軍心。

能傳誦千古的，都是智慧之言。

日前政府在油麻地小範圍封區 48 小時強制檢測，共動員超過三千名政府跨部門人員。人從何來？當然是各部門緊急抽調，打仗期間，兵源充足是很重要的。

於是，怨言來了。

兩天前，有媒體收到公務員爆料，指部分政府部門需要「交人頭」協助封區，該爆料者所屬部門首輪要交出 200 個人名，被抽中者不可異議。爆料人說，因政府事前沒有就此緊急安排做過任何諮詢，令不少被選中的公務員非常不滿。

爆料信附上的官方徵人電郵，寫上「緊急」二字，講明交出的 200 人名單是為政府接下來的突襲式封區作準備，任何職級的公務員皆有機會被選中，各部門要按人數比例貢獻員工。

緊急抽調名單以自願者優先，其他以抽籤形式決定，中籤者必須執行封區工作，不可異議。封區工作會被視為正常上班，不會有額外薪酬，若要加班則會以「補鐘」形式補償。

這明顯就是：養兵千日，用在一朝。香港政府常炫耀自己那 18 萬公務員隊伍如何高效、如何精英、如何盡責，打仗了，徵兵了，卻原來，逃兵處處。

那名爆料公務員炮轟，此舉事前從未徵詢過他們意見，但翌日返工就要抽

籤，很多同事對此非常不滿，紛紛怒斥：「問都唔問吓就拍板有冇搞錯啊！」「文職都要去封區好夾硬㗎！」

　　我不知這種心態在公務員之間有幾大代表性？我只知在疫情下這一年，公務員不用減薪，更不會失業，薪高糧準甚至天天在家所謂工作。抗疫彷彿只是衛生署、醫護、警察的事，有大型檢測需要，政府還會花錢請外判工，或者招募退休紀律部隊來做義工，從不向這些不關事而在家所謂工作的部門打主意。

　　今日實在人手不足，養兵千日要用了，竟要諮詢？有冇搞錯？

　　我想起，武漢封城時看到的內地新聞，共產黨員第一時間出動，走在抗疫最前線，各級公務員全部取消春節休假回到崗位。

　　朋友是廣東公務員，他們全體幹部年初二就上班，周六日更要輪班工作，確保所有政府部門能正常運作，能有充足人手參與抗疫。朋友說，這是責任，必須全民參與，連習主席都在上班，誰好意思休假？

　　看看我們的所謂優秀公務員，緊急抽調竟要諮詢？戰場上，炸彈飛過來了，還要投票看看哪個上去擋？作為小市民、納稅人，我們真的無言了。

2021-01-31

最聽話的一群

政府已刊憲，5 月 1 日開始，全港食肆都要加裝換風機，或者改動店內通風系統，確保食肆內能做到一小時換風六次的新標準。

多得袁國勇教授，因為他認為尖沙咀 K11 Musea 早前食肆爆疫是因為室內「鮮風量不足」，於是政府下令全港食肆都要加裝換風機。

食肆老闆、酒樓店長的手機這幾天響個不停，銷售員像有預知能力，在政府宣布新規例沒多久，就主動找上食店負責人，積極推銷室內換風機。

有位店長說：「我手機不斷收到不同公司傳來的換風機資料，那些人我完全不認識，不知為何會有我電話？」

有食肆老闆收到的換風機宣傳單張，已標明「規格達食環署立例的換氣要求」。老闆說，知道香港人搵錢的腦筋轉得最快最靈，但快到今天立了例、明天就有貨賣，就真是有點不可思議。

心水清的店主說，假設香港有 10 萬間食肆，平均每間買三部換風機，一部機公價 6000 元計，已是一盤 20 億的生意，還是一個月就必定做成的大買賣，更奇怪是，市面上又竟然有這麼多現貨滿足市場需求。換風機不是口罩，要成本、要技術，誰會無端端大量生產？

新規例又指明，食肆購買換風機後，要拿相關證書去食環署，食肆才會獲發准許經營文件，於是，網上已開始有假證書出售，盛惠 4000 元一張，衍生另類非法生意。

「如果我不開冷氣，開窗，那就分分鐘都有鮮風，這樣，可以拿到食環署的准許經營證嗎？」有店主問。

答案是，食環署認證書不認人，食肆一定要買通風機，出張證書，才可來申請經營許可，管你日日窗戶大開，那通風機，還是要買。

　　那大牌檔呢？戶外餐廳呢？也要買通風機嗎？公務員做事，從來都是鐵板一塊，只會執行死命令，不會體察實際民情。

　　那天我光顧一家小小茶餐廳，那裏只得兩排卡位，基本上沒多餘地方，兩個侍應又要兼顧客人有沒有量體溫，又要提醒進來者掃描「安心出行」，又要派紙筆給不願下載程式的人登記，又要留意 1.5 米距離四人限聚，再記住你是執枱專員千萬不能傳菜……員工忙得暈頭轉向，但超過一半工作都跟飲食無關。

　　飲食業為了齊心抗疫，退完一步再一步的妥協，但佛都有火，當權者不斷犧牲他們來掩飾敗政，終有一天，會連這最聽話的一群都給逼上梁山。

2021-03-25

洪水猛獸的八十個字

最近，有八十個字令好多香港人聞風喪膽，有人為它放棄五六萬月薪，有人為它丟掉大好仕途⋯⋯

這八十字洪水猛獸是：

「我謹此聲明：本人為中華人民共和國香港特別行政區政府公務員，定當擁護《中華人民共和國香港特別行政區基本法》，效忠中華人民共和國香港特別行政區，盡忠職守，對香港特別行政區政府負責。」

因為不願宣誓，政府有逾二百公務員將被解僱。叫你盡忠盡責做事而已，又不是要你賣身賣命，有幾恐怖？有幾得人驚？

最奇怪是，整個政府甚至當權者都配合這種思維，強化這種恐懼，不斷強調，這宣誓不適用於哪些人？哪個部門？你們放心。

其實，這誓言本來就溫和到不得了，別說公務員，根本所有盡責公民拿身份證時就該發這誓。說老實，誓言尚有漏洞，因為還沒要求你效忠國家呢！

且看人家美國入籍的誓詞吧：

「我宣誓：⋯⋯我將真誠地效忠美國，當法律要求時我願為保衛美國拿起武器加入美軍；當法律要求時我會加入美軍從事非戰鬥性服務；當法律要求時我會在政府領導下為國家從事重要工作⋯⋯」

看來，做一個美國平民比當一個特區官員責任重得多，必要時，甚至要拿起武器來送命。對比之下，香港人有什麼好怕？

早陣子，教育局局長楊潤雄說，仍在研究上述宣誓安排是否適用於資助學校教師。上星期，醫管局主席范鴻齡說，醫管局管理階層應該要宣誓，但前線醫護未必需要。

為什麼大家都在找藉口？宣個誓承諾盡忠職守好難為你們？出政府糧餉，

卻要千方百計避過效忠的諾言，這種是什麼工作心態？其實，除了教師、醫護，根本所有跟政府有關的 NGO、顧問、合約工……全都應該宣誓。要權要錢卻不要責，香港人幾時變得如此失德失格了？

2021-03-30

說謊的老師

大家覺得，有什麼底線，一個老師逾越了，你會覺得有問題？

講大話？犯法？教壞學生？抑或，以上皆是？

昨天看到一個笑話，香港教協在國安法落地後發了一紙聲明，裏面提到以下幾句：

「（教協）一向關心教育和師生福祉，重視學生安全，沒有煽動學生示威。而教協自創會以來，關心國家民族的發展，反對『港獨』。」

識笑的，就會笑。這段話，十足十醉酒鬼不認同自己飲醉，精神病不會說自己黐線一樣。

我想起，2014 年 8 月 22 日，黃曉紅大律師為教協老師做講座，題為「老師如何避免干犯教唆、串謀等刑事罪行？」同年 9 月 20 日，莊耀洸律師為教協主講了一場講座，題為：「被捕者的權利」。還有 10 月 14 日，教協舉辦了「教育界和平佔中商討日」，逾百教師參與……

這些冰山一角的政治活動，敢問教協，哪一項是關心教育？哪一點是重視學生安全？

我又想起，教協網站的公民教材內，看過這樣的一幅文宣圖，寫着：「如果共產黨倒下令中國社會大混亂，是否繼續維持極權，不爭取民主更好？」

敢問教協，這樣的教材，如何體現你們關心國家民族？

昨天，教協聲明斬釘截鐵表明自己「創會以來反對港獨」，那麼，黑暴這幾年，那麼多學生甚至教師舉着龍獅旗叫囂「香港獨立」，為什麼你們不發一言？不高呼「反對港獨」？

其實，每次罷課，教協都公開支持，會長馮偉華更鼓吹：「現在是行動和抗爭的年代」。不只一次，教育界立法會議員更拉着教協 banner，跟在大遊

行的隊伍中反政府反中反黨。

　　證據確鑿、罪行纍纍，教協昨天竟然睜着眼睛講大話，單是說謊、敢做不敢認這點，已夠把他們從教育界除名。

　　昨日，內地兩大官媒新華社及《人民日報》分別發表評論文章，批評香港教協運作偏離宗旨、不務正業，是個不折不扣的政治組織，他們「煽暴搞亂、禍害香港」，若香港教育要正本清源、重回正軌，「必須徹查，剷除毒瘤。」

　　國家畫公仔畫出腸放狠話了，於是教育局半天後宣布，將全面終止與香港教協的工作關係。

　　大家都驚訝，2014年「佔中」已知道教協是個反中亂港組織，卻原來，政府竟一直仍跟它有工作關係，送錢他賺，直至昨天。

　　有些事，原來解決不難，難就難在，有沒有人肯舉起屠刀斬毒瘤。

2021-08-01

堆填區路上搶回來的文物

第一次看到這麼多古老石雕，第一次看到香港這麼有歷史感。

幾個月前到訪元朗大棠生態園，發現這裏有個興建中的菩薩公園，放滿各式各樣的石雕，佛像、羅漢、神獸、石刻、兵馬、將軍……或站或臥，散落一地。我不懂考古，但石雕上的歲月味道，一眼就能嗅出來。

古物主人汪先生說，那些菩薩石雕，有些是遠至北魏時代的。

北魏？香港有多少人懂得北魏？那是魏晉南北朝時期的一個王朝，距今一千六百多年了，而這批經歷千年風雨的佛像，就站在我眼前。

還有一張清朝廣西王曾下榻的大床、無數紫檀、木器、陶瓷……這些不容日曬雨淋的古物，全都委屈堆存在貨倉內。

這些寶藏共千多件，絕大部分是大型石雕，重量以噸計，它們的命運，本是往堆填區，幸好香港仍有心有力又有地的人，把它們從垃圾車上搶救回來。

古物主人是有「石雕大王」之稱的收藏家汪裕祖，因為他的祖輩喜愛搜羅石雕佛像，購入數千珍寶，七十年代開始在大埔樟樹灘租下村屋，並向當局租賃村屋四周約七萬呎政府土地，用來擺放數千件四處搜購回來的各朝石雕、泥塑等文物。

汪裕祖接手後，繼續保存及照料這些古物，直至 2016 年 12 月租約期滿，地政總署要求交還土地。人搬走問題不大，數千石雕何處容身才是重點。於是汪對不能續租提出訴訟，同時亦向政府商討捐出文物事宜，建議官員找考古專家來考證。

然而，地政署只着眼土地，哪管地上瑰寶，他們把地圍封，講明時限一到，就會把村屋清拆，地上所有物件會當垃圾送走。

十八鄉鄉事委員會前主席梁福元得悉事件，驚訝政府部門各自為政、冷眼

旁觀，完全無視這批文物的歷史價值，於是決定以一己之力拯救文物。

足足用了9個多月，僱用過百次運輸車、吊臂車，終於把大部分石雕搬到他經營的大棠有機生態園暫「住」。為了安置這批文物，梁福元特別在莊園內興建一個菩薩公園及「中華禪文化公園」，為佛像安居，也可讓大眾觀賞。

還記得2020年12月，深水埗主教山發現古羅馬儲水庫，如果不是一班街坊晨運客冒險進入古蹟拍下那幕紅磚石柱的壯麗，儲水庫早就被水務署的推土機夷為平地了。

這次官地上的數千文物，如果不是民間有心人奮力拯救，佛像早就躺在堆填區了。

其實，西九文化區不正是這些石雕文物的最好棲息地嗎？政府花千億公帑從外國買來連藝術價值都備受爭議的作品，卻對眼前的千年文物視若無睹。政府對歷史、對文化、對保育的愛理不理，到底還會葬送了多少歷史寶藏？

2021-09-25

保護兒童，原來是一門大生意

　　有警察朋友提了一個疑問：如果一間警署內有 20 人在署內犯案，你認為，警務處長會怎樣做？社會人士會怎反應？

　　又或者，如果一間補習社內有 20 個老師非禮學生，你認為，教育局長會有何行動？社會輿論會如何評論？

　　話口未完，香港保護兒童會轄下的「童樂居」嬰幼兒照顧中心再有多兩名職員被捕，警方已表明不排除拘捕行動陸續有來，至今「童樂居」內涉虐兒的職員已有 20 人，最新涉事的被虐幼兒只得 16 及 17 個月大，他們都是被掌摑及打頭。

　　一間標榜「保護兒童」的院舍有 20 人涉虐待兒童，反映出一個恐怖社會問題，不單是集體虐兒，更是集體縱容、集體怕事。

　　一間有 80 個職員的院舍，20 人涉案，即是說，虐兒在此處已不是秘密，其餘 60 人，眼睜睜看到不懂說話的嬰幼兒被虐，為什麼可以袖手旁觀？為什麼沒有人挺身而出？

　　幾隻倉鼠都有人為牠們說話，幾十個可憐的幼兒，竟然沒有人為他們鳴冤？早說過，香港人的愛心，好難捉摸。

　　說回這個香港保護兒童會，它一年拿社會福利署超過 8800 萬資助，錢撥出去，到底用在哪裏呢？

　　專業會計師出身的新任立法會議員（選委界別）林智遠分析了保護兒童會 2020-2021 年的財務報告，發現 1.02 億總收入中，人工開支就佔了近 7800 萬，即是說，超過七成半是人工。再加上接近 900 萬的行政費，原來，真正用在兒童身上的錢，只佔總收入的 1.99%。即是說，100 元中，只有不足 2 元是用在孩子身上。

誰想到，原來保護兒童都可以成為一門大生意。

內地講了多年「精準扶貧」，說的就是要扶貧到點、幫助到位。「香港保護兒童會」顧名思義就是要幫助苦海孤雛，誰知錢不到位，還更虐兒，想請問，勞福局及社會福利署憑什麼還讓這機構繼續存在？當中是否涉及包庇、護短？申訴專員為什麼不主動介入調查？

更諷刺的，是這個不保護兒童的保護兒童會總幹事蘇淑賢，竟被該機構委任為選委會的機構投票人，可以投票選選委，手執權力，難怪屹立不倒。

一場集體虐兒案令社會嘩然，但背後帶出的腐敗更讓人震驚。一個已有20人被捕的機構至今仍可繼續運作，這到底是什麼保護兒童準則？

也許有人會說，如果終止保護兒童會服務，一時間哪有那麼多地方安置孩子？

有朋友建議說：請局長、署長、高官及一眾社署職員，每人帶一個孩子回家過年，讓他們嘗嘗家的滋味，順道做做心理治療。為官，本就該宅心仁厚，更何況，公務員現在都在家工作呢！

2022-01-26

洗耳，不恭聽

問一個問題：大家認為一個孩子幾多歲可以聽粗口？10 歲？12 歲？16 歲？還是 18 歲？

答案是：六歲。

也許你會立即「媽」聲四起：「你憑什麼這樣說？」對不起，不是我說，是政府說的，或者正確地說，是官方批准的。

日前，一齣在香港藝術中心上演、由香港話劇團製作的舞台劇《順風送水》載譽重演，但看完的朋友都面面相覷，是我們脫節了？還是整個香港已慣性失德了？

有位朋友的評語好精彩，他說：「有句話叫『洗耳恭聽』，但我看完後卻有洗耳的衝動。」

朋友是個會說粗言的人，當然會說不等於常說。連他這樣不忌諱粗口的人，都頂不順那舞台劇由頭講到尾的粗言，他甚至說，這夜所聽粗言穢語之多，等於他一年所講的分量。

因為這劇講的是運水員「送水」和淘寶速遞員「順風」被困失靈電梯內的故事。「順風」滿身紋身，滿嘴髒言，句句問候「老母」，雖說要扮基層像真，但舞台上的藝術表演，有必要如此「炒蝦拆蟹」嗎？難道劇情有做愛場面，演員就要場場戲真做？

最嚇人的，是這種粗口劇，主辦單位卻在劇目簡介中寫明：「本劇含粗俗用語」、「適合 6 歲以上人士觀看」，而戲票的半價優惠，還包括全日制學生。

六歲是什麼概念？一個幼稚園高班或者小學一年的小朋友一般都是六歲。我們的社會到底幾時開始敗壞到覺得幼稚園小學雞聽粗話說粗言是正常？

這劇還有諷刺警察不是「溝女」便是拔槍、嘲笑大陸「淘寶」全是假貨、

今日香港一提「光」字便要閉口（暗示不能說「光復香港」）等等的情節，當然這一切都可以用創作自由、藝術自由來解釋，但一個每年拿政府至少四千萬，庫房是它最大水喉的劇團，賣的卻是粗口教化和反社會思維，那跟出官糧罵國家罵政府的香港電台有什麼分別？

　　無論是港台、是教育、是文化藝術、是電影音樂，香港政府都有投放金錢資助，問題是，錢花下去了，有監管嗎？那些錢到底是用來教化？還是用來資敵？今日看看結果，就完全知道答案。

2020-10-28

罪與罰

第五章

明天帶把斧頭出街

　　其實，什麼才是攻擊性武器？手槍？利刀？斧頭？錘仔？電鑽？士巴拿？鐵棍？……法律專家說，攻擊性武器的定義，視乎你拿着那東西身處什麼環境、在做什麼事。

　　舉個例，你站在地盤，褲袋插把螺絲批，當然不是武器，但你在地盤跟人起爭執，拿出這螺絲批，它就成為攻擊性武器了。又譬如一張摺櫈，放在大牌檔它就是摺櫈，但如果一班黑社會在大牌檔講數時大打出手，拿起摺櫈互毆，這時候，它就成了攻擊性武器。

　　這是一直以來的法律解讀，直至，去年黑暴引發社會嚴重撕裂，撕裂到連法官都分了立場顏色，從此，世上再沒有攻擊性武器了。

　　昨天在西九龍裁判法院審結的一單案就是現例，去年 9 月 2 日，警方在一名 22 歲男子的背包搜出士巴拿、行山杖、防毒面罩等物品，他直言物件是用作自衛及守護連儂牆之用：「驚畀白衫人打先問朋友攞士巴拿，無意傷害他人……」，結果被控一項「在公眾地方管有攻擊性武器罪」。

　　裁判官林子勤認為物件一直藏於被告背包，沒拿過出來，顯示被告沒有攻擊別人的意圖，裁定罪名不成立。

　　同日，在東區法院又有一宗藏有攻擊性武器案開審，25 歲的工程師被控於去年 11 月 2 日在灣仔港鐵站外，因管有一部電磨機、兩個圓磨機刀片、兩個錘子、四支螺絲批、一個電鑽及一套無線電收發器並出現於非法集結現場而被捕。

　　裁判官何俊堯表示，因為防暴警與便衣警對被告工具袋的說法有出入，一個說他拿着工具袋，一個說工具袋是從被告背包跌出來，疑點歸於被告，結果半日就把案審結，無罪釋放。

其實為什麼警察可以搜查疑人並控告管有攻擊性武器罪？那完全是為了防止罪案發生。假如一個準備持刀箍頸打劫的賊人，在警察日常巡查中被截獲並控告他藏有武器，那就能阻止罪案發生，保障市民安全。如果，要待持械匪亮出刀劍才告得入，那可能已有人命損傷了。

當刀錘、電鋸等已不再是攻擊性武器，明天我就帶把斧頭出街，因為只要放在背包，沒拿出來傷人的意圖，法官說，就不是罪。如果加句：「斧頭是用來遇上白衣人時自衛用的」，就罪更可恕了。

2020-08-15

大台

天網，真的恢恢。

前特首梁振英先生在臉書貼文，談及日前廣東海警捕獲的 12 名香港潛逃犯，提到一個重點：「十多個表面上沒關係的人，沒有老闆，怎樣走上同一條船？是各自去港澳碼頭售票處買票的嗎？」

反對派一直自己強調「無大台」，無大台可以有一色一樣的頭盔豬嘴 full gear 制服？無大台可以進攻有道、分工仔細？無大台可以有起底有直播有假記者有假醫護？無大台可以一隊隊資深大狀為你提供官司服務？……

看到這裏，仍然有糊塗人堅信無大台，但一艘大飛，一班逃犯，就清清楚楚拆穿謊言。

12 個來自不同暴動場合被控以暴動或其他嚴重罪名的逃犯，竟然一同出現在同一艘潛逃到台灣的大飛上，而這艇並沒有其他偷渡客，就只有那 12 個暴動犯，沒人安排？沒有老闆？無大台？誰信？

50 萬一個人頭的偷渡費，12 個就是 600 萬。這班潛逃犯年齡由 16 歲至 30 歲，有學生、有售貨員、有技工，不是小看他們，但大嘜嘜 50 萬船費，怎能話界就界？就算真的付得起，但門路呢？好人好姐，怎會知道偷渡大飛的碼頭在哪裏？幾時有船？幾點開船？無大台？鬼信！

他們的大台，還真是撲朔迷離。12 個重犯，一個勾結外國勢力觸犯國安法、兩個製炸彈、四個縱火、五個傷人及暴動，如此重罪，這樣的危險人物，竟都巧合地被法官批准保釋外出，這種一條龍巧合，匪夷所思，看得懂，又看不懂。

這一條龍，還可能關係到更加光鮮的層面。

12 個潛逃犯，都是警方辛辛苦苦搜證拘捕起訴告上法庭，然後，法官一

個唔該就讓他們保釋了，結果潛逃了，好明顯，這幾個法官當日的保釋判斷是大錯特錯。

你們的錯判，浪費了警方大量警力，浪費了納稅人大量公帑。若在私人機構，如此失誤，炒了九世；但在法院呢？法官錯誤判斷後完全可以置身事外，完全可以不用問責，他們的上司似乎不需管理屬下良莠不齊的法官，也不理會法官一次又一次的錯判。今次連走 12 個保釋犯，敢問馬道立，你將如何處置那些把疑犯放走的法官？如果，你不處理，我們真有理由相信，大台很可怕。

2020-08-29

問題，不只是一個街知巷聞的戴耀廷

經過 2019 年黑暴，我想，你隨街找個香港人來問：「光復香港、時代革命」是什麼意思？應該無人不識。

然而，今天我們卻要像白痴一樣，在法庭拿着這八個字咀嚼。

「光復」呢，根據《林語堂當代漢英詞典》，指的是「Recover（恢復）」及「Regain（取回）」；而《劍橋詞典》則另有「Reclaim（要求取回）」、「Restore（復原）」、「Retrieve（糾正）」之意；至於《辭海》：「光復：恢復舊業也」；還有元代史官寫《元史‧陳祖仁傳》時也有「光復祖宗之業」一語。可見，「光復」並無推翻政權之意⋯⋯

至於「革命」（Revolution），是指重大事情的改變，故「時代革命」的意思其實是「當今時代的重大改變」⋯⋯

以上不是周星馳《審死官》那種「死都拗返生」對白，而是真真實實的法庭專家報告。

首宗香港國安法案件已進入第 10 天審訊，24 歲被告唐英傑涉駕駛插有「光復香港、時代革命」中英標語旗幟的電單車衝越三道警方防線，被控煽動他人分裂國家及恐怖活動等罪。

控辯雙方爭辯多天，仍是那八個字的意義，昨日香港大學政治與公共行政學系教授李詠怡就出庭作證，她說以上的專家解說是與中文大學新聞與傳播學院教授李立峯共同撰寫的，還有中大文化及宗教研究系教授彭麗君協助，才得出以上綜合幾本字典所述的「光復」及「革命」意義。

玩到咁，這些讀書人、知識分子、大學講師，真的當香港人智障？真的當法官不食人間煙火？

幾天前，粉嶺法院審結一宗香港教育大學學生在公眾地方管有攻擊性武器

案件，警方在截查時發現該學生身上藏有彈弓、42 粒鋼珠、士巴拿、膠帶等，辯方也是請來城大教授作專家報告，他說，難以想像彈珠會對人體有重要損害。

這位教授，不單沒知識，更沒常識，彈珠不會嚴重傷害人體？你願意親身示範試試看嗎？

香港年輕人出問題，歸根究底，不就是教師的問題嗎？單看以上兩案的「專家」，那些在大學教書的人，如何戾橫折曲？如何誤導天下？如何把黑說成白？就可以想像，他們在講堂授課時是如何把歪理說成道理。

香港的教育問題，不只是一個街知巷聞的戴耀廷，而是千千萬萬個潛伏在各大、中、小學默默播毒的教育工作者。斬草不除根，春風吹又生，好快他們又會教出新一代問題青年。

2021-07-10

你們都不是無知婦孺

假設以下情景：

悍匪葉繼歡被捕了，在逃的大賊張子強為他鳴冤，你認為，葉繼歡是無辜嗎？

所以，當前主教陳日君被捕後，黎智英左右手 Mark Simon 在國際輿論場高調為他呼冤，想想以上例子，大家自會會心微笑。同在一個窩，蛇聲援鼠，好正常。

看所有為陳日君說項的理據，可歸納兩個重點：

他老人家已 90 歲了，咁都拉？

他是天主教香港教區前樞機主教，咁都拉？

大家講了一大堆話，又震驚又譴責，卻沒有人敢理直氣壯說：主教無罪。

「612 基金」是個沒註冊的非法組織，長期借用「真普聯」戶口收巨額捐款，然後把款項用來為破壞社會安寧的暴徒打官司、看醫生、或着草。單看此表面行為，已有洗黑錢嫌疑，還未計算捐款何來？行為有否違國安法？

根據基金網頁資料，截至 2021 年 7 月，捐款的總收入是 2.59 億元，包括《蘋果日報》捐出的 134 萬，及一個於美國註冊「黃色蒲公英基金會」捐出的 52.6 萬。而去年 7 月《香港國安法》實施後，更有個「無名氏」捐了 100 萬元。

長期有一些不知名、不知來源的錢湧進你戶口，你甘之如飴，到執法者集齊證據跟你算賬時，你就再沒有呼冤的藉口。

這次被捕的「612 基金」信託人陳日君、吳靄儀、許寶強、何韻詩、何秀蘭，當中有大主教、大律師、大學教授，幾十歲人了，不是初出茅廬，也非無知婦孺，身處一個非常組織，幾億巨款在手上來來去去，你們會不知道自己在

涉嫌犯罪？

2010年，美國有個史上最老罪犯弗朗西斯鋃鐺入獄，他因為勒索兩家夜總會和披薩店，被警察逮捕。93歲的弗朗西斯因為不能站太久，故上庭時只能坐輪椅受審，但年齡和身體狀況沒影響法庭對他的判決，結果，弗朗西斯被判監禁，在獄中待至100歲那年才獲釋。

所以，涉嫌犯罪是無分年齡、身份、職業、背景的，法治社會，只看證據，不看你頭頂身後有幾多個光環。

不過，上帝的審判應該不一樣。我不是教徒，我沒有宗教信仰，但我相信「舉頭三尺有神明」，我相信「人在做，天在看」。

前鮮魚行小學校長梁紀昌先生在一個訪問裏說過，自己在西藏日喀則被見到的一幕震撼：「我在喇嘛廟看到一張輪迴圖，我問喇嘛這圖裏有些什麼人？喇嘛說，地獄道裏有一個教師，我驚訝地問為什麼？喇嘛說，因為這教師誤人子弟。」

佛教的輪迴是因果，不會因為你身份地位特殊而結局不一樣。我相信，天主教的上帝也會有審判，尤其罪人是一個披着神的外衣去遺禍蒼生、毒害孩子的牧者。

2022–05–15

回頭，已沒有岸

常有粉絲問我：「你出街怕不怕？怕不怕有黃絲認出你對你不客氣？」

我說，我會搭港鐵、搭巴士、逛超市、看電影、到街市買菜、到酒樓飲茶……除了最近疫情關係要戴口罩，我平日不戴帽、不戴墨鏡、不掩藏身份，行不改名坐不改姓，光明正大穿梭大街小巷。因為我沒幹壞事，所以沒什麼好怕。要怕的，應該是李柱銘、陳方安生、黃之鋒、郭榮鏗、黎智英……這類賣國者。

有時我會想，他們能出街嗎？敢出街嗎？在外，能安樂吃頓飯、上個廁所嗎？好多朋友甚至說，已想好對白，倘若在街上碰到這班賣國賊，會怎樣好好「招呼」他們。

記得有一段網上流傳的視頻，一位 102 歲老太太在馬會會所指着陳方安生痛罵了幾分鐘，陳太尷尬得一直托着腮半遮着臉陪笑。在高級會所尚且有此待遇，平民街頭怕且她更不敢深入虎穴了。

跟陳方安生一樣，出街必定成為過街老鼠的李柱銘，也有過在高級餐廳用膳時，被食客用英文怒斥的經歷。兩個長老級反對派，只要沒人簇擁，孤身一站出來，肯定是人見人鬧的頭號目標。

所以，當昨天陳方安生出聲明說自己退休了、唔玩了，你以為，這樣就可以算數？就可以一筆勾銷？你從此就可以出街吃頓安樂茶飯？別妄想了。

有句話叫「回頭是岸」，對於初次犯法的年輕人，我們確實要給予重生的機會，因為人生路漫漫。所以香港法例第297章第2條有一《罪犯自新條例》，讓被判處不超過三個月監禁或罰款不超過 10000 元，只要三年內不再犯案，其案底便可被視為「已喪失時效」，情況等同沒被定罪一樣。但這個消失的犯罪紀錄不適用於申請高級公務員、紀律部隊、律師、會計師、保險代理人或銀

行董事，也不適用於申請移民用的良民證，即是說，這種最低程度犯罪的洗底，也是有底線的，也不會洗得乾乾淨淨由黑變白的，更何況，惡貫滿盈罪行滔天者。

李柱銘那天在《蘋果日報》又說堅決維護「一國兩制」了，接受美國《紐約時報》時又出賣「手足」說：「提倡攬炒的人，他們一無所知，如果發動革命失敗，很多人和你一起死，這對香港有什麼幫助？」薑是老的辣，兩隻領頭羊都在拚命洗底了，但世上從來就只有白變黑，沒有黑可洗成白的。

更何況，賣國賊是終身制及世世代代的，選了這條路，就沒得退場，只能沒有好下場。

2020-06-27

暴徒救星

從前看漫畫，賊仔的裝束，總是眼睛綁塊黑布，露出一對三角眼，再戴頂賊仔帽，外加三角巾包住口鼻，然後背個麻包袋，鬼鬼祟祟一見差人就拔足逃跑。

對這種額頭鑿了「賊」字的人，警察見到，拘捕是必然的，賊仔被定罪也是注定的。

然而，世界變了，如果你今日穿成這樣，儘管你身處罪案現場，仍可辯說，我這身裝束純粹是個人喜好，戴眼罩口罩甚至拿着爆破工具是用來保護自己，我目的是來睇打劫。

不是說笑，2019 年一次灣仔暴動中，八名黑暴裝束的男女在暴動現場當場被捕，案件去年 9 月開審，法官竟大膽地連放八犯，理由是：「穿黑衣純屬個人喜好」、戴豬嘴、口罩、眼罩是要「保護自己」，身處暴動現場可能是想「見證歷史時刻」，至於拔足逃跑，那就是「對警察恐懼的自然反應」……於是裁定暴動罪不成立，全部人當庭釋放。

這個法官，叫沈小民，在他手上放生的暴徒至少 16 個，包括上列案件的 8 犯、2019 年 10 月 1 日灣仔暴動案的 6 犯、2019 年 10 月在黃大仙警察宿舍擲磚案的一人、2019 年 11 月理大衝突企圖縱火的一大學生……

放生原因，除了最常用的「路過睇熱鬧，並非暴動參與者」，就是對執法者的極度不信任。沈官多次在庭上說：「法庭無法安心地接納警察證供」、「警員口供可信性不足」、「懷疑警員在供詞上加鹽加醋」，並以此為由判被告無罪，放生手法讓大眾側目。

判斷一個法官的判案是否有問題，最好的方法，不是跟其他法官比較，而是跟自己比較。

同是暴動罪，沈小民法官在處理 2016 年旺角暴動案時很正常。當年他以「逃跑均屬參與暴動」為由，將案中三名被告裁定暴動罪成，各囚三年。

然而，同一狀況出現在 2019 年黑暴，沈小民法官卻說，被告在暴動現場中逃跑是「對警察恐懼的自然反應」，將被告當庭釋放。

同一個官、同一種案、同一案情，卻有不同判決，這不禁令人產生遐想，到底中間有什麼事情發生了？難道有什麼內情？

昨天有傳媒報道，沈小民法官正式向終審法院首席法官張舉能請辭，提早退休，放棄每月 23 萬薪酬及各項津貼福利，並準備偕同妻兒移民英國，成為香港國安法訂立後，首名決定離港移居海外的本地法官。

一個原本以辣手著稱的「釘官」，忽然搖身一變成為暴徒救星，之後一家大小移居英國，單是這些奇情轉折，已足夠引起有關部門的關注。結局如何，我們拭目以待。

2021–10–09

就是要你怕

近日很多人談論國安法，有特首高官、有人大政協、有法律專家、有政客學者……當然也有反對派，總結來說，說法是兩個極端。

反對立法的，一如既往使出恐嚇手段，向香港人不斷販賣恐懼；支持立法的，也一如既往地做國家的啦啦隊，把法例演繹得很美好：放心，別怕，法例不是對付你。

聽着聽着，我愈來愈覺得不對勁。

23 年來，中央信守諾言，對香港事務，從不多講一句、不多做一步。忍氣吞聲的結局，換來反對派「晒冷」式的作反，逼中央使出撒手鐧。於是香港國安法就像屠龍刀和倚天劍，一拔出來，是要震懾天下，唔使驚？無可能，23 年才亮一次劍，就是要你驚。

一條法律，只要你心裏有敬有畏，才會自覺遵守。譬如說，醉駕。

醉駕是全世界都面對的問題，香港比內地更早立法對付醉駕，但因為法例寬鬆不夠狠，故今日內地的醉駕問題解決得比我們徹底，原因，就是法例令所有人都害怕。

香港的醉駕懲罰分三級，是根據酒精含量釐定，首次定罪罰則由停牌六個月至二年不等。現時醉駕最高刑罰只是罰款二萬五、監禁三年，但實際量刑上，只要不涉傷亡，其實很少判監的。然而在內地，醉駕者一被抓獲，會立即被判行政拘留 15 日，再扣證三至六個月，罰款人民幣二千元。醉駕者怕的不是罰錢，而是即時坐牢。

至於嗜酒民族日本在打擊醉駕的手腕就更嚴厲，除了最高 100 萬日圓（約 7 萬港元）罰款和 5 年監禁外，亦明文規定第二次犯醉駕者必定判監，而醉駕者駕駛車輛上的其他乘客、借出汽車的車主、讓司機飲酒的店家，也怕一一被

「連坐」罰款。

　　因為嚴、因為怕，所以內地和日本在打擊醉駕方面效果很好，沒有人再敢存僥倖心。

　　一道新法，如果沒有阻嚇作用，那立來幹嗎？香港人向來聞「國安」色變，於是官員為了安撫市民，那句「不用怕」講完一次又一次，已講過了火位。

　　「特區」不是「特殊」的區域，也不是「特權」的區域，所以訂立香港國安法時不應再叫大家「別怕」。怕，人人都要怕，那是對法律的敬畏。

2020-06-06

給助紂為虐的人算賬

日前，看到《蘋果日報》四名前高層被捕及撤銷保釋再次扣查的消息，包括前執行總編輯林文宗、前副社長陳沛敏、前社論主筆馮偉光（筆名盧峯）及楊清奇（筆名李平），四人均被落案起訴串謀勾結外國或境外勢力危害國家安全罪。

我想起，早前聽過一位朋友的觀察。

朋友跟馮偉光（即盧峯）住在同一棟大廈，不算熟稔，幾十年來相遇的地方，都是電梯、或樓下大堂，大家點點頭，就句早晨，或者寒暄幾句。朋友說，作為鄰居，盧峯絕對是個謙謙君子。

最印象深刻，是他的兒子，幾十年來，朋友看着這孩子長大，彬彬有禮，說話得體，很關心體貼街坊，後來更做了區議員。朋友兩夫婦一致認為，他是整幢大廈最有教養的孩子。

直至那天，看到新聞報道，原來這個朝夕碰面的斯文人，竟然是天天在媒體煽暴的打手。

朋友感慨，一個把自己兒子教得那麼好的人，卻不斷製造仇恨、散播謊言去害苦別人的孩子，這種人的惡毒用心，完全看不出來，或者，他把自己都騙倒。

這次被警方國安處拘捕的四名《蘋果》高層，給大家一個啟示，就是執法者開始追究那些幕後主事人了。

我們一直都說，孩子、學生、年輕人、走在前線的犯法者，其實都是受害人，他們被誤導、被欺騙、被利用，最卑鄙是躲在年輕人背後這些指揮者，他們推孩子落懸崖、進深淵，卻把自己的子女保護得好好的、安全的、優雅的。

所以，不必等到秋後，現在已是時候找這些人算賬了。躲在媒體內造假煽

暴的，以專業人士之名出書毒害兒童的、拍暴亂電影扭曲年輕人心智的、把叛國美化成「時代革命」的……你們的審判日，來了。

《蘋果日報》不是靠一個黎智英就可成事，沒有旁人助紂為虐，絕對成不了如此具影響力的一個媒體。

還有那些罪不沾身的政棍，如梁家傑、余若薇、李柱銘，看着別人的孩子一個一個進監牢，自己的兒女卻飛黃騰達，你們心安嗎？

逃得了法、騙得了人、卻躲不過天。作惡太多太大的人，我相信，不用等到下世，報應現世就來。

2021-07-24

水底鯊蹤

香港人是善忘的，黑暴過去兩年多，許多記憶漸被沖淡，然而，不甘心的壞人仍遍布各領域，他們只是潛進水底，伺機再起。

水面平靜，不等於水底沒鯊蹤，時刻警惕，做好防衛工作，是我們經歷黑暴後必須學懂的自保。

早前，政府修改了法援制度，法援申請人不能再像以前那樣可以自選律師，而是改由法援署指派律師代表，這是為司法築起的第一道防鯊網，也從源頭剪斷了反對派律師包攬法援案件的發財鏈。

不過，請記住，這些都是不甘心的壞人，他們長滿壞心眼，你有張良計，我有過牆梯，必須要用對付壞人的心法來提防。

最近聽到大狀朋友說經歷，原來蠢蠢欲動的黑暴律師又有新招。

話說法援受助人不能揀律師的新措施實行後，朋友首次接到法援署派來一宗暴動案。過去這種案子一直被黑暴大狀壟斷，尋常大律師不會有機會接觸此類案件。

大狀朋友年初接到案子後，便立即找他代表的被告人，奇怪地，被告竟然一直避見他。用盡方法，被告都不肯現身，故意失聯，不肯跟大狀接觸。朋友惟有跟法援署說，被告失蹤，如何是好？

法援署最後聯絡上被告，這個明明符合標準拿法援的年輕人，竟然說不再需要法援打官司，並已覓得私人大狀在審訊時代表他，於是法援署也順理成章取消了大狀朋友的案子。

此案是宗長審訊，不是一天半天可打完，朋友奇怪，為什麼一個可領法援、即是積蓄不多的人，竟然選擇聘請私人大狀為他辯護？可知道，一拖幾十天的案子，埋單隨時是天文數字。

　　幾經打聽，由黑暴律師行處得悉，原來這是他們對付司法系統的「過牆梯」。他們會教被告，頭幾堂官司請私人大狀（當然有人為你付鈔），幾天後跟法官說，我的錢耗盡了，身無分文，只能改為自辯。

　　原來法庭最怕自辯的人，因為你不懂法律程序，會花了很多時間在解釋及糾正程序上，故法官一聽到長審訊的被告要自辯，一定怕怕，就會找法援署來執手尾。反正之前已審查過，此人一定符合法援條件，就重新讓他申請法援打官司吧。

　　不過，因為之前幾堂他用了一私人大狀，跟開案件，另聘大狀很難接手，那法援就被逼讓他繼續用該大狀。即是說，兜一個圈，他們還是用法援揀了自己友律師。

　　以上只是冰山一角的例子，所以對付壞人，要代入壞人思維，如果你是他，會如何？

2022-05-22

無脊椎動物的命是命？

生物科老師頭痛了，以後在實驗室教學生劏青蛙，隨時會被控告殘害動物。

愈來愈覺得自己不認識這個世界，掟汽油彈的人，被法官譽為「優秀的細路」；在路上向蝸牛灑鹽的，卻被視為「殘害動物狂徒」。

一名理工大學博士生早前在尖東以鹽撒落蝸牛身上，令蝸牛脫水而死，途人在旁看到，覺得事主虐待動物報警，警方深入調查後，在山林道寓所將涉案博士生以黑布蒙頭拘捕。

看完這新聞，除了生物老師擔心，法國餐廳的大廚也在滴汗，那道「法國新鮮焗蝸牛」的菜，聽個名就知犯法。

駕駛者也要擔心，某年某月某日，你開車輾死蝸牛後絕塵而去，有機會被控肇事逃逸。女兒看完新聞都問：那踩死蟻踩死甲由算不算犯法？還是踩死之後再用鞋輾幾下才算殘害動物？

朋友說，實驗室裏的白老鼠，肯定是被虐待，科學家通通要拉。還有蛇王店的蛇王常常表演生取蛇膽，證據確鑿，死梗。弊傢伙，昨晚打邊爐吃了白灼蝦，太殘忍，好不好自首？

無獨有偶，內地同一時間也有一則蝸牛新聞，《南寧晚報》昨日報道，因廣西南寧市南湖公園內出現「非洲大蝸牛」，把園內植物啃食，蝸牛啃過的花、葉、樹皮容易誘發軟腐病，導致植物死亡，故公園要進行大規模撒藥殺滅蝸牛。

專家亦建議大家，不要把蝸牛視作寵物，因為蝸牛爬行後留下的黏液會有病原體和寄生蟲。專家教路，對付少量蝸牛，可用食鹽處理，蝸牛的軟體部分遇鹽會融化成水。

都是鹽，都是殺蝸牛，這邊廂被五花大綁，那邊廂卻是科普教育。

　　有時候覺得，香港人的愛心爆棚得有點精神分裂。對幾隻蝸牛，可以如此痛惜，對活生生的警察、或者意見不同的途人，卻可以一把火燒掉、或者一個渠蓋砸過來，還有好多人拍手叫好。

　　一條無脊椎動物的命是命，一個有血有肉的人就死有餘辜，這到底是什麼邏輯？什麼標準？這世界真的愈來愈變得陌生了。

2021-08-18

不知者不罪？

　　中國人常說：「不知者不罪」，現在才知道，這句話不是隨口噏的。原來，無知，或者扮無知，真的可以成脫罪理由。

　　今年元旦，有便衣警員在旺角拍攝黑衣人活動時，遭暴徒喝止及追打，遇襲便衣警被毆至昏迷，不省人事，送院後證實頭顱內出血，傷勢嚴重，記憶力受損。一名 19 歲男學生當場被捕，另有三名分別是 20、22、25 歲的男子事後被捕，四人同就一項襲警罪受審。案件日前在西九龍法院裁決，裁判官林子勤指受襲警員因記憶受損，忘記關鍵證供，講不清楚遇襲情況。法官又認為增援的女警作供誇大供詞，故疑點歸於被告，判當場被捕的 19 歲學生李俊賢及事後被捕的 20 歲地盤工鍾兆濠脫罪，而在旁負責把風、通知施襲者增援警正趕到、速速逃逸的兩名被告李炳希及利子恒，林官指他們雖無出手打人，但份屬同謀，故判罪成。考慮兩被告對法律無知，「以為自己無落手就無犯法」，輕判他們各囚三個月。

　　不知者果真不罪，那麼警察、律師犯法豈非死定了？知法犯法就要罪加一等，無知犯法反而格外開恩，如此判罪標準，公平嗎？科學嗎？

　　我記得我考到車牌沒多久，有次在小路出大路的雙白線前，看到大路沒車，便慢駛而過，當時立即被交通警截停抄牌，我問他：「我犯了什麼法？」

　　交通警說：「雙白線出大路一定要停車。」

　　「我行得好慢啊！」

　　「但你沒有停。」

　　「我唔知要停。」

　　「唔知唔係犯法嘅藉口！」

　　從此，我牢牢記住兩件事：一、小路出大路見雙白線一定要煞車；二、無

知不是犯法的藉口。根據普通法，一個人不能以對某一條香港法例無知而作為辯護理由，以求脫罪。舉個例：隨地吐痰罰款 1500 元，如果不知這法例就不用罰，可以想像後果如何。

法官林子勤「考慮兩被告對法律的無知」而輕判，那就是歧視所有知法的人。當無知可以獲輕判，聰穎就要受重罰，那法律面前還是人人平等嗎？以後每個上庭的人一定打死都扮無知。

至於那個當場逮捕的施襲者，他把便衣警打到頭顱內出血昏倒，竟因受襲者說不清襲擊情況及拘捕細節而讓疑犯脫罪，那就更莫名其妙了。能把這疑犯送上庭，證據肯定是多方面的，除了現場警察口供，還有 CCTV，警察暈倒了說不清，難道 CCTV 也信不過？

以林官的邏輯，如果這是一宗謀殺案，受害人已不在人世，上不了庭，作不了供，那即使當場逮捕了殺人犯，即使 CCTV 拍下殺人經過，也會因為受害者說不出受害情況，定不了罪，對嗎？官字豈只兩個口，黃官更有 7 個口呢！

2020-09-20

急不及待的聲音

　　5月28日下午3時，北京人民大會堂的全國人大會議通過為香港制定香港國安法。同日黃昏，我走進便利店增值八達通，店員認得我，壓低嗓門問：「屈小姐，剛剛新聞報道說立了國安法，是不是明天就可以拉晒班政棍？」

　　「大家都心急，不過還有許多細節要商討呢！」我說。

　　然後，看到手機群組的歡呼聲中，有個年輕母親問：「國安法可否明晚實行？因為他們明晚又搞事，我等不及了。」

　　這天聽到郭榮鏗在電台節目表示，香港已進入「恐懼管治」時代，你在社交網站發表意見、參與簽名活動、或者不表態支持港區國安法，都可能會有刑責，「香港作為國際城市已經 bye bye……如果港區國安法設有追溯期，更是威嚇港人，製造恐慌……」

　　郭榮鏗似乎太不懂民情了，今日恐懼國安法的，只有他們這種人，正常守法市民，對港區國安法不單翹首以待，更是急不及待，大家奔走相告時的感嘆都是：「吓，還要等？等多久啊？」可見民間對國安法是萬眾期待的。

　　有網民更留言，希望給中央表達一個很重要的港人意願：「一定要有追溯期，最好追溯到上年六月。」

　　我當然贊成追溯期，但我更贊成國家在香港設立國安部。因為香港國安法主要針對四類行為：分裂國家、恐怖活動、顛覆國家政權和外部勢力干預，這些都是關乎國防危機。基本法第十八條講明國防、外交不屬香港自治範圍，所以香港國安法由國家派國安人員來搜證及執行，才是理所當然，才有阻嚇作用。

　　環顧全世界所有國家及地區，國安和警察從來都是兩個互不從屬的機構。就以美國為例，負責罪案的是美國聯邦調查局（FBI），涉及國安就是中央情

報局（CIA）事宜，分工清晰。所以，在香港設國安局、有國安人員駐守，絕對是國際標準。

基本法第十九條雖明言「香港享有獨立的司法權和終審權」，但也有一句：「香港法院對國防、外交等國家行為無管轄權。」即是說，香港法庭無權獨立審理涉及國家安全的案件，故另闢法庭處理港區國安法個案是唯一選擇。

我比較狠，總覺得，魔鬼作惡多年，今日得天下利刃殺之，機會難逢，必須一劍封喉，仁慈不得，所以港區國安法絕對宜緊不宜鬆。

如果可以，我支持觸犯香港國安法的人，在國家自設的特別法庭審理，罪成，就送到內地監獄服刑。出賣國家，就得由國家來處罰，最好困在大西北的牢房，面壁思過。

如果今日仍然有人質疑為什麼要立香港國安法，我請他們翻翻 1947 年的美國歷史，73 年前，美國國會通過、由杜魯門總統簽署了美國國家安全法。人家 73 年前已有的法律，我們今天才訂立，誰還敢說香港沒自由沒民主只得恐懼？

2020-06-03

吃完辣椒還要多謝你

　　曾經聽一位上司談到炒人的藝術，他說，做主管，免不了要炒人，解僱下屬最怕就是大家不服氣，一句「無良僱主」會令工作團隊失去賣命的動力，故炒人必須要有技巧，炒魷的最高境界，就是炒完人之後，其他人都拍手叫好，甚至覺得你太仁慈炒得太遲。

　　這幾天，忽然想起這種炒人藝術。

　　辛辣的香港國安法正式頒下，大部分香港市民拍手稱慶，毫無怨言，甚至嫌新法來得太遲。平日完全不關心政治的朋友，竟然興高采烈地傳我幾頁國安法懶人包。最怕看法律條文的我，竟然也在法律頒布夜，第一時間把 66 條律法反覆細看，研究再研究，邊看邊叫好。

　　就像上司教我的炒人藝術，要炒，就要炒到大家燒炮仗歡送；同理，要立法，就要立到個個心悅誠服，吃了辣椒還要多謝你。

　　回想 2003 年的廿三條，沒今日香港國安法的權力大、覆蓋廣、影響深，連立法的影都未出來，不過拿出來諮詢一下，已經鬧到五十萬人上街。今天的香港國安法，出台前沒人看過，連特首林鄭都酸溜溜地說沒看過條文，大家在瞎子摸象，直至千呼萬喚出來了，香港人又甘之如飴。原來，關鍵並不在條文內容，而是關乎環境氣氛。

　　過去一年，或者嚴格來說，是過去五年，香港人的共同狀態可以用四個字來形容：忍無可忍。無論議會、街頭、學校、職場、政府、媒體、社區……全面的崩壞淪陷，讓大家愈來愈認同一種方向，就是治亂世要用重典。

　　細看香港國安法條文，是會愈看愈興奮的，除了重點的分裂國家、叛國、恐怖主義、勾結外部勢力四個主項，原來中央對我們這五年來面對的黑暗歲月，都看在眼裏、記在心上，機會一來，就傾全力落藥解決。

譬如：拉布。按香港國安法第 22 條第 3 款：「嚴重干擾、阻撓、破壞中華人民共和國中央政權機關或者香港特別行政區政權機關依法履行職能。」議員拉布，或者開半年會都選不了主席，就是犯了國安法，最高刑罪是無期徒刑。

又譬如：當我們看到那些被定罪緩刑的，如陳淑莊，或者坐完監出來的，如邵家臻，竟然可以大搖大擺繼續在議事堂上瘋言瘋語，香港國安法第 35 條，就彷彿是為他們度身訂造：任何人觸犯國家安全罪，即喪失其立法會議員、區議員、行政長官選委、政府官員、公務人員、行會成員、法官及其他司法人員等資格。

至於第 29 條「引發特區居民對中央政府或特區政府的憎恨」，不就是對付那些 831 打死人謠言、黑警死全家的詛咒嗎？

還有最辣的第 43 條，賦予警務處在處理國安案件時的無上權力……看到這裏，真的會心微笑，感謝反對派這些年的瘋狂，我們才有往後的安樂。

昨日清晨，天邊出現一道彩虹，然後，下了場大雨，信佛的朋友說，是菩薩為香港灑淨。物極必反，否極泰來，反對派縱高明，終究贏不過中國人的智慧。

2020-07-02

幫兇

這件案，愈來愈像一齣戲。七一那天的示威活動又演變成騷亂，一名港大土木工程系畢業生，拿着利器插進一名防暴警員身上，這一插，改寫了人生，港大天之驕子隨時淪為階下囚。

本來打算潛逃往英國，臨門一腳卻被警察追捕至機艙，命中注定逃不出天羅地網，沒想到還連累家人朋友。昨日，警方再拘捕七名男女，全都是在疑犯潛逃時曾伸手幫過一把，包括託人拿護照給兒子的 71 歲老父。

我們小市民這才知道，原來香港律法中有這麼一條，就是任何人明知有人已犯法，仍向犯法人士提供任何協助，以逃避警方的執法行動，就是干犯協助罪，最高可判監 10 年，哪管你只是遞一本護照、買一張機票、送一程車、幫忙執一箱行李，知情不報就是罪。

除了疑犯父親，這些「幫兇」，都有個特點，就是個個有份好職業，甚至是專業人士。譬如疑犯女友是個渠務署見習工程師，開車接載疑犯往機場的是私人助理，送行的友人一個是民航處航空交通管制主任，一個是言語治療師……正所謂，好人好姐，奈何作賊。

其實，這個好人好姐拘捕群只是一個社會縮影，早陣子網傳一個黑暴被捕者名單，當中教師、社工之多，讓人咋舌。網傳資料未必可靠，我們就找官方數字看看，警方早前公布的被捕數據中，就有 110 個學校教職員、3600 個學生，當中有 1600 人未成年，部分更是小學生。

我覺得，下次警方應該公布被捕者的職業、學校名稱，讓大家看看，到底有幾多吃着官糧反官府的暴徒存在。

談到吃官糧，不得不提的，就是香港電台，嚴格來說，他們也是今次「行刺」事件的幫兇。

香港電台視像新聞 RTHK VNE...

一名男子於機場被捕
涉昨日在銅鑼灣以利器傷防暴警

香港電台視像新聞 RTHK VNEWS
警方證實，凌晨在機場拘捕一名20多歲男子，涉嫌昨日在銅鑼灣，以利器刺傷一名防暴警員。

有市民昨日下午在銅鑼灣中央圖書館對開聚集堵路，防暴警察到場驅散人群期間，一名防暴警員左肩，懷疑被短刀刺中受傷。

#香港電台 #機場 #銅鑼灣 #刺傷警員

2020年7月2日 ·

尋求支援或舉報相片

▲港台網上新聞將疑兇由頭到臉到頸到衣物都用馬賽克遮蓋着，擺到明是要保護疑犯身份，免被警方識別到身體及衣物特徵。　　　　網絡圖片

那天，我們看到香港電台在網上即時視像新聞談及這宗襲擊案時，作了這樣的圖片處理：

一張圖是該名受傷警員，港台給他一個沒遮蓋的全相，在如今動輒起底的風氣下，港台此舉，擺明有意讓防暴警的樣貌曝光，方便黃絲起底。

而另一張圖，則是舉着利器正在行兇的疑兇，不公平是，這疑兇由頭到臉到頸到衣物都用馬賽克遮蓋着，基本上你只看到一個朦朧人影，唯一清晰是那舉起刀的手，擺到明，港台是要保護疑犯身份，免被警方識別到身體及衣物特徵。法例上，這幫兇我們奈何不了它，但人心上，市民早就分辨出來，香港電台作為文宣平台，本就是黑暴最大的幫兇。

2020-07-11

警察的掣肘

警察刑偵朋友告訴我一次親身經歷……

那是一宗毒品交易案，目標人物已被盯上，只等候買家出現，就可以一網成擒。

從前這類案件，電影情節都有得拍，跟蹤、監視、竊聽，然後集齊人證物證拘捕。然而，自從有了人權法、截取通訊及監察條例等等令執法者縛手縛腳的新例，偷拍私人地方、安裝偷聽器攝錄機、電話監聽等過去警察常用的查案手段，都不能再隨便使用。沒有法官特別批准，警察跟蹤、勾線、偷拍都屬犯法行為，所取得的資料亦不能作為呈堂證供。

那回，刑警做足功夫，一早就向法庭申請了偷拍監視授權，毒販注定是甕中之鱉了。

在毒竇對面屋監視偷拍了幾個日夜，這天，終於有動靜了。眼見買家賣家聚首一堂，一手交錢一手交貨，刑警就像電影中的幹探，一聲「Action」，警察四面八方掩至毒品交易單位，連帶那位在對面屋負責監視的刑警也跑過來幫手拘捕。急趕之下，竟忘了關掉正在錄影的攝錄機，就這樣出事了。

當夜的搜捕本來很成功，明明當場逮捕，明明人贓並獲，但辯方律師在庭上打的觀點，卻跟這些人證物證一點關係都沒有。律師說，當日法庭頒下的偷錄授權，只適用於查案期間，但當晚警員在進行拘捕時仍未關機，明顯是違反截取通訊及監察條例，在疑點歸於被告的情況下，此案的毒販全部無罪釋放。

說這案例，目的是要告訴大家，如果香港國安法用現有的警察、根據現有法例來執行，肯定會成為無牙老虎，就像之前立下的「禁蒙面法」一樣，空有法，難執行。

涉及國家安全案件的查證、竊聽、偷拍幾乎是指定動作。看今日法例對香

港警察工作的掣肘，如果用他們來執行國安法而無豁免機制，前線警察不單動輒得咎，更是寸步難行。

2020-06-20

兩宗黑暴懸案

十多年前追看過美國一套刑偵電視劇系列《鐵證懸案》（Cold Case），故事說的是一班費城警察開了一個小組，專門翻查封塵未破的懸案，以新科技重新發掘證據，把真兇繩之以法，為受害人及家屬彰顯正義。

故事帶出的訊息，是天網恢恢，儘管今日拉不了你，總有一天，犯法的人一定難逃法網。

忽然覺得，香港也是時候開個 cold case 檔案室，又或者，有一些懸案已經露出端倪了。

早前，8 · 31 太子站事件的被捕者之一、教大學生會會長梁耀霆，透過律師入稟高院要求港鐵交出太子站及荔枝角站 8 · 31 當晚的閉路電視片段，以助他及其他涉事者蒐證進行民事索償。一個多月前，高院裁定港鐵須向梁耀霆披露閉路電視片段，他們如獲至寶，大鑼大鼓說要為 8 · 31 冤魂主持公道。

40 日過去了，那些閉路電視片段該看過一千遍了，梁耀霆和他的「手足」們找不到半秒警察殺人運屍的鏡頭，於是說，港鐵提供的片段不齊全，絕不尋常，故已透過律師去信，要求港鐵交代片段畫面「不見了」的原因。

交出 CCTV 是法庭的命令，港鐵堂堂大上市公司，不可能不依法而行，如果說片段不齊，那又是因果關係了，當日明明是暴徒砸毀閉路電視，現在暴徒又來查問片段哪裏去，是否有點思覺失調呢？

鐵證已如山，太子站的哭墳可以收檔，長達 90 小時的 CCTV 片段，足以證明這個是太子站無死人事件簿，懸案可蓋棺了。

另一宗被刻意淡忘的懸案，叫「爆眼女事件」。一個黑暴圖騰，卻從來沒人見過這「女神」的真身，連她的傷勢如何也再無人提及。警方拿了手令取得醫療報告，卻被爆眼女申請法庭禁令禁止觀看，一隻眼睛的傷勢，為什麼要如

此大費周章隱藏呢？爆眼女住了幾天醫院就出院了，從此人間蒸發，是不是太懸疑了點？

有人說，爆眼女根本沒有盲，又有人說，爆眼女早拿了巨款離港，都是道聽塗說，一個民主圖騰，為什麼不站出來闢謠澄清？為什麼不站出來做獨眼女神帶領「手足」振臂一呼？

黑暴懸案，何只這兩樁，希望真正新聞工作者好好為我們追查，希望執法者快快為我們破案，廣大市民等着看正義伸張。

2020-05-08

消失了的常識和人性

這幾年，總覺得香港人活得像白痴。明明一些好簡單的一二三，不知怎的，卻要用微積分來計算講解分析爭論。

「一國兩制」，講到明有個國家在管你；高度自治，即是還有低度的不能自治。這些道理，毋須拿着基本法 12 條、13 條還是 22 條拗足一星期，用點常識，就能理解。

反對派說，港澳辦和中聯辦不能管香港，那請問，誰可以管？受一國管轄的小城，總該有人管吧？如果這兩個機構都不准管，香港屬於中央的部門就剩下駐港部隊了，難道你們希望解放軍出來管？

令大家變成白痴的，不只在政治範疇，法庭上，審判中，也有很多令大家懷疑自己是傻瓜的例子。

早前一宗學生被警察搜出身上藏有兩樽汽油彈的案子，辯方律師那句「汽油彈是用來打邊爐」的辯護，讓大家衍生更多聯想，譬如炸彈會不會是用來燒雞翼？子彈其實是用來射野豬……

幾日前有個叫林乘風的地盤工人獲裁判官撤銷控罪，他於今年 1 月參加中環遮打花園集會時被搜出身上藏有槌仔、防彈盾牌、黑頭套、白手套、防毒面具連濾芯、生理鹽水……他說，因為參加完集會要做油漆工程，所以帶備這些開工裝備在身。裁判官天真相信，還向林乘風批出訟費。於是網民留言：「我身為一個牛肉佬，以後身上應該有幾把牛肉刀傍身。」

昨天，又有一宗奇案審結，大專學生蕭昊明 1 月 1 日凌晨，向葵涌警察宿舍門外潑液體、擲玻璃樽及垃圾桶蓋，因為沒造成任何人受傷，裁判官把被告判罰 200 港元了事。香港法例亂拋垃圾罰款 1500 元，違例泊車都要罰 400，但在這麼多警察宿舍被暴徒襲擊放火的大前提下，如此挑戰執法者，都

只是罰款 200，平過飲餐茶。難怪大家覺得，我們在法律面前，愈來愈像個白痴。

今日香港，常識常理已然失掉，更恐怖是，連人性都失去。放火燒活人、濫用私刑那些瘋狂行為，已經泯滅人性，但原來，更無人性的還有那些旁觀拍掌者。

昨天，暴動中被磚頭揼死的 70 歲清潔工羅伯的案件開審，兩名 16 及 17 歲的少年被控謀殺，我從《明報》一張新聞圖片看到了一幕恐怖人性，就是兩名謀殺疑犯坐囚車駛出法院時，竟有幾十人追着囚車歡送聲援。

一條無辜生命被奪去，疑犯竟得到英雄式款待，這到底是什麼世道人心？這到底是什麼民主公義？忽然覺得，香港人活得像白痴。

2020-04-24

是誰把虎放歸山？

　　好多人說警察之苦，但大家往往只看到防暴警日以繼夜夜以繼日地當值、跟暴徒對峙、置身險境……卻未必想像到，軍裝之外，有一班刑偵隊伍，在這一年的黑暴中，一樣熬了許多個不眠夜。

　　打砸高峰期過了，接踵而來的，是把被捕的九千多人如何逐一搜證告上法庭，看到這數字，真是暈得一陣陣，那班暴徒個個蒙面打傘，要搜證，大多是靠翻看閉路電視，一單案悶悶地看幾百小時 CCTV，還要高度集中地看，那種痛苦，非筆墨所能形容。

　　有時候，刑偵還要與時間競賽。因為涉及公安條例的罪行，一定要拿律政司意見才能決定是否起訴。所以對一些重罪的、有明顯證據的、當場逮捕的犯人，警方要在 48 小時內進行起訴，這 48 小時不單要搜證、盤問、落口供，有時還要把證據整理成清楚易看的 powerpoint，向律政司講解，希望能立即告上法庭，否則，48 小時一過，警方就要放虎歸山。於是，防暴警把抓到的罪犯送回警署，刑偵的工作才剛剛開始。他們一捉到罪犯，隨時幾日幾夜不眠不休，甚至一踩四十多小時。這邊落口供、掃指模，那邊看閉路電視，找直播視頻……

　　有時不是拘捕一個兩個、十個八個，而是一百個甚至三百個，幾百人逐個開 file 搜證，工程何其浩瀚。所以拘捕過後，就是刑偵的艱苦工作，他們只有開工日子，沒有下班時間。而這些勞苦，都不在大眾視線內，沒人看見。

　　一件案子，由前線搵命搏拘捕，到刑偵抽絲剝繭搜證，目的都是要把罪犯繩之於法。然而，大家有目共睹，近日案子去到法庭，法官經常一個唔該，讓疑人保釋，或者判處無罪、感化、緩刑、社會服務令，總之就是找個藉口網開一面。

那些法庭求情理由也讓人大開眼界，因為是大學生、因為品學兼優、因為孝順父母、因為……這算什麼道理？學生就可以犯法？成績好就可以犯法？偏偏，有些法官一聽到這些荒誕理由就給罪犯開綠燈，白白把執法者的功勞心血丟進鹹水海。

上星期被廣東海警截獲的 12 名潛逃犯，至少 10 個是法官放生的產物。試想想，如果在警署走了 12 個犯，早就有警員要被革職查辦了，但今次一船保釋犯，沒人敢向法官問責，甚至無人能告訴大眾，這些逃犯是哪幾個法官放的？這些錯放罪犯的官，會不會受到懲處？

香港哪條法例說過：法官做錯事判錯案不能被追究不能被批評？聖人都有錯，何況法官非聖人，怎能完全不受社會監察？作為法官之首的馬道立又怎能完全撒手不管理？已經有不少保釋犯棄保潛逃，跑到德國、英國、美國以至台灣，看到前車仍不為鑒，香港法治崩塌，你們一定有「功」。

2020-08-31

官官相衛與官官相畏

「知法犯法，罪加一等」，從前，若有警察被控罪，法官都會這樣說。

其實，論知法，警察又怎及得上律師呢？然而，昨天一宗黑暴期間的非法集結案判決，黎智英、李卓人、梁國雄等 10 名罪成被告中，任職大狀及律師的李柱銘、吳靄儀及何俊仁，還有街工黨魁梁耀忠和民主黨大佬楊森，竟齊齊獲得緩刑，即是說，毋須坐牢，而其他人卻要即時入獄由 8 個月到 18 個月不等。

同一項控罪，判處的刑期差不多，但為什麼有些人即時監禁，偏偏幾個跟司法界有關係的大狀、律師卻全獲緩刑？難道真的如網民言：「朝廷識人有優惠？」

法官說，考慮到各被告認罪、沒有案底、具備良好品格、長期社區服務及年老等理由，予以減刑或判處緩刑。

然而，楊森明明在庭上慷慨陳詞「認罪但不認錯」，又反問法官：「我們行使公民權利，何以要經當權者批准呢？」即是說，只要舉着「行使公民權利」的擋箭牌，就可以無視法律，這，是真心認罪的態度嗎？

吳靄儀選擇自己向法官求情，那番話，在我看來，根本就是恐嚇：「法律應該對人民的權利提供保障，而非奪走人民的權利，尤其在香港真正的民主仍未出現，人民有賴法律保障他們，而法庭就是法律的最終裁決者。如果法庭行使法律時剝奪人民的基本權利，社會對法庭和司法獨立的信心就會被動搖。」

一個年輕裁判官，面對資深大律師名冊中排名第一的法律界大佬李柱銘，還有美國律師協會國際人權獎得主的大姐大吳靄儀，她還親自自辯「拋浪頭」講什麼「人民的權利」、「法律的初衷」，怯，是正常的。

都說司法界是個小圈子，即使不是官官相衛，也會官官相「畏」。

法官說，因為李柱銘、吳靄儀及何俊仁背景良好兼在不同界別有顯著貢獻，故獲緩刑。背景好就不用坐牢，那上流社會跟屋邨仔犯同罪，是否會有不同判處？法律面前不該是人人平等嗎？

為什麼社會對這批反對派「大佬」的判決如此看重？因為我們希望「天子犯法與庶民同罪」的法治公義得到彰顯。無論你頭頂有幾多光環、無論你站的道德高地有多高，犯了法，就要成為階下囚，不該有例外，這才是我們老百姓所追求的公平法治。

2021-04-17

拋浪頭噴口水的「大佬」

2018年11月，「佔中九丑」戴耀廷、陳健民、朱耀明、陳淑莊、邵家臻、黃浩銘、李永達、張秀賢及鍾耀華，被控煽惑公眾妨擾罪，案件開庭前，民主黨的李永達接受了黃媒「端傳媒」專訪，他在訪問中一臉慷慨就義，許下豪言：「我們在香港搞民主運動，連牢都未坐過，好似不像樣。」

2019年4月，法庭裁定李永達「煽惑他人犯公眾妨擾」罪成，判監8個月，緩刑兩年。李永達又向記者說了詩一般的話：「這是我最接近牢獄的一次……」

然而，兩年緩刑期一過，李永達就忘了他的豪情壯語，露出政棍真面目，前幾天，更鬼鬼祟祟執包袱着草到英國去。

說好的齊上齊落？說好的不割席、不篤灰呢？堂堂民主黨創黨元老兼副主席，就這樣毫無徵兆地丟下「手足」逃亡去？

加入黑社會，最怕就是遇着沒義氣大佬，有彩他撲出來攞，有事推你去擋刀，這種大佬，黑社會都恥笑，別說自己什麼「民主鬥士」了。

2018年那個訪問，李永達在結尾還這樣說：「投入社運40年，眼見願意『推石上山』的人越來越少，只想對年輕人說：不要放棄。」

但今天，他率先放棄。

2019年黑暴，9000多人被捕，有些「手足」已在獄中，大部分案件還未開審，領頭羊，已離去。

一個多月前，民主黨舉行特別會員大會，65歲的李永達「出山」再坐副主席之位，他當時說，就算早已退休，但身為創黨成員，也有責任在這「大風大雨」的時勢肩負責任。

原來，這個副主席在水深火熱扛起的，是率先走佬的「責任」。

李永達為什麼走得這樣匆忙這麼急？大概跟獄中的黎智英不無關係。如果大家記得，他和何俊仁幾乎是肥黎大宅飯局的必然飯腳，黎智英身邊人一個一個落鑊，立秋已到，算賬一定少不了他。

李永達曾經向記者說，他期盼的是牢獄。但當牢獄近了，他還是腳軟心虛。革命是拋頭顱灑熱血的，不是拋浪頭噴口水的。年輕人，看你們的大佬這副德性，還值得跟隨下去嗎？

2021-08-08

不要讓馬拉松變成一場政治騷

2019年黑暴，正常人被滅聲，大家都說，因為怕，怕被「私了」、怕被「裝修」、怕被起底、怕被打被燒被辱……那年的風聲鶴唳，我明白大家為什麼沉默。

2021年國安法加完善選舉制度，黑暴被滅族，組織一個個自動解散，領頭羊不是如喪家犬束手就擒，就是驚得屁滾尿流夾帶私逃，又或者，龜縮在豪宅心顫腳震。這年，執法者取回公道，正常人重見天日，但奇怪，大家仍是怕，話題一觸及黑暴黃絲「港獨」，仍是支吾以對，仍未敢直斥其非，那天看渣打馬拉松的簡介會就是一個典型例子。

去年因疫情停辦了賽事，今個星期日一年一度的渣馬終於復辦，那天，籌委會特別開了個記者會宣布賽事詳情。一如既往，總有記者問起政治立場事。

記者問：大會是否允許選手在服飾上印上「香港加油」，甚至「光時」標誌或旗幟等政治宣傳？

渣馬籌委會主席高威林說：「呢個唔關賽會事。」

怎會不關賽會事呢？如果，18500個參加者中，有5000人在身上展示了黑暴或「港獨」相關的服飾或裝飾，那麼，這就不是一場馬拉松，而是一場政治騷、一場讓西方輿論「執到寶」的政治騷。

國安法後，反對派再不敢搞任何遊行示威活動，但他們並沒有銷聲匿跡，也沒有改邪歸正，而是一直潛藏在社會各領域，死心不息，蠢蠢欲動。

出街走走看看，今日仍有為數不少的黑口罩、「香港加油」、連登豬、pepe蛙的黑暴裝飾在人潮中掩掩映映，就知道，他們只是怕，並沒悔過。

於是，一場馬拉松，正好是一次展示政見的難得機會，有什麼好得過有人幫忙籌辦大型活動，又沒規限你們穿什麼做什麼說什麼展示什麼？

　　如果我是黃絲，我會印八款 T 恤，每件一個字，「光」字一件、「復」字一件、「香」字一件……如此類推。八個人跑在一起，就連成一句，警察來了，就分頭四散，你奈得我何？

　　黑暴已萎靡，正常人已勝利，為什麼大家仍不敢旗幟鮮明、立場清晰地向黑暴說「不」？為什麼跑手的政治表態，會「不關賽會事」？

　　主事人愈想左右逢源，作亂者愈會膽大包天。歷史已經證明，你模糊，他們就進取；你退讓，他們就踩到你臉上。只有約法三章、先旨聲明，才能阻止一切試探。

　　為防到時大家「口同鼻拗」，最好的方法就是賽前訂明規則，跑手若展示政治標語或暗號，將會：

　　一、即時停止參賽資格並要立即離開現場；

　　二、列入黑名單，永遠不能參加渣馬賽事；

　　三、不會退還費用；

　　四、轉交有關部門跟進是否觸犯法例。

　　人是要管的，香港人更要辣手管，和稀泥只會惹禍上身，隨時讓一場馬拉松變成黑暴極地反撲的生機。

2021-10-20

罪犯的私隱

　　恕我孤陋寡聞，從來，只見法庭上有罪案受害人是以 A 小姐、B 先生之類的代號來隱藏身份，避免因媒體報道對受害者造成二次傷害，卻很少看到，原來犯罪的被告，身份都可以被保密。

　　這天，看到香港保護兒童會屬下幼童留宿院所「童樂居」虐兒事件在九龍城裁判法院提堂，4 名院所女職員各被控 1 項對所看管兒童或少年人襲擊罪，因案件押後再審，4 人暫獲保釋。報載，這 4 人分別是：C.H.Y.、C.K.Y.、L.H.Y. 及 C.W.H.。

　　有冇搞錯？

　　通常我們在法庭審判時看到被隱去名字的 ABCDE，多是涉及非禮案、強姦案，為保事主清譽，受害人都會以代號來代替實名。又或者，如果案件的被告名字被公開，會讓人聯想到受害人身份，舉例，父親性侵女兒，那被告父親的身份一暴露，受害女兒的身份就會呼之欲出，如此情況下，法庭才會讓被告姑隱其名。

　　然而，這 4 個「童樂居」的施虐者憑什麼可以受到聲譽上的保護？按此案情節，至今涉事孩子已增至 26 人，有 91 次不同時段的施虐，老實說，根本不會猜到受害人是誰？那麼，隱藏被告姓名的理據何在？

　　我在想，會否因為入住「童樂居」的孩子身份特殊，譬如都是孤兒、棄嬰、或者來自家庭問題，才會隱藏身份？那給受虐孩子冠以 ABCD 名字便可，保護兒童我認同，但保護罪犯，到底是基於什麼原則？就算是辯方申請，為什麼律政司及法庭不拒絕這要求？

　　如果被告是未成年罪犯，法庭為他／她隱藏身份，尚且情有可原。但此案被告由 23 至 28 歲，並非無知少年，都是成年人了，為什麼犯案後仍可受到

身份保護？到底被告私隱重要，還是孩子的身心安全重要？

家長總要把孩子送到學校，有時更避不了把他們送到補習社、社區組織、課外活動班……甚至交付給鄰居、親友代照料，所以家長絕對有權知道那些做兒童工作的人到底是身心健康，還是心理變態。

兩年前教育局為了保護私隱，不肯公布黑暴時涉暴教師的姓名及任教學校。今天，法庭又把虐待嬰幼兒的照顧者身份保護得妥妥貼貼，我只想問，難道孩子身體及思想的安危，都比不上被告人一個名字的私隱重要？如果這叫人權，如果這是法治，在保護下一代面前，不要也罷！

2022-01-16

袖手旁觀都是罪

大家還記得 2018 年屯門曾發生的一宗女童虐殺案嗎？5 歲女孩被長期虐待至死，全身有 133 處新傷舊痕，被形容為「香港開埠以來最嚴重的虐兒案」。結果，施虐的親父及繼母謀殺罪成，被判終身監禁，同住的繼外婆亦因疏忽照顧兒童罪成，判囚 5 年。

這宗案件裏的繼外婆給大家一個重要啟示，原來袖手旁觀都是罪。

其實，強姦案裏，姦人者固然有罪，圍觀起哄而不援手者，一樣有罪。同理，打劫銀行的持槍悍匪有罪，但開車和「睇水」者其實罪名相同。

所以，話說回來，香港保護兒童會轄下的「童樂居」爆出至少 35 名幼童被虐，20 個職員被捕的案子，會是一宗簡單虐兒事件嗎？當然不，那是一宗有組織及嚴重罪案，「童樂居」甚至是犯罪現場，要被封鎖，不能繼續運作的。

至於那些未涉案被捕的職員及主管，可以置身事外嗎？總幹事及院長可以就這樣辭職了事嗎？當然不。看看屯門那虐殺案子，繼外婆見死不救，一樣有罪，那麼，「童樂居」那些見虐不援的人，怎會不是幫兇共犯？容許職員長期虐兒的管理層，怎可能不涉主謀？

翻看這次獨立檢討委員會的中期報告，列出 CCTV 見到的虐兒行為包括：掌摑、扯耳、用腳踢方式移動幼兒、提着衣服把孩童扔在墊上、把兒童拋撞向裝有墊子的牆上……這樣的行為，對受虐孩子來說，一次都嫌多，警方亦表示拘捕行動可能會繼續，然而「童樂居」這個「犯罪現場」至今仍然運作，即是說，不懂說話、無力反抗的嬰幼兒，仍受着潛在的嫌犯及共犯照料。

這情況，你認為緊急嗎？當然急。然而，當立法會議員田北辰及狄志遠在議會向立會主席梁君彥提出，加入有關「童樂居」急切口頭質詢項目時，竟被梁主席以性質不急切成由，拒絕了，還說此事政府已有書面回覆，議員可循其

他途徑跟進。

難怪田北辰議員勞氣說：又捉多兩個了，事件真不知還會搞多大？其他同類機構有沒有類似事件？花了個多月還在看閉路電視，是否人手不足？……太多疑問，為什麼梁君彥覺得事件不急切？

我想起，這幾天手機群組傳來一段視頻，片段見到習主席走到基層困難戶中間，感慨地說：「民之所憂，我必念之；民之所盼，我必行之。」

急民之所急，香港的當權者，應該多一些這種悲天憫人的愛民心才好！

2022-01-29

一則值得注意的道歉啟事

　　昨天，四份報紙（大公報、文匯報、星島日報、南華早報）上出現一段奇特的道歉啟事。一名叫伍灝賢的市民，公開承諾以後會尊重別人私隱及做一個守法循規的市民。

　　原來，這個伍灝賢於黑暴期間，在網上披露一名亦是童軍領袖的警務人員身份，引致該警員被起底、恐嚇、抹黑及攻擊，造成嚴重滋擾及傷害，於是，伍灝賢被該警員民事起訴，日前高等法院作出裁決，要求起底者在網上平台及多張報紙登報道歉。

　　網上真的無王管、無底線、要說什麼就說什麼嗎？這個案例，給大家最好的證明，網絡並非可以為所欲為。你說過的話、做過的事，即使事後刪除，一樣會留痕，一樣是犯罪。更何況，電腦上的足跡，要追查、要還原，一點不難。

　　不過這案子也有個讓人摸不着頭腦的地方，就是被起底的明明是警察，但替他訴訟的，卻不是律政司。

　　由2019年6月至今，警方共接獲超過4000宗針對司法人員、政府官員、警員及其家屬的起底報案，這次道歉啟事涉及的受害人，就是一位在黑暴中執行職務的警察。

　　如果大家記得，當年所有街頭暴力事件中，只要有警員露出了臉孔、暴露了編號、或者出示了委任證，他們的個人資料就會瞬間被傳遍天下，然後針對這些警員及其家人的攻擊就會排山倒海到來。

　　起底，不是簡單按一個鍵，而是發射一種核武，發放了就難以收回，尤其抹黑造謠，如潑出髒水，沒得解釋沒得洗淨，這武器甚至比刀劍傷害更大，所以必須正視，更需嚴懲。

　　這次的道歉啟事為起底罪行跨出了第一步，但正如我剛才說，一個因為執

行職務被起底而興訟的警察，本來就不應自己掏腰包搞民事訴訟，我們不是有個大大的律政司在警隊背後嗎？如果他們因工作受到傷害，律政司遲遲不起訴，警察自己找律師來討回公義，以後誰還會有人跑在前線守護社會？

檔案室尚有幾千宗起底案在排隊，這些受害人都是公務員，他們都要自己掏錢找律師嗎？如果這樣，警察已經豁出性命，還要犧牲私隱，再要犧牲荷包，這是哪門子的法律保障？走在最前線的戰士如果沒有保護傘、沒有安全網，其他人看在眼裏，還會這樣傻向前衝嗎？

更何況，起底的傷害，豈是道歉啟事能補償？刑事檢控帶來的監禁處罰，才能對起底行為收阻嚇作用。

2022-04-20

講一半藏一半的騙術

曾經，香港出現一種劏客海味店，他們的行騙手法，就是以両代斤。

譬如標價一千的西洋參，顧客一看「抵呀」：我要買一斤！店主火速幫客人切片，然後說：盛惠一萬六。客人這才驚覺，原來標價的大字旁邊，有兩隻蚊形小字「每両」，不是矇眼以為的「每斤」。但人參已切片，沒得退貨，客人只能怪自己有眼無珠。

這幾天看反對派為 53 名被捕的國安法嫌犯強辯，愈聽愈有劏客海味店騙子 feel。

海味騙子的手法是講一半隱藏一半，反對派也一樣，以大字標題：「初選大搜捕」來製造「一千蚊一斤參」的吸睛效果，讓那些只看標題不理細節的盲毛一看就拔劍而起，嘩，有冇搞錯？「初選」都拉？

「初選」不會被捕，被捕是因為你們搞「初選」的目的，是要選出能夾手夾腳顛覆政權的人。這部分，為什麼你們隱藏不說？這不是有心瞞騙嗎？反對派又說，否決《財政預算案》是基本法賦予立法會的職能，不能將此舉視為顛覆國家政權行為，這又是「以両作斤」的講一半藏一半騙術。因為你們否決《財政預算案》的目的是逼特首下台，導致香港停頓，從而引入外國勢力制裁國家。這重點目的，為什麼你們又隱掉不說？

反對派不斷理直氣壯強調攬炒「初選」沒違法，但負責「初選」操作的香港民意研究所副行政總裁鍾劍華卻鬼拍後尾枕說：放心，「初選」投過票的 60 萬人資料已全部銷毀，不是普通的刪除檔案，而是「完全在硬件上銷毀，存儲硬碟都壓爛晒㗎啦！」

如果，大家只是投個票，為什麼如此煞有介事銷毀資料？連硬碟都砸爛，刪得那麼徹底，只得一個可能：你們幹的是不見得光的非法勾當。

正如基本法委員會副主任譚惠珠在電台訪問中舉例：你去買天拿水不是犯法，買個樽都沒犯法，再剪塊布都沒犯法，但當你把這些東西加在一起製汽油彈你就犯法了。

中大講師蔡子強如此鳴冤：「溫和民主派已經成為中央和特區政府的打擊對象。」那就等於說「參茸海味店已成為警方的打擊對象」，這是事實嗎？當然不。事實是，警方只會針對劏客海味店，正如中央及港府只會打擊顛覆政權的人。在罪犯前面套個「溫和」形容詞，絕不會為你的罪行減刑，只會讓你們看起來，更像騙子。

2021-01-09

如果我是盧溝橋站崗的守衛……

　　如果，我是當年盧溝橋上站崗的守衛，鳴槍阻止踏上橋進城的日軍，最後不敵，國家陷入漫長的抗日戰爭。你猜，歷史會不會責難我這個在盧溝橋頭擎槍守土的士兵？

　　提出這疑問的，是何君堯議員，他近日正在發起民間撐基本法二十三條立法聯署，許多人說：「白費心機啦，反逃犯條例都搞到滿城風雨，這二十三條怎可能過得到？」

　　悲觀，就不試嗎？就不做嗎？以此原理，當日盧溝橋守城的衛士應該毋須抵抗，讓日軍長驅直入好了，反正當日橋頭只得兩個排約六十人，面對來勢洶洶的五百多名日軍，絕對是寡不敵眾，白費心機。

　　但守衛明知不可為而為之，鳴了槍，開了戰，儘管犧牲了性命，但歷史不會責難，因為他們對得住崗位、對得起百姓。

　　截稿之時，民間支持二十三條的簽名數目已達 183 萬，簽名仍然繼續，離最初何君堯議員許下二百萬的宏願不遠矣。雖然許多人又會說：「簽了又如何？二百萬又如何？在立法會別說要通過，一提出來，連會都開不成啦！」

　　說的都是事實，但還是那句，機會渺茫，就不做嗎？就要舉手投降嗎？

　　我問何君堯對落實二十三條抱有多少希望，他說：「三個月前，我覺得成功率是 0.001；三個月後的今天，我認為有 25%。」

　　雖然，25% 仍是下風，但世上沒有必贏的戰事必輸的仗，Never say never，不試一定會輸，肯試就有機會贏。何君堯連同一班有心義工一直不放棄，由零開始簽到昨天的 183 萬，接近三分一香港人，這就是民意，這就是心聲。

　　第一個星期日擺街站我特別跑去看看，一個區才得一、兩個點，不太方便

的位置，所謂的街站連一張摺枱都沒有，只得一塊「易拉架」、幾十個義工站在街頭巷尾拿着膠板請大家支持簽名。枱都沒有，別說大台了。簽名運動很簡陋，正因為簡陋，更顯珍貴，因為聲音力量都來自民間。

何君堯給我看一張清單，二十三條簽名運動至今只用了三萬一千元，「我們開會都是吃飯盒，街站義工一人一支水，就這麼簡單。」大家義不容辭，因為知道香港已到了危急存亡之秋，這事不是為自己、不是為何君堯，而是為守住香港、為保護國家。

建制派對沒把握的仗，向來不願沾手，所以對推動二十三條立法，大家都按兵不動。幾個月來，只見何君堯舉着大旗領着老百姓在衝，擁有利器戰車的，都在旁觀望，怕一出手會影響九月立法會選情。

又是雞與雞蛋的問題，有二十三條，就可以處理那些叛國者，把他們排除於制度之外；沒二十三條，那些「港獨」賣國的統統入閘進議會，香港從此萬劫不復。

我喜歡何君堯議員一句結語：「與其坐以待斃，不如殺出重圍！」三分一香港人都殺出來了，你呢？

2020-04-08

瘟疫

第六章

南極歸來，竟遇上世界末日

　　朋友去了南極考察，傳來照片，我驚訝：吓，這是南極嗎？

　　我沒去過南極，但看得多紀錄片，總認為南極是白茫茫一片，冰川、雪地和企鵝，組成我的南極印象。然而，朋友的幾幀照片，打破了我的遐想，企鵝站立地，盡是潮濕小石塊，世界變了，地球病了，原來南極的冰川早已預警。

　　幾年前南極大陸廿九個國家共七十個科學站的統一科研報告，有個很重要的訊息：南極洲冰川融化的速度，是人類想像不到的快和狠。

　　朋友四年前去過南極，今日再訪，已面目全非。面積六千平方公里（相等於六個香港般大）的世界第二超級大冰川，原來三年前已脫離南極大陸，大冰架已分崩離析滅亡中。企鵝們只能站在沙石上，據說新生企鵝的存活率已跌到廿五分之一。朋友說：兩、三年後再到南極，浮冰很可能已是個歷史名詞了。

　　天涯海角兩極地，最能看到地球給人類的警示，企鵝更該是第一批感受到世界末日的生物，可惜牠們不能言語，於是地球用了第二個方法，就是透過幾顆小小病毒，告訴大家，這星球病了，而且病況不輕。

　　十五天南極考察完畢，重上郵輪，朋友驚覺世界已變，整個地球因為一種肉眼看不到的病毒上鎖了，所有國家如臨大敵關上國門，坐在郵輪準備歸程的一班旅人，聽着船長廣播「我們可能上不了岸」，大家的心比冰川更冷。

　　郵輪還差一里就駛到烏拉圭，忽然收到緊急通告：烏拉圭關閘鎖港了。手機傳來的訊息，盡是各國疫情的失控淪陷及兵荒馬亂，於是船長轉舵朝阿根廷走，然而半小時後，又傳來消息，阿根廷也鎖國了。

　　郵輪在大西洋四處敲門遊走，全世界已有超過一百個國家關起大門，世界交通大靜止，這期間在地球上移動的旅人商人，瞬間成了「無國籍游民」，無處靠港、無地登機、無法回家。南極歸來，竟遇上世界末日。

　　幸好最後找到里約熱內盧，熱情的巴西還是好客的，朋友的郵輪終於可靠岸，不過他們已在船上待了廿多天。

　　上天很奇妙，當地球生病了，當人類繼續懶理，天公就用另一個方法給大家示警。一顆小小的病毒，考驗了人性，考驗了制度，疫情過後，我相信，世界將重新洗牌，人類對生命更會有一種新態度。

2020-03-27

待傷癒，我們約定來探望

聽過馬來貘嗎？那是一種全身黑毛、但腰至屁股卻是白色、如同穿上尿布四處走的巨獸。去過馬來西亞的人應該知道，牠被國際自然保護聯盟（IUCN）列入瀕危物種之一。

說起馬來貘，皆因看到吉隆坡街頭一個巨型 LED 燈箱，上面有幅漫畫，是一頭黑白的馬來貘拍着黑白的大熊貓肩膀說：「老友，我們攜手共渡難關！」漫畫上面還寫着：「逆行者，因為有你，所以安心，武漢挺住，中國加油！」

一場瘟疫，讓我們發現世界有愛。就以這個馬來貘燈箱為例，它本是馬來西亞一家著名旅遊公司的外牆廣告位，老闆特別製作了幾款支持中國抗疫的廣告滾動播放，他說：「想做的事太多，能做的就這麼一點點。」

是的，瘟疫忽然降臨，好多人都想做點事，但我們不是醫護、又不賣口罩，可以做點什麼呢？有人說，乖乖待在家幫忙挺過那 14 天再 14 天，已是最大貢獻。不過，我卻有一個更積極的計劃。

2008 年 5 月汶川大地震後，我在一個偶然機會聽到旅行社東主的訪問，才知道原來九寨溝沒受地震影響，但因為大家聞四川色變，所以整個暑假旺季九寨溝都是零遊客，以旅業維生的老百姓苦不堪言。

我們靈機一觸，捐不了大錢、幫不上大忙，就去幫忙振興經濟吧。於是，那年 8 月，我們帶孩子參加了香港第一團災後重開的四川遊。九寨溝峨眉山其實我去過，重臨，除了為振興旅業盡點綿力，還想給孩子上一課生命教育。

九寨溝雖沒損毀，但沿途卻塌房處處，二王廟整座下陷了，牌匾跌到跟旅遊巴一樣高。滿街有很多藍帳篷，小店倒了，老闆索性築起帳篷繼續做買賣。

明明不餓，一下車總會買支熱玉米買碗辣豆花，幾塊錢交易，小販都深深鞠躬：「多謝支持四川人民！」心裏哽咽，受之有愧。

　　六歲的二女兒當時拍了這樣一張照片：兩隻小腳踏着地上一條地震留下的大裂縫，遠處是一面飄揚的國旗，因為這天，恰巧是北京奧運開幕日，而這片土地，也正在傷痕纍纍中重生。

　　還有，南亞海嘯後翌年，我們也帶了孩子去泰國布吉。朋友說，海嘯死了那麼多人，冤魂不息啊，你還去？我說，大家都怕，靠旅遊業餬口的老百姓怎過活？

　　在巴東海灘旁邊，我們遇到一個啞子小販，她拿出一張滿街澤國的照片，用手語「告訴」我們：你站着的地方，曾經被淹成這樣。我們幫襯買了幾件小玩意，啞子姑娘立即拿出小黑板，用英文寫下：「謝謝你幫我們重建家園！」原來，不害怕、不放棄，走到他們家園說「我來了」，也是一份支持、一點溫暖。

　　所以，疫情過後，能出門的日子，第一個要去的地方，就是武漢、就是湖北。黃鶴樓、神農架、武當山、長江大橋、襄陽古城、赤壁古戰場、恩施大峽谷、劉備借的荊州、屈原吟詩的故里、三峽上的葛洲壩、還有武漢大學的櫻花、路邊攤的熱乾麵……待你們傷癒，我們約定來探望。

2020-02-14

世上沒有跨不過的坎

這陣子，收到很多照片、日記、感言、遭遇，有來自求助市民的，更多是來自抗疫前線的，當中，最觸動我的是兩個畫面……

第一個畫面，是有位護士形容，當她拿着一張毛毯走過，旁邊的病床就會有 N 隻手舉着求救說：「姑娘，我好凍！」

第二個畫面，是一位醫生走進候診區，在戶外等了幾天的病人，立即露出屍殺列車般的眼神，祈望你批他一個入院機會。

「屍殺列車」的眼神，形容得好貼切。我想起幾年前，老爸在街上跌倒入院的經歷。當時因為由路人打 999 叫救護車送院，到我們知悉情況，爸爸已躺在病房內。我問老爸：「醫生怎說？」老人家說得糊裏糊塗，問護士，她們說醫生會自己跟你說。結果，每天探望，我的眼神就像「屍殺列車」電影的喪屍，一看見疑似醫生物體就撲過去。不獨我，原來整個病房的病人家屬都是這樣。

香港醫護人手有幾不足，去過公營醫院的人一定體會到，這個永恆的難題，再遇上新冠肺炎，情況就變本加厲。

我的老同學在醫院當護士長，不敢打擾，只輕輕傳句問候，她竟回覆：「有事千萬別到急症室！」

從這句顛覆常理的話，可見醫院失控到什麼地步。任何人有事，都是跑到急症室求援，但今天，認識的醫護都說，萬萬不要到醫院來。

醫療衛生界立法會議員林哲玄醫生撰文說，不是醫護鐵石心腸，隔離設施不足才是殘酷現實：「1 月中開始我們每天確診人數，18 天內增加了 18 倍，英國 Omicron 來襲時，每天確診人數 25 天內升了 3.8 倍，香港第五波爆發速度要比英國高 6 倍。」

　　所以，想像得到，醫護看到那些叫救命的眼神、叫冷的手，但又幫不上忙時，該是多麼無助與心痛。

　　其實，叫救命的，又豈只瑟縮街頭的病者，醫院、醫護、抗疫前線人員，一樣在叫救命。他們已經做到停不了手，請大家別再把怒氣發洩在他們身上。

　　昨天，中聯辦主任駱惠寧主持了一個跟商界同心抗疫的聯線會議，駱主任清晰表明：「最迫切的是行動。」

　　對，火燒眼眉了，四方八面能施援手的，都應該自動請纓，抗疫擔子不應只壓在醫護肩上，大家能出力的都應竭盡所能。譬如新世界集團看到醫院門外的難民營景象，就立即從旗下酒店調動出 100 台電暖爐送到醫院，並表示可借出會展中心作檢測用，甚至借出土地興建臨時方艙醫院；又例如廣播處長立即把《香港電台》32 台變身防疫資訊台……

　　我們都在同一條船，有能力的出力，沒能力的守法，萬眾一心，就沒有跨不過的坎。抗疫兩年，今天終於感覺到香港這副機器在開動了。

2022–02–19

抗疫，是一種特權

一個印度醫生在 Twitter 發了段值得世人深思的話：

「能保持社交距離是種特權，說明你家有足夠地方隔離。

能洗手是種特權，說明有自來水。

有乾洗手液也是種特權，說明你有錢購買它。

禁足不出門也是特權，說明你有能力不出門工作。

防止新冠病毒傳播的大部分方法都適合富裕人群，根本上，這是一種由能夠在全世界到處飛的富人傳播，最後害死數百萬窮人的病症。

有能力保持社會距離，禁足不出門的人應該理解自己所擁有的特權，因為很多印度人並沒有這權利。」

老實說，當看到印度都出現新冠肺炎確診者，我心裏就冒出兩個字：大鑊！

我去過印度，深明那裏的衛生意識有多貧乏，潔淨水源有多不足，貧富有多懸殊，對付新冠的「洗手、洗手、洗手」、時刻要動用的搓手液、至少每天換一個的口罩⋯⋯在印度這種窮地方要實施起來，到底會有多難？

其實，別說印度，就在近在咫尺的香港，你以為容易嗎？

政府每天呼籲市民「留家抗疫」，如果，你的家只得 300 呎，甚至是 100 呎不到的劏房，留家抗疫，還要抗一年，容易嗎？

政府又呼籲，大家盡量「在家工作」，想想，你們有飯吃、有餸買、有車搭、有醫生看、可以去銀行、可以買生活用品、可以買聖誕禮物⋯⋯都是好多人在外面奮力工作換來的舒適，其實，「在家工作」只是留在家工不工作都有糧出的公務員的專利。

特首多次在發言中怪責疫情反覆是因為市民不乖，不聽政府勸告「留家抗疫」。正如上面印度醫生所言，林鄭特首你可知道，能留家其實已是一種特權？

　　我們不像尊貴的高官，有官邸有傭人有廚師有司機有花王有保鑣有秘書有……一聲令下，大隊人會幫你奔走，你不用擔心逼地鐵會染疾，不用擔心上街市受感染，即使在家困一年都不會精神病，因為你的萬呎大宅根本就是一座花園城堡。

　　最近看到一段網上視頻，有位老人家不戴口罩上了巴士跟司機及乘客起了爭執，許多人在罵這種沒公德心的人，我反倒有點憐憫，他可能就是疫戰下被逼瘋的其中一人。

　　抗疫是一種特權，當你仍能戴着口罩睥睨天下叫大家乖乖留家抗疫時，想想，你跟說話對象是否根本活在不一樣的平行時空？

（原文刊載於《經濟通》）

2020-12-24

白衣戰士

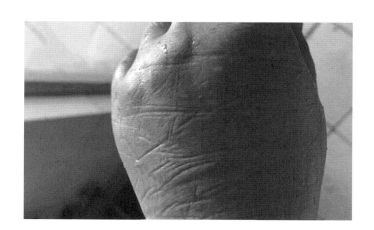

　　認識石家莊這地方，是在 1983年，我第一次去北京。

　　坐的是舊式鐵皮火車，從廣州出發，三日兩夜才抵京。印象中，石家莊應該是北京前最後一個停車站。熬了三日，盼星星盼月亮終於盼到臨近終點了，於是大家都興奮地打開窗，嗅嗅這最接近京城的石家莊是什麼味道？

　　原來，是雞味！一個大叔提着雞籠從我的窗口爬進來，我和幾個女同學驚呼大叫，雞也嚇得拍翼亂竄，雞毛飄滿車廂。

　　沒想到火車乘客是會從窗口爬進來的，還帶着雞，他一躍就踩上我們窗前的小茶几，什麼京城憧憬都給嚇得煙消雲散，原來搭火車可以如此粗暴，這就是我的第一個石家莊印象。

　　好多年後再去，月台已面目全非，每次都是路過，從沒停下來細看變遷。直至最近，因為新冠疫情，石家莊三個字再次震撼我的，不再是雞，而是一隻凍傷的手。

因為河北爆發新疫情，石家莊更是疫區，此處立即進入戰時狀態，交通停運，航班取消，全市起動做全民檢測，醫護在零下十五度的大風雪下，用三日完成全市一千一百多萬人的採樣。為免大量人流在室內聚集，採樣全在室外，結果醫護的手都凍傷了。

網上流傳照片那雙手是「白求恩醫療隊」護士胡淼的，她告訴中新社記者，白天工作時並沒在意，直至結束採樣回到室內才發現自己的手「凍成了饅頭」。這裏的白衣，不止是天使，更是戰士，從此聽到石家莊，我不會再想起雞，我會記得好多雙凍傷的手。

石家莊由雷霆封城到完成千萬人的核酸檢測，只需三日；香港七百萬人拖拉了整整一年，封城強檢仍是遙遙無期。曾經，我以為我們比石家莊先進，今日，我發覺原來我們比西藏還落後。

2021−01−14

小老闆：我真的無能為力了

　　從前，電台烽煙節目好流行，小市民可以打電話上去訴苦，甚至與官員對話。從前，報紙雜誌會有投訴版，小市民由芝麻小事到揭黑大事，都有專責人員替你找解決方法。

　　後來，因為媒體滲了政治，電台的電話都打不通了，即使打通，也好快被切線；後來，報紙雜誌的投訴版愈縮愈小，又或者，做不下去。

　　這些年，網絡流行，我們看似多了許多發聲渠道，但奇怪，市民求助無門的感覺卻愈來愈大。無援到，連我們這些無權無勢的爬格子，也成為小市民傾訴和投訴的對象。

　　我在社交平台的專頁常收到讀者來信，昨天收到以下這封信，太真實太淒苦，決定原文節錄讓大家看看，那是一個小老闆的心聲……

　　「我是經營餐廳的，兩年以來，為什麼沒有政府或團體要求、勒令業主減租？合約精神？我們簽合約的時候是可以坐滿人、是晚上可以有堂食的，已經不是合約時候的條件，又何來合約精神？

　　「我和一些餐飲大集團老闆談過，他們說，當然不敢向地產商挑戰，否則後果好嚴重。相信政府官員也是這個想法，他們離職之後，可能會到地產商繼續打工，所以沒人敢提出此話題。

　　「我自問，是一個非常負責任的小企業老闆，但，如果公司有同事染疫，動不動休息2至3星期，小企業根本沒可能負擔病假人工。常言道，能力愈大，責任愈大。世紀疫情，我們要履行合約精神交足租，我們要履行勞工法例出足糧，但，我們已無能為力了。」

　　一字一淚，看後實在無言以對。

　　最近看到市面上大部分酒樓全都暫停結業了，飲食業一打開門就是燒錢，

租金、水、電、冷氣費、煤氣費、工資、食物成本⋯⋯一間可坐 30 個客人的小店，租金加人工，每月起碼 30 萬元，小小老闆，有幾多個 30 萬可燃燒？

從前我們引以為傲的法律、合約精神，今天竟通通成了枷鎖。舉例好多人問：僱主都被限聚了，為什麼家中外傭卻可以出外聚會？結果，不少有老有少的家庭，都是因為外傭中招而致全家染疫。

人權嘛、法例規定的法定假期嘛，所以，沒有人夠膽下令把外傭禁足。

法律難破例，但人是會轉彎的，好多事情，不違法也可以有一百個解決方法，問題是，決策者是否願意動腦筋。

譬如，可把全港所有行人專用區取消，禁止人群在公眾地方、公園、街頭席地野餐。外傭沒了聚腳點，自然少了出外聚會的意慾，正如晚上食肆不准堂食，怎野的市民都唯有乖乖回家。不斷把責任推給僱主，要僱主跟外傭協調假日不外出，只會讓僱傭關係更劍拔弩張，根本不是解決問題的方法。

2022-02-23

專家離開之後……

特首林鄭近期最常說的一句話是：「現在是打仗時候……」

老友朱大狀在臉書上連發幾篇鴻文評論疫情，其中幾句回應特首的「打仗論」非常精警：「開戰在即，很可惜市民仍懵然不知這場仗是怎樣打。哪一天開戰？未知。有多少隔離設施到位？未知。預計有多少隱性患者確診？未知。」

當領軍者天天在叫喊「打仗喇！」「衝呀！」但卻無人告訴士兵：往哪裏衝？怎樣衝？敵人在哪裏？敵軍有多少？……

日前，特首林鄭月娥在接受新華社專訪時再次強調這種打仗論：「抗擊疫情是我們的頭等大事，是壓倒一切的任務……特區政府有 60 多個部門和 18 萬公務員，要全部調動起來。一是必須要有鬥爭的精神，把病毒當成敵人；二是在打仗時要不斷調整策略；三是要上下齊心。」

口號有了，鬥心有了，但如何落實呢？有謀劃嗎？有具體方法嗎？有路線圖嗎？有時間表嗎？下一步要做什麼？能告訴市民嗎？

老實說，我們已聽太多口號和虛言了，特首要把政府 60 個部門、18 萬公務員全部調動起來，請問，如何調動？或者應該問：動了嗎？昨天又有 10 間郵局要關閉消毒了，郵差都回家了嗎？好想知道，到底今時今日，18 萬公務員中，仍有幾多人在家工作？動不動就躲回家，如何調動？怎樣打仗？

早前有報道說，紀律部隊已有逾萬人中招，當中警隊佔最多，確診者超過 4000，但大家可曾聽過，有哪間警署關門了？

眾志成城，在於一個「眾」字，齊心抗疫，不是說說就算，市民希望看到，政府真的有上下一心的戰意和藍圖，不是說兩句口號來虛應中央。

市民的眼睛是雪亮的，我們看到自從中央派專家全力援港，香港官員的步伐確實有了寸進，特首的口氣也終於有所改變，政府也有了打仗思維和鬥爭意

識，一些過去一直死抱的規條終被打破。

譬如把伊利沙伯醫院設為新冠病者的定點收容醫院，這種改變，對固化的官僚腦袋來說，是一大突破。又譬如 7 日便建成了方艙醫院，這種速度對香港公務員來說絕對是大開眼界。還有國家衛健委新冠疫情專家組組長梁萬年親自來港把脈，在政府倒瀉籮蟹之際，燃起指路明燈：減低死亡率，減低重症率，先救人。

這些，都是市民看到的曙光。然而，專家不能在港留一世，他們總有一天會回去，專家走了之後，沒了倚仗，沒了盲公竹，沒人壯膽，官員將如何自處？還會作戰嗎？還有鬥心嗎？還是一切又打回原形？

別人扶持，只能攙你走一段路，自己的未來，還是要自己規劃、自己爬起、自己奮進。希望官員別再打嘴炮叫口號，請打開行軍圖，告訴市民，此仗到底怎樣打？

2022-03-11

到底我們還剩下什麼？

這幾年，我一直在想，到底香港還剩什麼？

先說說一個經歷：30 多年前，我到內地旅遊，買了張長途火車硬座車票，那是站站停的慢車，停了幾個站，人已多到擠滿所有走道。

有位老人家上了車，拿着大包小袋站在我旁邊，我們這種受讓座教育大的年輕人，本能地站了起來，老人家一個箭步坐下，沒一句多謝，當時心裏有點不是味兒。

那程車由天光到天黑，要走 10 多小時，我站得累，問老人家：「可否坐進一點？給我少許位置坐一會？實在累。」老人不動如山，眼尾也不望我一下，當然也不理睬我的懇求。

旁邊乘客看在眼裏，嘲笑我蠢：哪有人這麼傻，買了票不坐，位子給了人就是人家的。

我後來跟內地朋友說起，他們都說，你傻呀，在內地坐車要硬心腸，你可憐了人，別人可不會可憐你。我說，社會不該這樣啊，大家要多為人着想、易地而處。朋友說，這裏不是香港，內地大部分是農民，要追上你們的先進文明，一百年啦！

朋友看錯了，毋須一百年，30 年就超越了，當然，也因為我們不只停了步，還在快速倒退。經濟上和科技上的超越不在話下，最恐怖是，香港人的道德文明忽然斷崖式滑落。

最經典例子，莫過於上月才開始陸續啟用的六個方艙醫院隔離設施，短短一個月，就錄得近 2000 宗不正當使用報告。最嚴重的，竟是兩宗在隔離設施房間玩屎的個案，兩名入住者已先後被捕。

看過網上流傳的破壞照片都感驚嚇，不是孩子也不是精神病，一個 27 歲

男子和一個 37 歲女子，竟然可以在隔離病房內玩屎玩到上天花板、牆壁、床鋪甚至熱水壺，已不是無心之失，這種人道德淪亡到連同理心都沒有了，難道他們不知道，這種破壞最後的受害人只是前線清潔工？

還有那近 2000 宗的破壞，包括踩爆廁板、弄壞水龍頭、床頭櫃、床架、窗簾……還有過量用電導致跳掣、濕紙巾塞渠等等。香港人不是深山來的，無可能不懂用現代設施，一個月就有 2000 宗破壞事件，明顯是品德出問題了。

有些人是心有不甘刻意破壞，也有人因為設施不是我的，故半點不愛惜。無論基於什麼理由，那都是一種文明大倒退。

從前內地人常常說，欣賞香港人會自覺排隊、自覺讓座、自覺愛護公物，幾個隔離設施的破壞數字，讓這些神話再次破滅。前幾年誰還在嘲笑內地遊客在街頭大便？衰得過你們大人大姐今日竟在隔離設施玩捉屎上天花板？

硬件已被超越，連人的素質都淪落到禽獸程度，不禁問：香港到底還剩下什麼？

2022-04-03

有些病，不是用藥醫治，是用心

　　好多人說，老人家不能跌倒，因為一跌就會好大件事，聽過不少狀況，本來好端端身體壯健的老人，跌倒後難復原，從此精神大不如前。

　　說的似乎很有理，畢竟年老骨頭脆，新陳代謝慢，復原路更漫漫。然而，近年聽到身邊很多個案，加上自己家人的經歷，發現問題除了在骨頭、內臟及身體狀況，也在於「關顧」二字。

　　朋友的母親早前跌倒入院，90多歲，有點認知障礙，表達能力不佳，這種狀況下進公立醫院，情況變糟幾乎是肯定的事。

　　原本會行會走又精靈的媽媽，跌倒後不能行動，護士怕她亂動再跌傷，於是老人家幾星期來都是被綁在床上。疫情期間不能探病，老人家叫苦無人知。

　　朋友說母親從來沒有吃飯問題，這天卻收到醫院通知說媽媽不肯進食，再這樣下去就要插胃喉。朋友覺得奇怪，跑到醫院了解，才發現原來媽媽一直沒刷牙。她本就不能動，醫院內沒人替她漱口清潔，老人家覺得不舒服，胃口盡失，自然不願吃飯。

　　另一位朋友的母親也是因為跌倒入院，她一進院就不斷嘮叨要找女兒，護士告之現在不能探病，老人家不太理解，懷疑女兒嫌她煩丟棄她，於是鬱鬱寡歡，外傷變成內傷的心病。

　　還有位朋友太太也是腦退化，本來活動自如，跌倒入院後，護士為了方便照料，替她穿了尿布，綁在床上。朋友覺得不對勁，這樣下去，太太會失掉上廁所及走路的能力，醫好了骨頭，卻從此要坐輪椅穿尿片，於是趕忙把她接出院，回到家重新教她上廁所也用了好長時間。

　　我爸爸兩年前疫情開始時也因為跌倒入過醫院，人進院後就人間蒸發。不能探望，電話也長期打不通，後來才知道，原來爸爸的手機被護士沒收了，沒

收原因是：「阿伯個電話常常亂放，丟了我們要負責，所以代他收起來」。已經沒人看望，連電話都不讓打，老人家不敢反抗，我們就這樣跟爸爸失聯兩個月。

好多人都說，比較其他國家和地區，香港醫療水平算很好了，這個我承認，但問題是，因為公營醫院人手太短缺，所以留院的病人只能醫病，準時打針吃藥，卻得不到最基本最正常的關顧。

還記得早前被送到機場博覽館的新冠肺炎輕症老人家廿多日沒洗澡的故事嗎？就像我朋友媽媽幾星期沒刷牙，這不是病，是一種人道關顧。

今天我們的醫療系統裏，有世界排名好高的醫生、有最新的醫療儀器、有最好的特效藥，但是，欠缺了最暖心的人文關懷。

2022-05-07

死亡面前　沒有特權

不少朋友把印度列入「請都唔去」行列，我的看法不一樣。

多年前我去印度旅遊，離開時跟朋友約定：「有機會一定再來，還要帶女兒來。」

作為一個旅行地，印度其實很美，它的古蹟，保留了原始風味，文明古國，果然名不虛傳。時間關係，有些地方趕不及去，但聽聽都神往，譬如拉加斯坦邦的四色之城，四座城市被塗上四種顏色，我只去了粉紅色的齋浦爾，還有藍色、白色及金色之城都未有機會去。

但作為一項教育旅遊，印度又真是一個活教材。貧富懸殊，不用感受、不必講解，身在福中的香港年輕人，去過就明。

我們住的酒店五六星，美輪美奐到不得了。早午晚都是自助餐，豐盛度是一百分。然而，六星酒店門口除了有扯你衫尾的乞丐，還有幾頭「撻」垃圾桶的牛，瘦剩一棚骨。

富者愈富，貧者愈貧，這就是我的印度印象。

卻原來，一場新冠肺炎疫情，更讓這貧富不均的民族走上絕路。

日前，印度連續四日刷新全世界新冠病例最高紀錄，單日確診人數由每日 1 萬激增至 31 萬，感染者大多是年輕人。據《印度快報》分析孟買病例，發現當中 90% 來自中高產階級，只有 10% 感染者來自貧民窟。全國目前不分貧富貴賤，都一樣找不到病床、沒足夠氧氣、遺體擠不進火葬場……

印度出現第二波海嘯式疫情，醫療系統面臨崩潰。從前有錢人一有重病就會飛到外國就醫，偏偏這病毒令世界隔絕，西方國家更已禁止印度航機入境，多有錢的富豪，都無一幸免地與貧民睡在同一病床上絕望。

死亡面前，沒有特權，孟買市政委員證實：「這次疫症再爆發，病例主要

來自公寓華廈，而不是貧民窟。」

原來，去年第一波疫情來襲時，貧民窟是重災區。根據 2020 年的血清調查，因染過疫，孟買貧民窟已有一半人口具新冠抗體。反而富人是最沒抗體的一群，瘟疫重來，他們一染就中招。

至於瘟疫為何掀起第二波，先是因為 3 月 11 日開始的盛大宗教集會「大壺節」，這是印度三年一度的盛事，信眾會聚集在恆河沐浴晨禱，連續一個月，已有過億人參與，成為世上最厲害的超級傳播事件。

另外，印度三四月共有 292 個地方議會選舉要進行，即使疫情已失控，甚至有三名西孟加拉邦候選人死於新冠，但總理莫迪仍以「民主」為優先，不單沒中止選舉，更帶頭不戴口罩參加造勢集會。

什麼因，就會種出什麼果，同樣是文明古國，中國以人命為優先，無論貧富，國家都傾力相救。反之，印度崇尚民主，選票重於人命，貧富問題從來不是國之重任，結果，天降一場瘟疫，就讓國家陷入遍地哀鴻的境地。

2021-04-28

科學家的政治居心

從前，我們叫「唐氏綜合症」做「弱智」，再從前，坊間甚至形容這種病做「低能」或者「白痴」。隨着社會進步了、文明了，我們說話，也多了體諒別人感受，從此，我們只叫「唐氏綜合症」做「智障」，連個「弱」字都避開了。

另一個名詞叫「阿茲海默症」，大家習慣稱之為「老人痴呆」，幾年前官方說這名字有歧視貶意，從此改名「腦退化症」，「痴呆」被刪掉。還有，見到盲人不能直呼「盲」字，要用「失明」代替。

因為人類文明而改變的稱謂還有很多，譬如我們不再叫家中外傭為「賓妹」或者「工人」，一律改口叫「姐姐」。又譬如從前那些「阿差」、「阿星」、「咕喱」……今日通通叫做「南亞裔」。

社會甚至相敬如賓到一個地步，連叫一聲「老人家」都怕傷害心靈，於是大家都改口「耆英」、「老友記」。這種愛心，甚至蔓延到犯罪者，譬如以前大家會叫坐牢的人做「監犯」甚至「監躉」，現在卻包容地叫做「囚友」；離開監獄的不叫「釋囚」，叫「更生人士」……

然而，隨着九個月黑暴，一切虛偽的糖衣終被揭開。本來連講個「老」字、說個「呆」字都屬冒犯的香港人，今天，卻叫父母做「廢老」、叫警察做「死黑警」……名副其實，百年文明一朝喪。

英名一朝喪的，還有港大微生物學教授袁國勇。

日前，袁國勇連同徒弟仔港大醫學院微生物學系名譽助理教授龍振邦在《明報》發文，題為《大流行緣起武漢，十七年教訓盡忘》，指出新冠肺炎是源於中國、源於中國人的陋習，文章還把「星、港、澳、台」中的台灣寫成「中華民國」。

因文章觀點及行文叫人咋舌，惹來大眾口誅筆伐。半天後袁國勇宣布撤回

文章，強調自己只是一個科學家，不想捲入政治爭拗。此舉無疑引來更多討論，變相是一次更大宣傳。

我先把袁、龍的文章惹起爭議的地方節錄如下：

「網傳病毒源自美國之說，毫無實證，自欺欺人，勿再亂傳，以免貽笑大方⋯⋯武漢新冠狀病毒乃中國人劣質文化之產物濫捕濫食野生動物、不人道對待動物、不尊重生命，為滿足各種慾望而繼續食野味，中國人陋習劣根才是病毒之源。如此態度，十多年後，沙士 3.0 定必出現。」

「社會上就此疫之命名爭議甚多⋯⋯科學研討或學術交流，必須用官方名字 COVID-19 稱此病或 SARS-CoV-2 稱呼病毒。市民日常溝通及媒體用語，則可以武漢冠狀病毒或武漢肺炎稱之，通俗易明，方便溝通。」

我以為，一個科學家是會說證據，而不是只說一些「自欺欺人」、「貽笑大方」、「劣質文化」之類的形容詞。我以為，科學家會用基因圖譜說服我，新冠病毒是源於中國而非美國。

如果以袁、龍兩位科學家的邏輯，我們小市民應該繼續用「老人痴呆」、「賓妹」、「監躉」等詞語，通俗易明、方便溝通嘛！

世衛由 2015 年開始已避用人名、地名、動物、食物、文化、職業等為疾病命名，今日堅持鼓動社會大眾、傳媒市井說「武漢肺炎」，如行政會議成員湯家驊所言，是「在人家的傷口灑鹽」。袁、龍兩位科學家的政治居心，已昭然若揭了。

2020-03-20

當年因為它，疫症擴散了

近日鬧得熱烘烘的新冠肺炎，又再次讓香港人人自危。大家每天都收到四方八面的防疫訊息，有專家之言，也有民間偏方。其中一位呼吸系統科專科陳真光醫生在《信報》發表的深度分析，引起我的關注。

陳醫生曾全職投入 2003 年沙士的疫後工作，包括跟進及整理超過 1700 個沙士病例及懷疑個案的臨床檢驗資料，所以對傳染病有獨特而專業的看法。

陳醫生舉了一個例子，就是沙士期間，原來越南是最能及時封鎖病毒擴散到社區的表表者。

越南的沙士病毒，源頭是一名曾入住香港京華酒店的美國華僑，他在京華酒店染病後把病毒帶回越南河內的法國醫院，令醫院員工一一感染病倒。當時越南官方立即展開包括醫療、交通、海關、財務、教育、內務的跨部門工作，指定兩間隔離醫院，規定所有曾與院內員工和病人有全面接觸者接受緊密觀察。結果越南沙士患者只有 63 人，五人死亡，世衛宣布，越南在發現病患後過了 20 天沒再有新沙士個案，成為全球首個成功清除沙士的地區。

越南政府能當機立斷封鎖病毒接觸面，故能成功阻止病毒社區擴散。高傲的香港人一定會問：為什麼越南能？香港不能？香港醫療系統比越南先進得多，為什麼我們沙士期間會有 1700 多個患者，接近 300 人死亡？而比我們落後的越南只是我們的零頭數？

答案是四個字：人權自由。

因為這四字緊箍咒，令政府不敢斬釘截鐵把初發沙士的威爾斯醫院封院。因為這緊箍咒，令政府看着最嚴重疫區——淘大花園 E 座的住客四散，也不敢作為。

經歷過沙士時代的人會記得，當年淘大花園曾經出現逃亡潮。因為發現 E

座有 15 名住客受感染，淘大住客都收拾細軟逃家，政府左思右量，最後在發現病患五日後才敢宣布把大廈住客隔離及封鎖，還是早上宣布晚上才執行，於是 E 座居民趕緊在隔離令實施前四散逃亡，或住酒店，或搬到親友家中，結果導致大規模的社區擴散。

陳醫生舉了一個例子，就是一名瑪麗醫護沙士病人，原來是封鎖前逃出來的淘大住客，他搬了去屯門暫住後發病，到瑪麗醫院求醫時用了別人的地址，又隱瞞淘大居民身份，結果被分流到非隔離普通病房，後來被發現是沙士患者時，大概已把病毒傳遍天下。

沙士一役讓大家明白，當公共衛生與個人自由出現衝突，前者應為優先考慮。這個例子讓我們明白，原來自由是有底線的，當你的自由威脅到別人性命、社會秩序甚至國家安全，犧牲個人自由，是必然選擇。

2020-01-22

一場瘟疫，兩種醫生

　　港大微生物學系教授管軼 1 月 21 日去了武漢考察兩天，事後接受媒體採訪時說，對武漢「封城」防疫的成效存疑，因為武漢已經錯過黃金防控期，預期一定有「大爆發」，云云。他形容自己「身經百戰」，但兩天考察後，他說自己選擇做「逃兵」，「逃」回香港了。

　　然後，我又在一個叫「杏林覺醒」的醫生組織，看到發言人黃任匡醫生的呼籲：一是撤回「禁蒙面法」的上訴，理由很明顯，因為瘟疫來了，人人都要戴口罩。

　　二是封鎖香港與內地接壤的邊境，或者起碼限制內地旅客入境。

　　三是停駛高鐵：「這是本來就不該建的鐵路。現在錢已經『貼』了，就不要繼續『買難受』了。」

　　「杏林覺醒」是違法「佔中」後成立的醫生政治組織，黃任匡是心臟科醫生，他曾說過，因為喜歡幫人，才選擇當心臟科醫生，因為這一科好精準、好科學，通一回波仔已能救一條命。

　　一個以幫人救世掛在嘴邊的醫生、一個對瘟疫經驗豐富的醫學專家，在新冠肺炎面前，卻選擇關起門來掃門前雪。

　　同日，我看到另一宗新聞，曾主持內地非典前線工作的國家呼吸系統疾病臨床研究專家鍾南山醫生，上星期以 84 高齡再次掛帥出征，默默趕赴疫區獻一分力。

　　因為買不到機票，這位退休老戰將只能擠在一個餐車位置的高鐵座位奔赴武漢。

　　鍾南山醫生是非典期間廣東省抗疫的領軍人物，當年人人聞沙士色變，他就豪言：「把所有病人送到我這裏來。」所以提起鍾醫生，大家都肅然起敬，

稱他為「抗擊非典第一功臣」。

聞抗疫戰鼓趕赴疫區的，不獨有 84 歲的退休戰將，還有新一代年輕醫者，日前《湖北日報》就報道了以下真人真事⋯⋯

1 月 22 日，即管軼「逃」回香港的那天，已經踏在還鄉路上的武漢大學人民醫院病理科醫生吳小艷，收到醫院發出的緊急號召後，第一時間下車折返武漢，成為逃出武漢的一名「逆行者」。

武漢大學病理科主任袁靜萍說：「我是 9 點 21 分在群裏發消息，希望 35 歲以下的醫生積極響應醫院號召參加緊急救治隊，剛上了動車的吳小艷，9 點 27 分就主動報名，短短 6 分鐘內就下了回武漢的決心，在最近的一個站下車然後買了最早回武漢的票，11 點 40 分就回到病理科的崗位上。」

吳小艷說：「我沒成家，也沒照料孩子的負擔，乾脆就在武漢過年了。」

袁主任說，緊急召喚的號角響起後，許多年輕醫生都來找她：「他們說自己沒結婚或沒小孩，要求頂替已經有家庭的同志，衝在一線！」

這天，又看到一班曾參與非典抗疫的南方醫院醫療隊員寫給醫院黨委的「請戰書」，上面有 24 個簽名和指模，主動要求上最前線抗疫：「若有戰，召必回，戰必勝！」

管軼、黃任匡；鍾南山、吳小艷、南方醫院醫療隊；兩地醫生，讓我們看到兩種截然不同的行醫態度，往疫區衝？還是從疫區逃？甚至落個闡幸災樂禍？我不會說誰對誰錯，我只會問：一個醫生，到底行醫的初心是什麼？

2020-01-24

有種病毒叫謠言

年假期間，因為一場瘟疫，大家幾乎取消一切活動，人人賦閒在家，做得最多的事一定是看手機、追疫情。

世界變了，新消息通常都是手機第一時間傳出來，大家怕落後於形勢，一收到就轉發，已沒了思考空間。於是，病毒未到，謠言已來；病毒未打倒我們，謠言已嚇怕大家。

最早期傳的，是駭人的蝙蝠湯，一隻死不瞑目的蝙蝠浸在熱湯上，那震撼畫面，直插進大家的潛意識，於是，「武漢的蝙蝠湯」，成了非常成功的第一擊謠言，儘管已有澄清證實那蝙蝠湯是西太平洋島國帛流的料理，但入了腦的印象，不易鏟除，以後大家看到蝙蝠，都覺得關武漢事。之後又有人傳出一段視頻，據說是武漢醫院內的慘烈情況，鏡頭拍着三條捲成一團的棉被，說這是三具屍體，死了就這樣被丟棄在醫院走道，沒人有餘暇處理。

又是震撼信息，謠言除了要講到真的一樣，還要有嚇人觀感，才能成事。雖然官方立即澄清，那是病人家屬在醫院守候太久，累得睡着了，怕病毒感染，故把自己捲進棉被中睡。但我相信，三具死屍一定比三個睡着了的家屬來得引人入勝，大部分人都寧願相信前者。

還有「一賭場女荷官在武漢回來後上班，忽然倒地」的閉路電視畫面，也被渲染成澳門永利皇宮失守，病毒已在賭場散播的驚魂。最後賭場已澄清絕無此事，但傷害已造成，烙了的印象很難洗擦掉。

早陣子聽了一位催眠專家的演講，談到人有意識和潛意識，很合今天社會形態。餓了吃飯、冷了穿衣，那些叫做意識；而潛意識特別之處，就是不易被觸動，但一經誘發，力量卻比意識大許多許多倍。

催眠師舉了個例，他有次在酒吧如廁，洗手時忽然有個醉漢衝入廁所嘔

吐，嘔吐物剛好噴在他洗手盆正在洗的雙手，那個兩手接過嘔吐物的震撼畫面，觸動了他的潛意識，從此他在街外廁所洗手都會產生莫名恐懼。

　　所以，那隻浸在熱湯裏死不瞑目的蝙蝠、那醫院走道上三具「棉被死屍」、那個賭場閉路電視裏忽然倒下的荷官……都是一些震懾畫面，觸動了許多人的潛意識，喚醒難以磨滅的恐懼。看通了，就明白，這不單是一場疫戰，還是反對派借瘟疫打出的一場心理戰，為的是要讓大家人心惶惶，聞武漢色變，聞中國色變。當謠言傳得比病毒還要快，當謠言造成的恐慌比病毒還要大，我們就要清醒想想，你的恐懼真的是自然反應？還是已被操控了？

2020-01-29

阻隔病毒？還是阻隔人？

網上流傳一段內地搞笑視頻，像外國的偷拍大整蠱，內容是這樣的：

一個拿着大袋小袋行李的男人站在地鐵車廂，等了好一陣子都沒人讓座，於是他掏出一張紙牌，上面寫着：「我剛從武漢回來，還不讓座？」坐着的人一看，紛紛逃竄，結果一整排椅子的乘客走清光，只剩那男子獨霸車廂。

雖是搞笑創作，但這種聞武漢人、湖北人甚至內地人色變的態度，已經充斥香港。

這天乘港鐵，我也遇到類似景象，車廂內有個推着行李箱沒戴口罩的內地漢子，身旁座位也是怪異地空空的。儘管車廂內有不少站着的乘客，但看來沒人有坐下去的意欲。

近日手機也不斷收到哪區有大媽倒下、哪區有內地人暈倒的圖片，有段閉路電視更離奇，是一個由頭包到腳的黑衣人在電梯內搖頭搖腦，字幕解說是：「武漢人電梯吐口水播毒」。聰明人一看都會問：「包成這樣，如何看出是武漢人？」好明顯，又是抹黑內地的文宣。

今天，四百幾個醫護人員聯署向政府施壓：「你不封關阻內地人入境，我們將齊齊罷工。」傍晚，政務司司長張建宗會見傳媒，竟然有記者問：「政府會否把在港的湖北人運去集中營？」集中營？他們真的想當納粹了。

武漢人、湖北人、內地人、香港人……說到底，都是同一祖宗，都是中國人，為什麼要用這種落閘放狗的態度來劃清界線？每個人都會病，為什麼我們的社會已冷血到歧視病人？歧視病區的同胞？香港有最嚴謹的歧視條例，但我們卻用最刻薄的態度來歧視內地人。

威脅要罷工的醫護要求政府全面封關，完全禁止內地人進入香港，只容許港人及持有有效工作或升學簽證的內地人入境。我想問問，你們封關的目的是

什麼？是阻隔病毒？還是阻隔內地人？如果是阻病毒，應該連香港人都不能入境，既然你們覺得內地那麼恐怖，照理在內地獃過的香港人都有機會染病。

你們要讓香港人獲豁免，因為你們知道，不能無視每日數以十萬計人次的香港人在兩地出入境這事實。單是春節那五天假期，經各口岸回港的香港居民就超過五十萬人次，還未計坐飛機從不同省份飛回來那些。

這些年，大家身邊總會認識一些朋友，家住深圳，卻每天過境回港上班。有朋友因為把孩子送到內地唸書，舉家搬到深圳，剩下父親留港工作，周末就上深圳一家團聚。

今日香港的註冊婚姻中，其實已有三成是兩地通婚。只隔一條深圳河的兩地，早就我中有你，你中有我，分不開了，倘若封關，這些香港人怎麼辦了？不回家還是不上班？倘若封關不攔香港人，那封來幹嘛？病毒會認得武漢人、內地人、還是香港人的嗎？

所以黑醫護的威脅，根本不是為公共衛生着想，而是為了他們的政治目的：隔絕內地人，然後再隔絕國家，最後達成獨立的心願。

2020-01-31

專家一句，萬人當災

　　我一直有個問號：醫學專家為什麼懂得風又懂得渠？

　　或許，有些人周身刀張張利，但如果他今天的身份只是醫學專家，為什麼政府會接納一個醫學專家的通風意見？換個角度問：政府會接納一個通渠專家的醫學建議嗎？

　　說的，是政府專家顧問、港大微生物學系講座教授袁國勇。不是針對人，只想評論事，袁專家對 K11 Musea「名潮食館」的通風系統煞有介事說了一句話，結果政府卻奉為聖旨，連累全港食肆埋單，兼且 19 人即時失業。

　　2 月初，尖沙咀 K11 Musea 的食肆「名潮食館」爆出染疫群組，令最少 54 人感染，餐廳 19 名員工中也有 10 人確診入院。食肆從業員早就按政府規定每兩周檢測，爆疫前員工檢疫結果都是陰性，忽然大爆疫，最大可能，就是來光顧的食客帶來病毒。

　　過半員工染疫、其他員工強制隔離、聲譽受損，食店不能開門營業、個個指責他們是播毒溫床……橫看豎看，「名潮食館」都是苦主。

　　然而，因為袁專家跑去巡視食店後說：「那些輸送空氣的管好窄，我們測出該店鮮風量只是原本申請牌照要求的三分一，這是很不應該的。」於是，「名潮」成了大家眼中的罪魁，很多人甚至說：「不符牌照規定怎麼會給它發牌？」「這麼高級的商場怎能讓不符標準的食肆營業？」

　　奇怪卻沒有人問：袁專家作為一個醫生，憑什麼巡一個圈就這麼快有通風結論？

　　翌日，大業主單方面向傳媒宣布，終止跟「名潮」的租約，更離譜是，「名潮」老闆是在媒體查詢下，才知道已被趕離商場。

　　之後，政府更根據袁專家對「名潮」通風系統的批評，刊憲要求全港食肆

改裝通風系統，或購買換風機。袁專家說一句，萬人當災。

我一直奇怪，明明是個新商場，怎可能有不合規格的食肆？「名潮」有關人士又怎麼沒說半句？

原來，大家忘了一件事。他們是爆疫點，所有人都要強制隔離，於是根本沒有人能出來為自己申辯，直至，所有隔離檢疫完成，大部分染疫員工也痊愈，他們終於開了個記者會說真相。

店長找來理大機械工程學系客座副教授羅國湧解釋：政府專家到場當日，餐廳已停業，上層廚房抽風沒有開啟，故當日的測試未必能反映現實環境。事後，餐廳找機電工程署做了氣體測試，顯示每人每小時的鮮風量超過 18 立方米，比牌照要求的 17 立方米還要高。

到底當日袁專家是否沒開抽風機就做測風？店主不在場，不得而知，但袁專家煞有介事的一句令「名潮」被業主趕走、令 19 名員工失業、令全港食肆要更改通風裝置，卻是事實。

打開門做生意，客人進進出出，如果店舖及員工做足防護措施，仍出現確診個案，實屬不幸。昨天是「名潮」退場的最後限期，店主說，會按照法例給員工賠償，也沒打算向終止租約的大業主追究，他們的卑微願望，只是記者會上舉起的四個字：「還我真相」。

問題來了，當真相已呈現，政府還要根據不是通風專家的袁專家那錯誤判斷，繼續向全港食肆施予惡法嗎？

2021-04-03

聽聽百姓怎麼說

一石激起千重浪。

近日寫了幾篇因兩地封關引致的民生影響，立即收到許多讀者、網友和朋友傳來「我都係咁」、「我仲慘呀」……的苦水，小市民有冤無路訴，找個人申訴一下，已經好感恩，如果能寫出來讓有關方面垂憐，更是萬幸。小市民的要求其實很低，只望有人聽聽百姓怎麼說。

這天，又收到朋友傳來不吐不快的身同感受。

朋友夫婦在內地工作 18 年，去年因為控關，留在香港。一如眾人想法，以為應該好快開關，博一博啦，小道消息說幾月幾月會解禁，結果，等吓一個月，等吓又一個月，等着等着，竟等到工廠裁員，一直拿無薪假沒來上班的員工，自然首當其衝，成為被裁對象。

夫婦倆捱了大半生才熬出頭來，本來有份不錯職業，早幾年還請大假拍拖去環遊世界，沒想到，一場瘟疫、一段隔離，讓他們連工都丟掉，年過 50，如何重頭再來？

馬死落地行，朋友夫婦這兩年在香港轉了行，薪金只得過往的四分一，生活是坐食山崩、見步行步。

最近經濟好轉了，有工廠重新招聘港人。朋友說，21 天隔離不是問題，問題是他們有客戶在香港，你要在工廠拿樣辦來跟客戶開會，才做得成生意。那麼，每次一來一回都要隔離 21 天，人生有幾多個 21 天？客戶怎等你？老闆怎忍你？

朋友說，我們失去內地的工作快兩年了，一直默默等恢復正常通關，卻等來一次又一次的失望。

「疫情嚴峻時，全世界停頓，大家絕對願意咬緊牙關一起捱。但現在疫情

已穩定，內地又不是不讓港人回去，只是要你們搞個健康碼而已，為什麼你們卻不願為，偏要打爛守法市民的飯碗？難道只因一小撮人不願意，就要全香港人來陪葬？」

日前坐的士，發現司機的談吐有點不一樣，閒聊之下，司機竟滿口英語，細問，原來他是在內地做廠的，因為控關，兩年沒工作，唯有開的士。

朋友說，揸的士算好了，有些行家甚至已賣樓，前半生的努力，兩年被一鋪清袋。

更重要的問題是，再不復常通關，香港的狀況將好危險，因為好多本來以香港為總部的洋行已準備轉移到內地，因為香港已失去了中間協調的優勢，早陣子歐洲商務協會也表示，歐洲企業正考慮將員工撤離香港。

說這是存亡之秋，並不為過，稍一聽聽市民心聲，就會發現，香港的民怨已達沸點。

2021-10-27

看着大船撞冰山……

　　朋友對今日香港的防疫狀況形容得很貼切：「我們一起看着大船撞冰山，看着全船人努力把船修好，然後看着大船再撞冰山，再修好，又再撞冰山……於是大家不禁問：到底有沒有人在開船？」

　　是的，香港人已經由好火，到好灰，到再火，然後再灰。

　　病毒是不會看鐘的，也不懂政治，更不會給誰面子，它們只懂遵從叢林法則，快狠準地四處傳播。對付它們，只能研究病毒路徑，然後拚命跑在它前頭，而不是客客氣氣地叫它畀畀面、等一等，永遠跟在它後面食塵。

　　所以，今天由葵涌邨引起的疫情大爆發，其實是早料到的。

　　回頭看看本月 14 日特首及一眾高官主持的記者招待會，當時衞生署署長林文健總結出近日疫情的幾個要點：

　　一、三成確診個案沒徵狀；

　　二、八成高感染力；

　　三、有些個案找到時是沒源頭，尋得源頭已是傳播鏈的第三代；

　　四、單日確診者已出現兩宗大廈垂直傳播，可見傳播力很強……

　　面對如此疫情，衞生署署長說，要扭轉局面，只要全民齊心協力，多使用「安心出行」，盡快接種疫苗，必定能闖過難關。

　　這種抗疫態度，如同看見冰山在前，卻無動於衷，結果，今日撞山，自是無可避免，也是意料中事。

　　葵涌邨逸葵樓出現超級傳播，當局最初只要求全幢大樓居民強檢，有趣的是，檢測完報告未出，大家已經可以自由活動，於是，有人去買菜，有人去上班，甚至有人乘機逃亡。

　　拖了一天，政府才覺事態嚴重，宣布全幢大廈居民要禁足五天圍封強檢。

足足遲了一天，病毒也隨外出居民在全港走了無從追蹤的一圈。這冰山，是撞到正了，奇怪的是，沒人覺得是自己責任。

政府顧問專家袁國勇說，當局無力即晚安排全幢居家隔離。要圍封一幢大廈，大約動用百多人，香港 18 萬公務員、9000 多億財政儲備，養兵千日，要用的時候卻愛莫能助，難怪新任醫療衛生界立法會議員林哲玄醫生都狠批：「一晚動員百多人圍封都做不到，實在令人失望……為什麼 16 個（確診者）不圍封，20 個就圍封？若是 19 個封唔封呢？真難用常理來理解。」

過去不少大廈，出現一兩個個案都圍封，今天逸葵樓有十多個染疫個案大家仍可自出自入，原來，我們連最基本的抗疫標準都沒有，還說什麼快狠準？說什麼滴水不漏？

每次圍封，總有記者拍得市民拖篋逃離大廈，這次葵涌邨也有住客從後門逃走。病毒面前，不能仁慈。為什麼政府不鄭重宣布：逃逸者會被刑事起訴，收留者亦罪行相同？

已不知是第幾次撞冰山了，疫海航行沒舵手？老百姓只好自求多福了。

2022-01-23

慢半拍，到底有多慢？

大家常說，香港公務員官僚主義，所以很多事做起來都慢半拍。

但這半拍，到底有多慢？政府做一個緊急決定到底需時多久？一分鐘？一小時？一日？還是一星期？

通通都不是，昨天立法會交通委員會開會，我們看到運房局局長陳帆及立法會議員田北辰的對話，才知道，政府扑槌做一個決定，原來，要一個月！

大家應該記得，令香港今日雞毛鴨血、確診數千、幾日內已死了多人的第五波疫情，是怎樣開始的？對，就是源於兩個外國回來、免隔離檢疫、沒監控手帶、卻又四處去的國泰空少。

他們去年12月下旬把Omicron變種病毒帶入市區，大家才驚覺，原來我們的所謂「外防輸入」有這麼一個大漏洞：機組人員客機去、貨機返，回港後只需三天沒手帶監控的家居隔離，結果，兩個空少違反防疫令出街飲茶食飯四處去，就出事了。

發現漏洞，本該立即堵塞，但這「立即」，到底有多立即？且聽聽昨日議會上田北辰議員對陳帆局長的質詢，包保大家大開眼界，他們的對話大意如下：

田：當時你們容許機組人員家居隔離，為什麼手帶都沒有？是他們除下了？還是你們豁免了？

陳：是我們豁免的，因為覺得當時疫情已好轉。

田：那就奇了，當時港人從外地回港要強制酒店隔離14至21日不等，好轉？⋯⋯既然出事了，病毒四處爆了，政府1月7日都宣布再度收緊社交距離，為什麼要等到2月9日，足足一個月後，才規定家居隔離的機組人員戴手帶？

陳：因為要準備。

田：創新及科技局長已說有幾十萬條手帶隨時可用，準備什麼呢？

陳：因為整體決定是需要政府團隊作出的。

田：出了大事，還要開一個月會做決定？

…………

一條手帶這麼小事，都如此拖拉，抗疫大件事，怎可能有雷霆之效？

掉以輕心，是今次故事的最大教訓，但當教訓海嘯式襲來，官員卻繼續樹獺式回應。第五波死得人多、確診更多的源頭漏洞，政府卻慢條斯理拖了一個月才處理，我們早知道公務員官僚，但沒想到可以官僚到這地步。

外面山泥傾瀉，官員卻躲在辦公室雕花，怪不得我們一直被病毒拋離在屁股後。

2022-02-16

一支兩條線的檢測棒

因為一段錄音，言之鑿鑿地說：從律師會那邊收到消息，立法會正在開秘密會議為封不封城投票，千真萬確，要不要儲糧，自己決定……

然後，食衞局局長在記者會說：不排除封城禁足……

香港人愛捕風捉影，也神經緊張，把幾項蛛絲馬跡加起來，傳呀傳，彷彿明天就要封城了，於是，超市掃空，麵包店掃空，香港人搶購食物及生活必需品的激烈程度，比起戰火中的烏克蘭有過之而無不及。

我用常理跟朋友分析那段廣傳的錄音：封城決定無需經立法會投票，只要特首會同行政會議宣布運用緊急法就可執行，所以那段錄音，犯了常識上的錯誤。

不過，謊言總是比真相好聽，大部分人寧可信其有，趕忙落街買菜買肉搶廁紙去。看到四方友人傳來一幅幅各區超市貨架清空的畫面，真有點懷疑，這會不會是超市的促銷招數？

瘟疫下，最忌就是訊息混亂和謠言滿天飛。這兩個問題，管治者完全可以掌控。

先說謠言，只要用重典將造謠者殺一儆百，謠言就會止於刑罰。那段錄音傳了兩天，政府新聞處都沒有任何公告澄清，反倒是傳媒主動幫政府追查澄清，但發酵了幾天的謠言，已沒人再理真相了。

至於訊息混亂，我相信這幾星期改完又改的防疫政策，連官府中人自己都搞不清了。其實，在決定實施自由自在的自己檢測、自己確診、自己隔離、自己醫治、自己解禁前，到底有沒有人想過中間會有漏洞？

朋友是酒店管理層，一大早就收到 4 張檢測棒兩條線的確診圖，分別是 4 個下屬傳來的確診證明，說中招了不能上班，然後僱主就要付 14 日有薪病假。

　　作為上司，當然要關心下屬，但天天這樣來幾張圖，然後就少幾個人手，而且一少就是 14 天，一間公司一個機構一家店，還有多少人可用？

　　況且，那只是一張檢測棒的照片，沒有名字沒有時間沒有日期，當中會不會有人拿別人的舊照片來騙取 14 日有薪假？不得而知，但長此下去，今天少幾個人，明天又再少幾個人，仍上班的那些漸漸就會覺得自己真笨。

　　自測自檢的漏洞，不只影響防疫，也影響社會運行，為什麼超市會大排長龍？貨架清光？甚至關門大吉？其中一個原因，就是人手嚴重短缺，太多中招或者緊密接觸者，好多公司已不能正常運作了。

　　民心大亂，管治者更不能亂，藥石亂投，只會讓百姓更無所適從。

2022-03-02

喚醒大象的人

　　新一任特首上場，發表了宣言，也上了電視做訪問，我記不住滔滔鴻圖大計，倒是被一個小節打動我心。

　　李家超說：「問題很多，但每天解決一個，一年就有 365 個，積累下來就應該有成績了。」

　　香港千頭萬緒，處處有問題，個個都是重中之重，從何開始？怎樣開始？原來，重點是，你要開始。機器開動了，每日解決一個問題，積少就會成多。

　　如果，光說不做，我們會關注，我們會諮詢，我們會研究，先請個顧問專家，先投標決定找哪個顧問專家，先讓專家報告出台⋯⋯於是，舊問題未解決，新問題已堆積如山，一屋難題，神仙難救。

　　新班子上任兩星期，感覺，這機器在開動了，起碼，在新冠肺炎疫情的防疫決策上，我們看到果斷和擔當。

　　取消航班熔斷機制，爭取增加過關名額，宣布考慮安心出行實名制、並用跟內地看齊的紅黃綠碼，親自到打了半天蛇餅的深圳灣出境站視察問題所在，宣布周五開始所有居家隔離者要佩戴電子手環⋯⋯兩星期，做了人家兩年都做不成的事。

　　大國手，果然名不虛傳，看新任醫務衛生局局長盧寵茂教授這幾天風塵僕僕，四出視察、解說，決定了，就做，不蹉跎、不畏縮，硬淨中更不失幽默。

　　譬如有記者不安好心質問：「有沒有數據顯示居家確診者會偷走？」盧教授一句敏捷回擊：「既然是偷走，我們不會有數據。」又有記者沒經大腦問：「紅、黃碼會否影響乘搭交通工具？」盧教授再直線抽擊：「紅碼人士不應離開檢疫處所，無須乘搭交通工具。」

　　終於看到有官員不是講完等於冇講、或者講些「阿媽係女人」的官腔，盧

局長的記者會，簡直是各級官員一個拍案叫絕的示範。

在醫學界，盧教授最拿手是做肝臟移植手術。剖開病人的肚子，看到問題，就要快狠準解決，容不下半分猶豫，這種能力，正合今日千瘡百孔的香港。

過去一街專家，你一言我一語，一個說往東一個說向西，叫市民無所適從。打仗最忌七嘴八舌，今天的盧局長以一夫當關之勢，果斷領軍，特首說的每日一小步，盧局長坐言起行做給大家看。

18 萬公務員的系統不是說改就能立即改，如同大象轉身，起碼，先喚醒牠，然後鞭策牠，站起、回頭、轉身、前行。盧局長這兩星期的示範，正是一個喚醒大象的人，這官僚體系內，還有好多頭未睡醒的大象，等待動身、前行、改變。

2022-07-13

書　　名：《我們不說，誰說？》

作　　者：屈穎妍

責任編輯：嚴中則　　劉慧華

裝幀設計：馮自培

出　　版：大公報出版有限公司
　　　　　香港仔田灣海旁道七號興偉中心 29 樓

電　　話：2873 8288

發　　行：聯合新零售（香港）有限公司
　　　　　香港新界荃灣德士古道 220-248 號荃灣工業中心 16 樓

電　　話：2150 2100

印　　刷：美雅印刷制本有限公司
　　　　　香港九龍觀塘榮業街 6 號海濱工業大廈二期 4 字樓

版　　次：2023 年 1 月初版

國際書號：ISBN 978-962-582-087-3

定　　價：港幣 100 元